《广西高等学校教学质量与教学改革工程“十一五”建设成果》丛书编委会

广西高等学校教学质量与教学改革工程
“十一五”建设成果丛书

⊙总主编　陆燕

1

广西高等学校教学质量与教学改革工程概论

主编　张坚　邵华

GUANGXI NORMAL UNIVERSITY PRESS
广西师范大学出版社
·桂林·

图书在版编目（CIP）数据

广西高等学校教学质量与教学改革工程概论 / 张坚，邵华主编．—桂林：广西师范大学出版社，2013.2
（广西高等学校教学质量与教学改革工程“十一五”建设成果丛书 / 陆燕主编）
ISBN 978-7-5495-3130-1

Ⅰ．①广… Ⅱ．①张…②邵… Ⅲ．①高等学校－教学质量－研究－广西②高等学校－教学改革－研究－广西 Ⅳ．①G642.0

中国版本图书馆 CIP 数据核字（2012）第 310601 号

广西师范大学出版社出版发行
（广西桂林市中华路 22 号　邮政编码：541001
网址：http://www.bbtpress.com）
出版人：何林夏
全国新华书店经销
桂林广大印务有限责任公司印刷
（广西桂林市临桂县金山路 168 号　邮政编码：541100）
开本：787 mm × 1 092 mm　1/16
印张：15　　字数：337 千字
2013 年 2 月第 1 版　　2013 年 2 月第 1 次印刷
印数：0 001~3 400 册　　定价：37.00 元

序

教育大业,质量为本。

改革开放以来,尤其是20世纪末以来,我国高等教育改革发展取得了巨大的成就,办学规模取得了突破性进展。2003年,全国各种形式的高等教育在校生总规模达到1900万人,高等教育毛入学率达到17%;到2010年全国高等学校在校生规模已达3105万人,高等教育毛入学率达到26.5%。我国高等教育规模超过俄罗斯、印度和美国,成为世界第一,实现进入大众化发展阶段的历史性跨越。同期,广西高等教育在校生规模从2003年的44.05万人,增加到了2010年的74.32万人,增长了68.72%;2005年毛入学率达到15%,跨入了高等教育大众化行列,2010年毛入学率为19%,高等教育大众化程度逐年提高。

高等教育量的增长必然带来质的变化的新要求。党中央和国务院审时度势,作出"把发展高等教育的重点放在提高质量上"的重要战略决策。教育部2003年启动的"高等学校教学质量与教学改革工程"是高等教育发展战略重点转移的重要标志。教育部、财政部于2007年联合下发了《教育部财政部关于实施高等学校本科教学质量与教学改革工程的意见》和《教育部关于进一步深化本科教学改革　全面提高教学质量的若干意见》等文件,全面部署和实施的"高等学校本科教学质量与教学改革工程",为全面贯彻落实提高高等教育质量的各项战略目标,着力提升教育质量和整体实力提供了实现途径和政策保障。

自治区党委和人民政府认真贯彻党中央、国务院的战略决策和教育部一系列关于提高高等教育质量的重要文件精神,高度重视提高广西高校教育教学质量,结合广西高等教育发展实际,印发了《关于实施广西高等学校教学质量与教学改革工程的意见》。文件明确了广西高校实施质量工程建设要坚持以邓小平理论和"三个代表"重要思想为指导,全面落实科学发展观,全面贯彻党的教育方针,全面推进素质教育。强调坚持"巩固、深化、提高、发展"的方针,遵循高等教育发展规律,牢固树立人才培养是高校的根本任务、质量是高校的生命线、教学是高校的中心工作的理念;坚持分类指导、强化特色、重在建设的原则,加大教学投入,强化教学管理,深化教学改革,推进教育创新,提高人才培养质量。要在全区各高校开展专业结构调整与专业认证、精品课程建设、优秀教材建设与资源共享、实践教学与人才培养模式改革创新、教学团队和高水平师资队伍建设、教学评估与教学质量监控体系建设、高等学校对口支援工作、学分制改革与推进、新世纪教学改革工程立项建设、大学英语改革和双语教学以及高等职业教育能力建设等10个专项建设的工作,构建了具有广西特色的高等教育质量建设体系。经过"十一五"期间的建设,我区高校取得了显著的成效,共取得国家级教学成果奖8项,自治区级教学成果奖228项;获得国家级"质量工程"项目154项,自治区级"质量工程"项目820项,其中有特色专业建设点60个、国家级精品课程47门、自治区级精品课程498门、国家级人才培养模式创新实验区7个、自治区级人才培养模式创新实验区33个、国家级实验教学示范中心8个、自治区级实验教学示范中心76个、国家级教学团队15个、自治区级教学团队145个、国家级双语教学示范课程建设项目4个;有2所高校国家级大学生创新性实验计划项目;7名教师获国家级教学名师奖,67名教师获自治区级教学名师奖。此外,开展1952项广西新世纪教改工程项目研究。到2010年底,有13所本科高校参加了本科教学工作水平评估,8所高校获得优秀结论,5所高校获得良好结论;有20所高校参加了高职高专院校人才培养工作水平评估,13所高校获得优秀结论,4所高校获得良好结论,3所高校获得合格结论;有6所高校参加高职院校人才培养工作评估均获得通过。

自治区"质量工程"的全面实施,使高等学校教育教学工作的中心地位得到切实保障,教学质量和办学水平得到明显提高;使教学质量是高等学校的生命线,是高等学校发展的持续动力的思想深入人心;激发了全区高校教师在教学工作中进行创造性实践的积极性,教育教学改革活动日益活跃,队伍素质进一步提高;培养了大学生的实践能力和创新创业精神,高校人才培养模式不断创新,科学研究和社会服务能力快速提升,教学管理制度和质量评价体系更加健全。全区高等教育形成了规模、结构、质量、效益协调发展的良好机制。

《广西高等学校教学质量与教学改革工程"十一五"建设成果》丛书全面回顾和总结了我区"十一五"期间"质量工程"项目建设取得的显著成就,通过展示成果,凝练特色,彰显亮点,推广经验,探讨理论,系统地完整地体现自治区教育厅、各高校贯彻执行"质量工程"的实施过程和经验做法,具有规范性、示范性和指导性的作用,为"十二五"期间我区进一步深化教育教学改革,全面提高高等教育质量提供极其有益的示范和十分有价值的参考。丛书共有十一个分册，第一分册为概论，从整体上对我区“十一五”期间高校教育教学“质量工程”项目实施情况进行回顾总结，主要介绍全区工程实施背景、实践经验与理论探索，全面展示项目成果效益。第二至十一分册为分论，分述“新世纪广西高等教育教学改革工程与教学成果”、“特色专业”、“精品课程”、“实验教学示范中心”、“人才培养模式创新实验区”、“教学名师”、“教学团队”、“示范性高职教育实训基地”、“普通高等学校本科教学工作水平评估”、“高职高专院校人才培养工作评估”等各类项目实施执行情况和理论实践成果。丛书展现了全区高等院校的集体智慧、凝聚了广大师生的创新力量，表现了教务工作者的奉献精神，代表着深化教学改革的前进方向。

“十二五”期间，我区高等教育要按照胡锦涛总书记在庆祝清华大学建校100周年大会上的重要讲话的要求，坚持以大力提升人才培养水平、大力增强科学研究能力、大力服务经济社会发展、大力推进文化传承创新为抓手，进一步解放思想，勇于赶超跨越，认真贯彻落实自治区中长期教育改革和发展规划纲要的战略目标和重大任务，不断提高教学质量和服务水平，为加快实现富民强桂新跨越作出更大的贡献。

丛书的出版是大家共同努力的结果。在此，谨向长期奋斗在高校工作战线的广大教师和管理人员表示崇高的敬意，向为丛书编写付出辛勤劳动的同志们致以衷心的感谢。

广西壮族自治区高校工委书记
广西壮族自治区教育厅厅长　高　枫

目录

第一章

广西高等学校教学质量与教学改革工程的实践与探索

第一节 国家高等学校教学质量与教学改革工程启动与实施

2007 年 1 月 22 日，我国教育部与财政部联合发布了《关于实施高等学校本科教学质量与教学改革工程的意见》(2007 年 1 号文件)，正式启动实施"高等学校本科教学质量与教学改革工程"(以下简称"质量工程")。这是继"211 工程"、"985 工程"和"国家示范性高等职业院校建设计划"之后，我国在高等教育领域实施的又一项重要工程，是提高高等学校本科教学质量的重大举措。

一、"质量工程"的背景

世纪之交以来，我国高等教育的规模取得了跨越式的发展。1998 年全国普通高校招生 108 万人，2002 年达到 340 万人，是 1998 年的 3 倍多，高等教育毛入学率达到 15% 以上。2006 年，全国普通高校招生 540 万人，是 1998 年招生的 5 倍；高等教育在校生达到 2500 万人，是 1998 年的 4 倍；高等教育毛入学率达到 22%，进入了国际公认的大众化发展阶段。到 2010 年，全国高等学校在校生规模已达到 3105 万人，高等教育毛入学率达到 26.5%。高等教育的跨越式发展，使人民群众接受高等教育的机会大幅度增加，有力地提升了我国人力资源的开发水平，增强了我国的综合国力和国际竞争力，使我国迈出了由人口大国转向人力资源强国的关键性一步。

然而，也必须看到，我国是穷国办大教育，而且是世界上最大规模的教育。人民群众不断增长的教育需求同教育供给(特别是优质教育供给)不足的矛盾，仍然是"十五"、"十一五"期间我国教育发展面临的基本矛盾。该矛盾导致了我国高等教育出现以下最为突出的问题，一是教学投入严重不足，二是教学管理相当薄弱，三是教学改革亟待深入。[①] 上

---

① 周济. 实施"质量工程"贯彻"2 号文件"，全面提高高等教育质量. 中国高等教育，2007(6)

述问题严重制约着我国高等教育发展的步伐。表现在:一是高等教育财政性经费投入赶不上在学人数的急剧增加,部分高校特别是地方高校校舍、教学仪器设备、图书和师资等办学条件明显不足。二是高等学校的专业设置、培养目标、课程体系与社会需求脱节,农、林、水、地、矿、油、信息、生命科学等国家急需学科和未来优势学科的人才培养不足,而法学类、管理类专业的毕业生则出现结构性过剩。三是由于管理体制等原因,高等学校大量存在教授不讲主干课、基础课现象,名师不上讲台,只听讲师讲、不见教授教。四是高等教育质量还不能完全适应经济社会发展的需要,不少高等学校教育观念落后,教学内容陈旧,教学方法单一,高校教师队伍水平亟待提高,学生的人文精神、科学精神、创新能力以及国际化视野亟待加强。五是高校毕业生数量剧增,就业面临较大压力,不少毕业生就业难,加重了农村和城镇贫困家庭的负担。对此,有人提出:“这些困难、矛盾和问题的存在,不仅直接影响高等教育自身的健康发展,而且会削弱高等教育对经济社会发展应有的支撑作用,如果不及时解决,任其滋长,大好形势就有可能逆转,甚至产生一些严重的社会问题。”①

针对我国高等教育的发展现状,教育部采取有效措施,努力提高高等教育质量。

1998 年,教育部召开第一次全国普通高等学校教学工作会议,明确提出增强质量意识、加强素质教育,为高等学校加强教学工作改革指明了方向。进入新世纪,教育部进一步强化措施,以切实提高高等教育质量。先后颁发了两个重要文件:一是 2001 年印发的《关于加强高等学校本科教学工作提高教学质量的若干意见》,即“4 号文件”,就加强教学工作提出了 12 条针对性很强的意见;二是 2004 年 12 月召开了第二次全国普通高校本科教学工作会议,印发了《关于进一步加强高等学校本科教学工作的若干意见》,即 2005 年“1 号文件”,强调必须坚持科学发展观,牢固确立质量是高等学校生命线的基本共识,把提高质量放在更加突出的位置。

进入“十一五”期间,党中央、国务院高瞻远瞩,多次强调高等教育要全面贯彻落实科学发展观,切实把重点放在提高质量上。

2006 年 5 月 10 日,温家宝总理主持召开的国务院常务会议明确提出,高等教育要全面贯彻落实科学发展观,适当控制招生规模增长幅度,相对稳定招生规模,切实把重点放在提高质量上。2006 年 8 月 29 日,胡锦涛总书记在中共中央政治局第 34 次集体学习时强调:“普及和巩固义务教育,大力发展职业教育,提高高等教育质量,是‘十一五’规划纲要对教育事业发展提出的三项主要任务,必须切实抓实抓好。”在党中央、国务院的正确领导下,提高质量成为“十一五”时期我国高等教育发展的时代最强音。

2007 年 1 月 8—9 日,教育部召开直属高校咨询工作委员会第 17 次全体会议,会议的主题是“管理、质量、特色。”2007 年 1 月 25 日,教育部、财政部在北京联合举行新闻发布会,正式启动“高等学校本科教学质量与教学改革工程”。

① 高思.提高高等学校本科教学质量的重大举措.中国大学教学,2007(2)

二、“质量工程”的主要内容

（一）指导思想

坚持以邓小平理论和“三个代表”重要思想为指导，全面落实科学发展观，全面贯彻党的教育方针，全面推进素质教育；坚持“巩固、深化、提高、发展”的方针，遵循高等教育的基本规律，牢固树立人才培养是高校的根本任务、质量是高校的生命线、教学是高校的中心工作的理念；按照分类指导、注重特色的原则，加大教学投入，强化教学管理，深化教学改革，提高人才培养质量。

（二）建设目标

通过质量工程的实施，使高等学校教学质量得到提高，高等教育的规模、结构、质量、效益协调发展和可持续发展的机制基本形成；人才培养模式改革取得突破，学生的实践能力和创新精神显著增强；教师队伍整体素质进一步提高；科技创新和人才培养的结合更加紧密；高等学校管理制度更加健全；高等教育在落实科教兴国和人才强国战略、建设创新型国家、构建社会主义和谐社会中的作用得到更好的发挥，基本适应了我国经济社会发展的需要。

（三）主要内容及目标

“质量工程”包括六个方面的建设内容：

1. 专业结构调整与专业认证

根据科学技术发展的特点，紧密结合我国高等教育实际，研究建立适应国家经济与社会发展需要的本科专业设置和调整制度，制订指导性专业规范，构建专业设置预测机制，定期发布各类专业人才的规模变化和供求情况，为高校优化专业布局和调整人才培养结构提供指导。大力加强本科专业建设，按照优势突出、特色鲜明、新兴交叉、社会急需的原则，择优选择和重点建设3000个左右的特色专业点，引导各级各类高等学校发挥自身优势，努力办出特色。积极探索专业评估制度改革，重点推进工程技术、医学等领域的专业认证试点工作，逐步建立适应职业制度需要的专业认证体系。

2. 课程、教材建设与资源共享

在2003年开始评审国家精品课程的基础上，继续推进国家精品课程建设，遴选3000门左右的课程进行重点改革和建设，力争在教学内容、教学方法和手段、教学梯队、教材建设、教学效果等方面有较大改善，全面带动我国高等学校的课程建设水平和教学质量。启动“万种新教材建设项目”，加强新教材和立体化教材建设，鼓励教师编写新教材，积极做好高质量教材推广和新教材选用工作。积极推进网络教育资源开发和共享平台建设，建设面向全国高校的精品课程和立体化教材的数字化资源中心，建成一批具有示范作用和服务功能的数字化学习中心，实现精品课程的教案、大纲、习题、实验、教学文件以及参考资料等教学资源上网开放，为广大教师和学生提供免费享用的优质教育资源，完善服务终身学习的支持服务体系。开发网上考试系统，研究制订相关标准，逐步实现大学英语和网络教育全国统考课程的网上考试，创造安全、便捷、高效的考试平台。

3. 实践教学与人才培养模式改革创新

大力加强实验、实践教学改革，重点建设500个左右的实验教学示范中心，推进高校实验教学内容、方法、手段、队伍、管理及实验教学模式的改革与创新。开展基于企业的大学生实践基地建设试点，拓宽学生的校外实践渠道。实施大学生创新性实验计划，支持15000个由优秀学生进行的创新性试验，促进学生自主创新兴趣和能力的培养。择优选择500个左右的人才培养模式创新实验区，推进高等学校在教学内容、课程体系、实践环节等方面进行人才培养模式的综合改革，以倡导启发式教学和研究性学习为核心，探索教学理念、培养模式和管理机制的全方位创新。继续开展大学生竞赛活动，重点资助在全国具有较大影响和广泛参与面的大学生竞赛活动，激发大学生的兴趣和潜能，培养大学生的团队协作意识和创新精神。

4. 教学团队与高水平教师队伍建设

加强本科教学团队建设，重点遴选和建设一批教学质量高、结构合理的教学团队，建立有效的团队合作机制，推动教学内容、方法的改革和研究，促进教学研讨和教学经验交流，开发教学资源，推进教学工作的老中青相结合，发扬传、帮、带的作用，加强青年教师培养。鼓励和支持校内及聘请国内外著名专家学者和高水平专业人才承担教学任务和开设讲座，推动双语教学课程建设，探索有效的教学方法和模式，切实提高大学生的专业英语水平和直接使用英语从事科研的能力。每年评选100名高等学校教学名师奖获得者，大力表彰在教学和人才培养领域作出突出贡献的教师。

5. 教学评估与教学状态基本数据公布

加强和改进高校本科教学工作水平评估，以评促建，以评促改，以评促管，评建结合，重在建设，促进学校强化教学管理、深化教学改革、提高教学质量。研究制定高等学校分类指导、分类评估的政策和制度，引领高等学校合理定位，发挥优势，办出水平，办出特色。建立高等学校教学基本状态数据检测体系，定期采集各类高等学校本科教学基本状态信息和数据，统计和分析高等学校教学基本状态和变化趋势，逐步将教学质量和教学改革的数据向社会公布。

6. 对口支援西部地区高等学校

推进对口支援西部高校工作，促进东部和西部高等教育的协调发展。重点资助受援高校教师到支援高校进行半年以上的进修提高。在对口支援高校中实行干部交流制度，资助一批受援高校教学管理干部到对口支援高校学习锻炼，交流管理经验，提高受援高校的教学管理水平。

通过“质量工程”的实施，基本实现以下9大目标：

1. 信息化手段与技术在人才培养中广泛应用，改变现有人才培养模式，实现课程、图书、实验设备等优质资源的全国共享。

2. 初步实现专业设置和社会需求的互动，建立专业设置预测系统。

3. 通过开展自主学习、研究性学习和改革实践教学，提高学生的学习和研究兴趣，培养学生的动手能力和创新精神。

4. 用信息技术实施英语教学，4 年后使 60% 以上的大学本科毕业生解决英语听说问题。

5. 推进各种科技和有益健康的体育协会、俱乐部活动，建设和谐校园，培养学生的社会主义人文精神和创新精神。

6. 建设一批教学团队，完善教授上讲台的政策机制。

7. 初步建立用于网络教育的公共服务体系，打通普通本科教育和网络教育的课程体系。

8. 不断完善高等学校教学质量定期评估制度，改进评估手段和方法。

9. 通过对口支援，为西部高校培养师资和教学管理干部，促进高等教育的协调发展。

第二节 国家高等学校教学质量与教学改革工程在广西实施的概况

自 2007 年教育部正式启动实施“高等学校本科教学质量与教学改革工程”以来，我区认真贯彻落实教育部、财政部《关于实施高等学校本科教学质量与教学改革工程的意见》（教高［2007］1 号）等一系列关于实施质量工程的重要文件精神，颁发了《关于印发〈自治区教育厅关于加强我区大学生实践能力、创新能力、就业能力和创业能力培育，全面提高我区高等教育质量的若干意见（试行）〉的通知》（桂教［2007］5 号）、《自治区教育厅自治区财政厅关于实施广西高等学校教学质量与教学改革工程的意见》（桂教［2008］6 号），采取一系列有力措施，积极推进实施质量工程工作。在教育厅的组织和指导下，我区高校按照国家和自治区的要求，紧扣区域发展特点及自身办学优势，以提高高等教育教学质量为中心，全面实施“质量工程”，深化高等教育教学改革，优化专业结构，推进优质资源共建共享，全面提升人才培养质量，取得了显著的成绩。

一、广西高等学校实施“质量工程”的基本情况

（一）指导思想

坚持以邓小平理论和“三个代表”重要思想为指导，全面落实科学发展观，全面贯彻党的教育方针，全面推进素质教育；坚持“巩固、深化、提高、发展”的方针，遵循高等教育发展规律，牢固树立人才培养是高校的根本任务、质量是高校的生命线、教学是高校的中心工作的理念；按照分类指导、强化特色、重在建设的原则，加大教学投入，强化教学管理，深化教学改革，推进教育创新，提高人才培养质量。

（二）建设目标

通过实施“质量工程”，构建我区高等教育规模、结构、质量、效益协调发展和可持续发展机制；人才培养模式改革取得实质性进展，大学生的实践能力和创新精神进一步增强；教师的积极性得到充分发挥，整体素质进一步提高，科技创新和人才培养的结合更加紧

密;高等学校管理制度更加健全;我区高等学校教学质量和办学水平得到显著提高,基本适应我区经济社会发展的需要。

(三)组织管理

1. 自治区教育厅、财政厅联合成立“广西壮族自治区高等学校教学质量与教学改革工程领导小组”(简称“质量工程领导小组”),协商决定“质量工程”实施中的重大问题和总体规划。“质量工程领导小组”下设办公室,挂靠自治区教育厅高等教育处,负责“质量工程”的具体组织实施工作。各高校指定相关部门作为专门机构,统筹负责本校“质量工程”项目的规划和实施。

2. “质量工程领导小组”办公室根据“质量工程”的建设目标和任务,制定和发布项目指南,确定“质量工程”项目遴选标准和基本条件,聘任评审专家,组织评审立项。项目采用学校先行立项建设、择优推荐,自治区教育厅组织评审立项,后补助建设经费的方式进行。教育厅加强对“质量工程”建设项目的检查和评估。通过这种方式,形成与国家级“质量工程”相衔接的自治区级与学校级“质量工程”三级建设体系,自上而下加强“质量工程”建设工作,扩大“质量工程”的影响。

3. 项目承担学校按照国家和自治区关于“质量工程”的统一部署,根据“质量工程”的总体目标和任务,依据所承担项目的要求,在充分调查研究论证的基础上,结合学校的特色和办学定位,以改革创新促进发展的思路,确定项目建设实施方案,组织项目实施,并保证项目建设达到预期成效。建设项目完成后,经学校申请,自治区教育厅、财政厅组织专家进行验收。

(四)建设经费

1. “质量工程”建设资金除中央财政专项支持外,采取自治区财政投入、部门支持和学校自筹相结合的办法。自治区财政设立由高校专业建设、评估、高校教学改革工程、高职能力建设四个部分组成的专项资金用于“质量工程”建设。专项资金按照统一规划、单独核算、专款专用的原则,实行项目管理。管理办法另行制订。项目承担学校根据专项资金管理办法,具体负责经费的使用和管理。

2. 要求各市、主管部门和高校在中央、自治区重点支持项目的基础上,积极筹措资金,安排专项经费支持“质量工程”项目的建设。

二、广西高等学校实施“质量工程”的主要内容及进展情况

(一)以优质品牌建设为抓手,加大专业结构调整与建设力度

专业建设是高校服务地方经济社会发展的主阵地,在“质量工程”实施过程中,教育厅要求高校以服务地方经济社会发展为落脚点,加大专业结构调整力度。自2006年起,我区每年安排800万元专项经费用于高校老专业的结构调整、优化、改造。2008年专业改造经费追加至1200万元。截至2008年,我区普通本科院校开设专业199种,专业点782个,高职高专院校开设专业301种,专业点1351个。为使不同层次、不同类型的高校都能办出反

映学校特色和水平的品牌,推动学校各专业的改革和发展,2006年在全区高等学校中启动优质专业认定试点工作,认定广西民族大学等22所试点高校的132个专业为广西高等学校优质专业(试点)。2007年广西高校优质专业认定工作全面启动,在原试点的基础上新认定了104个专业为广西高等学校优质专业。在此基础上,我区一批建设基础好的专业脱颖而出。2007年,国家首次在全国高校评选国家特色专业建设点(即第一批国家特色专业建设点,亦称第二类特色专业建设点,由教育部统一评审),广西大学"新闻学"、"矿物资源工程"、"农学",广西民族大学"东南亚语种群(亚非语言文学)",广西师范大学"物理学"5个专业以其鲜明的特色、突出的优势、广泛的社会认可度跻身其中。同年,广西大学"电气工程及其自动化"、广西师范大学"汉语言文学"等13个专业入选全国第二批特色专业建设点(亦称第一类特色专业建设点,教育部在全国各省区划分一定的名额,各省区按照名额分配组织评审,将结果上报教育部认定)。截至2010年,我区高校共有58个国家级特色专业建设点(其中,第一类特色专业建设点53个,第二类特色专业建设点5个)。

(二)教学改革不断深入,教学质量进一步提高

1.精品课程建设成效显著,推动课程体系与教学内容综合改革

精品课程建设是深化课程体系、教学内容、实践环节与教学制度综合改革的重要推动力。2004年,南宁职业技术学院的"居室空间设计"课程在首次国家级精品课程申报中榜上有名。2006年,桂林理工大学(原桂林工学院)的"基础地质学"实现了我区本科层次国家精品课程零的突破。自此,我区本科、高职高专课程建设在全国精品课程建设中不断取得好成绩。截至2010年,共获得国家精品课程47门(其中本科院校16门,高职高专31门)。高职高专在这方面的成绩稍胜于本科层次院校,这一状况比较真实地反映了我区高等教育在全国的水平,在某种程度上也是我区高职高专院校多年来在课程改革方面未雨绸缪、锐意进取的体现。整个"十一五"期间,我区共建设自治区级精品课程498门,已建立起国家级、自治区级和校级精品课程三级建设体系。

与此同时,配合精品课程建设,我区高校教材工作也不断地加大建设力度。2006年,我区开展第二届广西高等学校优秀教材评选工作,确定170门教材为广西高等学校优秀教材(其中一等奖40门,二等奖60门,三等奖70门)。2009年,我区开展"十一五"期间第二批广西高等学校重点教材立项申报评审工作,确定"十一五"第二批重点教材立项建设项目101个。

2.大力推进教学手段改革,成绩喜人

教学手段是提高高校课堂教学实效的重要抓手之一。广西各高校非常重视教学手段现代化建设,兴建了一批多媒体教室,大多数本科高校都采取项目立项的形式积极进行校级CAI课件的研究开发,积极推进多媒体教学课件的开发与应用。为了引导广大高校教师提高应用现代教育技术手段的能力。从2001年开始,教育厅每年组织一次全区高校教学软件大赛,6届教学软件大赛共评出特等奖1项,一等奖27个,二等奖95个,三等奖116个,优秀奖139个,为我区参加国家级教育技术项目比赛打下了良好的基础。

在2005年教育部举办的第五届全国多媒体课件大赛中,我区高校获得了12个一等奖

中的5项(广西大学3项,广西医科大学2项)。2006年的第六届全国多媒体课件大赛中,我区高校成绩突出,在全国18个一等奖中,我区有6所高校获得了9个一等奖。在2008年的第八届全国多媒体课件大赛全部16个一等奖及以上奖项中,广西民族大学的"大学物理实验"课件、广西师范学院的"有机合成之母——乙烯"课件、广西艺术学院的"计算机绘谱"课件被评为特等奖,我区8所高校获得13个一等奖及以上奖项。截至2008年,我区高校共获得全国多媒体课件大赛特等奖4个,一等奖31个,在教学手段改革创新方面已经进入全国较先进的行列。

为了进一步推动广大教师将先进的教育技术手段应用于教学当中,教育厅从2006年起举办以课程应用为主的现代教育技术应用大赛。该赛事成为我区高校教师切磋现代教育技术手段的平台,促进了教师观念的转变,进一步推动我区高校教育信息化向纵深处发展。

3. 高校实验实践教学不断加强

开展实验教学示范中心建设,发挥示范引领作用,积极推进实践教学改革。2007年,教育部首次评选国家级实验教学示范中心,我区广西大学机械工程实验教学中心、桂林电子科技大学电子电路实验教学中心、桂林理工大学基础地质实验教学中心榜上有名。截至2010年,我区共获得国家级实验教学示范中心8个,认定自治区级实验教学示范中心76个。

2007年和2008年,广西大学和桂林电子科技大学先后被评为教育部"国家大学生创新性实验计划"建设单位,这一项目的获得给上述两校大学生实践教学改革创新提供了强有力的政策与经费保障。2007年,广西医科大学"预防医学专业人才培养模式创新实验区"和广西财经学院"东盟国际会计人才培养创新实验区"被评为首批国家人才培养模式创新实验区建设项目。2008年,广西大学的"中国—东盟自由贸易区复合型创业人才培养模式改革实验基地"被评为第二批国家人才培养模式创新实验区建设项目。截至2010年,广西共有6所高校获得7项国家级人才培养模式创新实验区建设项目。

4. 以各项竞赛为载体,提升大学生实践能力与创新精神

各级各类大学生课外竞赛活动是培养学生创新精神和实践动手能力的重要平台。目前我区高校大学生在全国各类学科竞赛中均取得好成绩。2008年,在全国大学生数学建模竞赛中,广西大学、广西师范大学、桂林理工大学、桂林电子科技大学、广西水利电力职业技术学院、桂林师范高等专科学校等高校各获得1项全国一等奖。在2008年"CCTV杯"全国英语演讲大赛中,桂林电子科技大学一名学生获全国决赛优胜奖,广西师范大学一名学生和桂林理工大学一名学生获全国半决赛优胜奖。

2006—2008年,我区大学生参加各类竞赛累计获得特等奖4人次,一等奖55人次,二等奖165人次。

5. 开展教学名师评选,建设优秀教学团队,高水平教师队伍建设取得新突破

开展高水平教师与教学团队建设,通过评选教学名师和优秀教学团队,充分发挥高水平教师在教学改革中的主力军作用。自2006年广西大学教师代表广西首次获得国家教学名师奖之后,广西艺术学院、广西大学、广西师范大学、南宁职业技术学院、柳州职业技术学院、广西交通职业技术学院各有一名教师先后入选国家教学名师奖名单。截至2010年,

我区共有7人获得国家教学名师奖。

教学团队建设方面,2008年,广西大学民商法教学团队、广西艺术学院中国山水画教学团队、广西师范大学汉语言文学国家文科基地教学团队、桂林电子科技大学电子电路实验中心教学团队、桂林理工大学资源勘查工程教学团队、南宁职业技术学院室内设计技术专业教学团队等6个团队获得国家级教学团队。截至2010年,我区共有15个团队被评为国家级教学团队。

在积极参加国家级教学名师、国家级教学团队评选的同时,我区也大力开展自治区级教学名师、教学团队的评选工作。截至2010年,我区已经评出自治区级教学名师67人,自治区级教学团队145个。

6. 双语教学取得重大进展

双语课程是国家加强本科人才培养国际化的重要举措。新中国建立后,由于广西长期处于战争的前沿,经济发展落后,教育水平低,双语课程建设一直受到师资力量与学生英语水平的制约,难以在国家级双语教学示范课程建设中有所斩获。经过努力,2008年,广西医科大学的"组织学与胚胎学"成为广西第一门国家级双语课程。在此之后,桂林理工大学、广西大学、广西师范大学以及新升本的梧州学院等高校也先后实现本校国家级双语课程零的突破。截至2010年,我区高校获得国家级双语教学示范课程达到8门。

7. 持续开展教育教学改革立项,不断推动高等教育改革创新

教学改革是一个循序渐进的积累与提高过程。为了进一步提高全区高校教师从事教改的热情与质量,从2004年开始,我区启动"新世纪广西高等教育教学改革工程"立项工作,引导高等学校的教师认真研究并实践高等教育普及化阶段人才培养的规律和特点。"十五"期间,全区共确定"新世纪教改工程"项目1062项。2005年,评审确定了自治区级教学成果奖142项,其中一等奖25项,二等奖45项,三等奖72项。是年,在第五届国家级高等教育教学成果奖评审中,我区获国家级教学成果二等奖7项,比上一届增加3项。2009年,共评出"新世纪广西高等教育教学改革工程""十一五"第五批项目共426项,使我区在"十一五"期间教改立项项目达到1650项。同年,我区组织完成了4年一度的自治区级教学成果奖评审,共评出第六届自治区级教学成果奖228项,其中特等奖9项,一等奖42项,二等奖71项,三等奖106项。在此基础上,择优推荐了29项成果参加国家级教学成果奖的评审,有8项成果获得国家级教学成果奖二等奖,比第五届多出一项。2010年教育厅高教处组织开展2010、2011两个年度的新世纪教改立项申报评审工作,立项数达到1400项,使"十一五"期间教改项目总立项数达到3000余项。

(三)以评估为契机,强化教学质量监督保障体系建设

我区把评估工作作为强化教学质量监督保障体系建设、提升广西高等教育核心竞争力的重要手段,采取了一系列有力的政策措施,不断深化教学改革,加大教学投入,强化教学管理,取得了良好的评建成效。

2003年开始,教育部启动了5年一轮的普通高校本科教学工作水平评估。为切实做好评建工作,我区建立了具有广西特色的评建机制。主要体现在如下方面:

一是自治区人民政府建立了高校办学水平评估联席会议制度,运用自上而下的方式,协调解决学校评估和建设中存在的突出问题。二是印发了相应的政策文件,实施评估目标管理责任制。2003 年教育厅印发了《关于广西普通高等学校本科教学工作水平评估的若干意见》(桂教[2003]12 号)。2005 年自治区人民政府办公厅印发了《关于切实做好高等学校教学工作水平评估管理工作的通知》(桂政办发[2005]16 号),明确各有关厅局及各高校在评建工作中的主要任务和责任。三是在评估实践中探索建立"评估指导—初评—正式评估—整改回访"相结合的四阶段评建模式。四是建立评估网站,对广西高校评估全过程进行管理。五是落实经费保障措施。自 2005 年开始,自治区每年安排 1500 万元左右的评估专项经费,用于加强当年接受教育部评估高校的建设,并对评估结论获得优秀的高校给予 500 万元的奖励。六是建立评估研究机制,要求各高校组织专门队伍,边迎评、边研究,并将研究成果及时应用于评估工作实践。

在上述政策的推动下,我区高校评估工作取得了喜人的成绩。2003 年,广西中医学院、广西民族大学作为首批接受教育部本科教学工作水平评估的院校,获得了一优一良的好成绩。自此之后,我区其他高校陆续接受了教育部的评估。截至 2010 年年底,广西共有 13 所本科院校接受了评估,全部获得良好以上的等级,其中广西大学等 8 所高校获得优秀等级。19 所接受教育部高职高专人才培养工作水平评估的院校中,有 13 所院校的评估结论为优秀。包括玉林师范学院在内的高校虽然评估结论为优良,但他们通过以评促建,各校都发生了翻天覆地的变化,极大地改善了办学条件,提高了教学工作水平、管理水平和教学质量。

(四)以示范建设为重点,进一步推进高等职业教育的改革与发展

长期以来,受各种因素的影响,我区经济发展比较落后,高等教育获得的经费支持也有限。为使有限的经费发挥其效益的最大化,2005 年年底,教育厅在全区高等职业教育中启动和组织实施示范性职业院校建设工程。该工程采取重点扶持部分高职高专院校的办法,发挥其引领与辐射作用,以点带面,带动全区高等职业教育迈上新的台阶。2006 年,南宁职业技术学院、广西职业技术学院、柳州职业技术学院、广西机电职业技术学院等 4 所高职院校成为自治区示范性高等职业院校,广西水利电力职业技术学院、广西国际商务职业技术学院、广西农业职业技术学院、广西建设职业技术学院、广西交通职业技术学院等 5 所高职院校被评为自治区示范性高等职业院校建设单位。2009 年,桂林旅游高等专科学校和广西交通职业技术学院成为第二批自治区示范性高等职业院校,广西生态工程职业技术学院、广西工业职业技术学院、柳州铁道职业技术学院、广西电力职业技术学院和广西工商职业技术学院等 5 所院校成为自治区示范性高等职业院校重点培育单位。在上述培育工作的有力推动下,南宁职业技术学院和柳州职业技术学院分别于 2006 年和 2007 年进入国家示范性高等职业院校行列。广西机电职业技术学院于 2008 年被确定为国家重点培育高职院校。至此,我区共有 2 所国家示范高等职业院校和 1 所国家重点培育高等职业院校,6 所自治区示范性高等职业院校。

全区高职高专院校现有 7 个国家级紧缺人才培养基地,15 个国家级职业教育实训基

地和45个自治区示范性高等职业教育实训基地。为切实保障上述示范项目的建设成效，2007年起自治区财政专门设立高职能力建设专项经费，2007年、2008年、2009年该项经费分别为1500万元、2000万元、3000万元，2010年增加到3500万元，呈现出逐年上升的良好势头。上述经费为18个项目院校的21个自治区示范高职实训基地建设以及3所国家示范高职院校的建设提供了坚实的保障。

（五）积极开展对口支援工作，实现高校共同发展

2005年，我区实施首批“结对子”帮扶工作，确定并组织广西大学帮扶广西工学院，广西师范大学帮扶河池学院，广西医科大学帮扶右江民族医学院，桂林电子科技大学帮扶玉林师范学院。2008年8月，教育厅开展了广西本科高校第二批对口支援工作，广西大学支援钦州学院，广西师范大学支援贺州学院，广西民族大学支援百色学院，桂林工学院支援梧州学院。2008年11月启动了广西高职院校对口支援工作。由南宁职业技术学院等10所高职院校对口支援区内10所高职和10所中职学校。2008年11月28日，教育厅召开全区高校对口支援工作经验交流会，黄宇副厅长主持会议，高枫厅长在会议上做了重要讲话，会后印发了《关于深入开展广西高校对口支援工作的实施意见》。文件要求：广西高校对口支援工作三年一轮回，滚动进行。在每一轮回中，每年年底开展检查，三年后总结评估表彰。2009年，为保障高校对口支援工作的深入开展，教育厅从当年的“质量工程”专项经费中拔出370万元，专项用于支持18对受援高校和支援高校推进对口支援工作。高校对口支援，极大地促进了优质教育资源的有序流动，对受援学校教育教学质量和管理水平的提高发挥了积极的作用。

第三节　实施高等学校教学质量与教学改革工程对广西高等教育的影响

“十一五”期间，在自治区党委、自治区人民政府的正确领导下，我区全面落实科学发展观，以办好人民满意的高等教育为宗旨，坚持主动服务于经济建设和社会发展的方向，按照“巩固、深化、提高、发展”的战略方针，紧紧把握我国高等教育大改革、大发展带来的机遇，实现我区高等教育改革与发展的历史性跨越，站在一个新的历史起点——大众化发展阶段上。在高等教育规模快速发展的过程中，在自治区教育厅的领导下，各高校以“质量工程”为重点，始终把提高高等教育质量摆在突出位置，采取了一系列有效措施，使我区的高等教育在实现了规模大发展的同时，质量也得到稳步提高。

一、人才培养规模迅速扩大，高等学校的布局结构和学科专业结构进一步优化

（一）高校人才培养规模迅速扩大

广西高等学校在校生规模从2003年的44.05万人，增加到2010年的74.32万人，增

长了68.72%;2005年毛入学率达到15%,跨入高等教育大众化行列;2010年毛入学率为19%,高等教育大众化普及程度逐年提高。

(二)高校的布局结构和学科专业科类结构进一步优化

1. 高等学校数量大幅度增加,办学层次明显提升

"十一五"期间,广西民族学院和桂林电子工业学院分别更名为广西民族大学和桂林电子科技大学;广西大学成为自治区人民政府和教育部的省部共建大学,广西民族大学成为自治区人民政府和国家民委的省部共建大学;新设置了河池学院、广西财经学院、钦州学院、贺州学院、梧州学院和百色学院等6所普通本科高校,设置18所高职院校。全区共有高校72所,其中普通本科院校19所,普通专科学校8所,高职院校29所(其中民办高职9所),独立设置的成人高校7所,独立学院9所(详见图1-1)。全区14个市已有13个地级市设有高等学校,其中10个市设立有普通本科院校。民办高等教育超常规快速发展,形成了公办学校和民办学校共同发展的新格局。

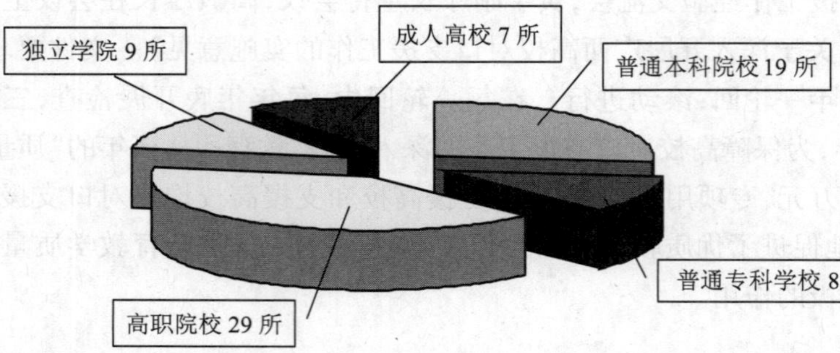

图1-1 "十一五"期间广西高等学校类型结构图

2. 高校学科专业结构的社会适应性不断增强,办学层次显著提升

经过实施"211"工程立项建设,广西大学办学层次和办学水平得到大幅提升。2004年,广西师范大学新增为博士学位授权单位,我区高校博士学位授权单位从2个增加到3个。2005年,广西工学院和桂林医学院新增为硕士学位授权单位,我区硕士学位授权单位从9个增加到11个。5年间,博士点从9个增加到22个,硕士点从153个增加到428个。学科专业结构在保证优势学科专业发展的基础上,重点发展了一批基础较好、发展潜力较大、社会急需的学科专业。"十一五"期间,全区普通本科教育的专业点翻了一番,拥有普通本科专业点551个,高职高专专业点1302个,学科专业结构和层次结构得到优化,人才培养的针对性和适应性不断增强。

(三)高校办学条件逐步改善

"十一五"期间,我区高等教育事业同全国一样,在实现大发展的同时,围绕教育部"质量工程",加大高等教育投入力度,努力改善高校办学条件。

在办学硬件方面,高等教育投入有较大增长,高校办学空间得到很大拓展,为高等教育质量的提高提供了强有力的保障。全区高等教育经费投入从2002年的20.05亿元增加

到2007年的39.84亿元,年均增长14.72%(详见图1-2),多数高校的学费收入用于四项教学经费的比例逐年上升(详见表1-1)。全区高校的校园占地面积由2002年的2136万平方米增加到2007年的3938万平方米,增长比例为84%;教学仪器设备总值由2002年的11.8亿元增加到2007年的29.3亿元,增长比例为148%;生均教学仪器设备值由2002年的5014元增加到2007年的6152元,增长比例为23%;图书总量由2002年的1848万册增加到2007年的3491万册,增长比例为89%。全区高校的生均办学条件在全国的排名靠前,其中生均图书量全国排名第8,生均教学仪器设备值全国排名第9。在桂林市人民政府的大力支持下,桂林片高校千方百计拓宽办学空间,新校区建设顺利开展。设在其他地区的广西大学行健学院、广西工学院鹿山学院和广西民族大学相思湖学院等高校也都顺利完成新校区建设。我区高等教育资源的大幅度增加,有效保证了大发展后的高等教育质量的稳步提高。

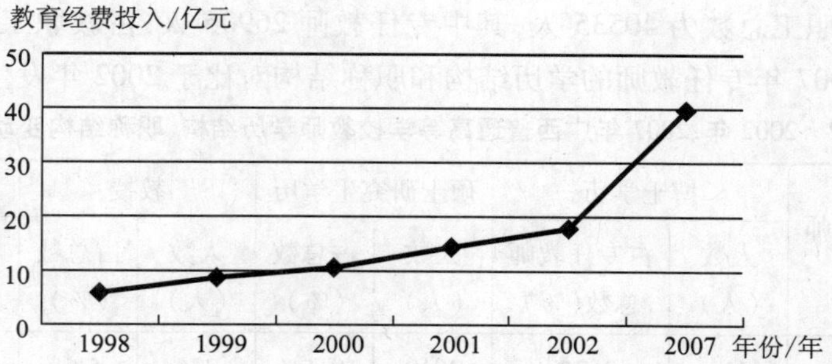

图1-2 1998—2007年广西高等教育经费投入

表1-1 2002年、2007年广西部分普通本科院校学费收入用于四项教学经费情况

		2002年	2007年
广西师范大学	总值(万元)	376.56	1370.63
	比例(%)	26.18	31.88
广西医科大学	总值	510.08	1055
	比例(%)	27.57	33.98
广西师范学院	总值(万元)	196.64	1015.7
	比例(%)	30.35	31.49
桂林工学院	总值(万元)	772	1965
	比例(%)	27.6	31.28
桂林电子科技大学	总值(万元)	1061.64	1634.34
	比例(%)	27.15	31.14

续表

		2002 年	2007 年
桂林医学院	总值(万元)	369.42	854.14
	比例(%)	23.88	31.42

备注:四项经费包括本专科业务费、教学差旅费、体育维持费、教学仪器设备维修费。学费收入用于四项教学经费的比例是指:学校从教育事业费中切块用于教学运行经费之外再从学费收入中投入四项教学经费的比例。

在办学的软件方面,高层次人才引进和高水平教师队伍的建设力度不断加大,有效地保证了我区高等教育质量的稳步提高。全区高校专任教师在教职工中所占比例逐年上升,教师队伍总量稳中有升,基本适应广西高等教育改革和发展的基本需求。2007 年,全区高校校本部教职工总数为 40535 人,其中专任教师 26906 人,占教职工总数的 66.4%。表 1-2 反映了 2007 年专任教师的学历结构和职称结构对比于 2002 年发生的显著变化。

表 1-2　2002 年、2007 年广西普通高等学校教师学历结构、职称结构变动情况

年份	专任教师(人)	博士学历		硕士研究生学历		教授		副教授	
		人数(人)	占专任教师总数(%)	人数(人)	占总数(%)	人数(人)	占总数(%)	人数(人)	占总数(%)
2002 年	15410	414	2.7%	3010	19.5%	776	5%	3134	20.3%
2007 年	26906	1545	5.7%	10747	39.9%	1776	6.6%	6895	25.6%
增长率	74.6%	273%		257%		129%		120%	

我区高校结合"人才强桂"战略、"人才小高地"计划的实施,加强高层次创新人才和教学名师的培养。目前,我区有"长江学者"特聘教授 1 名(广西大学陈保善教授),荣获教育部高校教学名师奖 7 名,有"百千万人才工程"国家级人选 12 名,教育部"青年教师奖"获奖人选 2 名、教育部"优秀青年教师资助计划"资助人选 13 名、教育部"高等学校骨干教师资助计划"资助人选 24 名,广西"十百千人才工程"人选 95 名,广西高等学校教学名师奖 67 人,确定了 19 个高校创新团队和 19 名"八桂学者"作为引领创新团队的带头人。

二、高校教学改革力度不断加大,人才培养质量逐步提高

(一)我区高等学校在国家"质量工程"建设中取得了显著成绩

据统计,截至 2007 年 12 月,我区在国家"质量工程"建设中所取得的成绩在西部 12 个省区排位中处于中上水平,其中精品课程和第一类特色专业排名第 4,第二类特色专业排名第 5,教学名师奖和实验教学示范中心排名第 6(详见表 1-3)。

表 1-3　西部地区高等学校本科教学质量与教学改革工程排名表(截至 2007 年 12 月)

省、市、自治区	精品课程		教学名师奖		实验教学示范中心		特色专业(第一类)		特色专业(第二类)	
	排名	数量(个)	排名	数量(个)	排名	数量(个)	排名	数量(个)	排名	数量(个)
甘肃	6	13	5	3	3	6	3	13	7	4
广西	4	17	6	3	6	3	4	13	5	5
贵州	9	3	9	1	8	1	5	11	8	3
内蒙古	7	8	7	3	7	2	7	10	9	3
宁夏	11	1	10	1	10	0	9	4	10	2
青海	10	2	11	1	11	0	10	3	12	1
陕西	2	82	2	17	1	14	1	38	1	23
四川	1	87	1	18	2	11	2	32	2	19
西藏	12	0	12	1	12	0	11	1	11	2
新疆	8	4	8	2	9	1	8	6	6	5
云南	5	15	3	4	5	4	6	11	4	6
重庆	3	27	4	4	4	5	12	1	3	8

(二)根据教育部“质量工程”建设内容,创造性地开展工作,取得显著成效

1. 积极推进弹性学分制

“十五”、“十一五”期间,为了推进教学管理的科学化,促进人才培养的个性化发展,我区将弹性学分制作为全区高校一项基本教学管理制度改革抓紧抓实。到 2008 年年底,我区共有 18 所普通本科高校、17 所高职高专院校实行弹性学分制。广西大学、广西师范大学、广西民族大学、广西医科大学、桂林电子科技大学、广西师范学院、广西中医学院、桂林工学院、广西工学院和广西财经学院、南宁职业技术学院和桂林航天工业高等专科学校等高校已实行按学分收费。我区弹性学分制推进与改革工作走在全国的前列,得到教育部和财政部的肯定。

2. 专业建设水平不断提高

首先,加强对专业设置工作的规范化、制度化、科学化管理。从 2006 年起,教育厅建立了广西高校专业设置网站平台,在全国首次实现了普通本科、高职高专、成人高等教育专业设置的网上申报、备案及评议,专业设置评议工作更加科学、规范、公正、高效。

其次,着力提高专业建设水平。2006 年教育厅启动优质专业认定试点工作,两年来共认定了广西高校优质专业 236 个。截至 2010 年,我区共有 5 个专业成为教育部第二类特色专业建设点,53 个专业成为教育部第一类特色专业建设点。建设了两个国家本科人才培养基地:广西师范大学国家文科基地和广西民族大学国家非通用语种本科人才培养基地。此外,自 2006 年起,教育厅每年安排 800 万元专项经费用于高校部分老专业的结构调

整、优化与改造。

3. 精品课程和优秀教材建设取得重大突破

整个“十一五”期间，全区高校共建设了47门国家精品课程，自治区级精品课程498门，有300种教材建设成为全区高校优秀教材。

4. 以“新世纪广西高等教育教学改革工程”立项为龙头，有针对性地开展教学改革研究与实践

2009年，共评出新世纪广西高等教育教学改革工程“十一五”第五批立项共426项，使我区在“十一五”期间教改立项项目达到1650项。2010年教育厅高教处组织开展2010年和2011年两个年度的新世纪教改立项申报评审工作，立项数达到1400项，使“十一五”期间全区高校教改项目总立项数达到3000余项。

5. 教学手段改革得到积极推进

每年组织一次全区高校教学软件大赛，带动广大教师应用现代教育技术手段能力的提高。截至2008年，我区高校共获得全国多媒体课件大赛特等奖4项，一等奖31项。我区在教学手段改革创新方面已进入全国先进行列。

6. 高校实验实践教学不断加强

2007年，广西大学获准成为全国新闻出版人才培养基地，成为全国新闻出版人才培养基地的第四所大学。广西大学又于同年获得第一批教育部实施的“国家大学生创新性实验计划”建设单位，成为获得该计划建设单位的全国60所高校之一，并且是全国地方大学唯一获此荣誉的学校。2006—2009年，我区共组织了5批实验教学示范中心的评选，共立项建设自治区级实验教学示范中心76个，自治区级实验教学示范建设中心17个。其中2007年，广西大学、桂林电子科技大学和桂林工学院等3所高校的3个实验教学中心成为国家级实验教学示范中心，实现了我区在国家级实验教学示范中心评选中零的突破，截至2010年，我区共获得国家级实验教学示范中心7个。同年，广西医科大学“预防医学专业人才培养模式创新实验区”和广西财经学院“东盟国际会计人才培养创新实验区”获得首批国家人才培养模式创新实验区建设项目。截至2010年，广西共有6所高校获得7项国家级人才培养模式创新实验区建设项目。

7. 以评估为手段，初步构建教学质量监控与保障的长效机制

自2003年教育部在全国开始实行5年一个周期的全国高等学校本科教学工作水平评估制度及2004年开始5年一轮的教育部高职高专院校人才培养工作水平评估以来，自治区人民政府、教育厅把评估工作作为全面贯彻落实科学发展观，打造品牌特色，提升我区高等教育核心竞争力，办人民满意的高等教育的重要机遇，采取了一系列有力保障措施。各高校根据教育部和自治区的要求，按照“以评促改、以评促建、以评促管、评建结合、重在建设”的20字方针，精心组织，积极推进，评促建工作成效显著。截至2010年年底，我区共有13所本科院校接受了评估，在已公布结论中，全部获得良好以上的等级，其中广西大学、广西师范大学、广西中医学院、桂林医学院和广西艺术学院等8所高校获得优秀等级。26所接受教育部高职高专人才培养工作水平评估的院校中，广西职业技术学院等13所高职高专院校评估结论为优秀。通过评估，各高校进一步规范了教学管理，极大地改善了办

学条件,加强了教师队伍建设,提高了管理水平,深化了人才培养模式改革,有力地促进了教学质量的提高。

8. 坚持以服务为宗旨,以就业为导向,高等职业教育质量在改革创新中得到全面提升

2005 年底,教育厅在我区高等职业教育中启动和组织实施示范性职业院校建设工程。该工程采取重点扶持部分高职高专,发挥其引领与辐射作用,以点带面,带动全区高等职业教育迈上新的台阶。截至 2010 年,我区共有 2 所国家示范高职院校和 1 所国家重点培育高职院校,6 所自治区示范性高等职业院校。高职院校办学质量不断提高,打造了众多教学品牌和标志性成果。截至 2010 年,高职高专有国家级精品课程 31 门,占全区 47 门国家级精品课程中的 66%;有国家级教学名师 3 人;有 7 个国家级紧缺人才培养基地,15 个国家级职业教育实训基地,45 个自治区示范性高等职业教育实训基地。

9. 大力推进大学英语教学改革

我区有 4 所高校被教育部列为全国大学英语教学改革试点高校,13 个项目获得教育部大学英语教学改革扩展项目立项。2007 年,广西大学和广西师范大学成为教育部大学英语教学改革第二批示范点项目学校。在 CCTV 英语大赛中,我区的排名从 2002 年的第 26 位上升到 2007 年的第 10 位左右。

10. 毕业生就业工作卓有成效

"十一五"期间,我区普通高校毕业生每年以 21%—28% 的幅度递增,共培养毕业生 23.38 万人。我区高校毕业生就业率在全国一直处于较高水平,2007 年全区高校毕业生总体就业率达到 90.29%(详见表 1-4)。高校毕业生的就业观念发生了明显变化。毕业生到非公单位就业的人数显著增加,占就业总人数的比例由 2002 年的 25.7% 上升到 2007 年的61.66%。同时,到基层就业的毕业生人数也有很大的提高,2007 年到基层就业的毕业生占就业总人数的 75.34%。

表 1-4 2007 年广西普通高校毕业生就业情况统计

	合计	硕士研究生	本科生	高职高专
毕业生人数(人)	107609	3502	31081	73026
7 月份初次就业率(%)	87.82	87.44	85.11	88.99
9 月份二次就业率(%)	90.29	89.41	89.32	90.75

三、高校科研实力明显增强,服务广西经济和社会发展的能力不断提高

(一)重点学科等科研基地建设取得突破性进展

"十五"期间我区高校实现了国家级重点学科、重点实验室和教育部重点实验室、工程研究中心零的突破。截至 2007 年,全区高校有国家和教育部层面的科研机构 17 个,其中国家重点学科 2 个,国家重点(培育)学科 2 个,"211 工程"国家重点建设学科 5 个,省部共

建国家重点实验室培育基地1个;教育部工程研究中心2个;教育部重点实验室2个,省部共建教育部重点实验室3个,自治区重点实验室16个;广西高校重点学科99个、重点实验室91个、人文社会科学重点建设研究基地11个;再加上一批校级重点学科和科研基地,初步形成了从国家级、省部级到校级重点学科、重点实验室、科研基地多层次、相互支撑、紧密结合的科技创新平台体系和科研基地支撑体系。特别是2007年,广西大学的"结构工程"和"动物遗传育种与繁殖"获得国家重点学科立项,广西大学的"微生物学"和广西医科大学的"肿瘤学"获得国家重点(培育)学科立项;广西医科大学的"区域性高发肿瘤早期防治研究重点实验室"获得省部共建教育部重点实验室立项;桂林工学院的"有色及贵重金属隐伏矿床勘查工程研究中心"获得教育部工程研究中心立项。桂林电子科技大学的"信息材料重点实验室"等7个高校重点实验室被认定为第二批自治区重点实验室,有76个高校重点研究实验机构获准立项为自治区教育厅"十一五"期间高校重点研究实验机构,高校的科研平台建设水平得到显著提升。

(二)高等学校的科研能力和水平得到进一步提高

"十一五"期间,全区高校共承担各级各类科研课题16887项,获得科技投入总经费13亿元,发表论文40161篇,有208项成果获得广西科技进步奖,占全区获奖成果总数的26%,其中获得一等奖以上的成果有10项,占全区的35%。2006年,广西医科大学完成的"广西常见头颈部恶性肿瘤的基础与临床研究"获得广西科技进步特别贡献奖;2007年广西大学等6家单位的"高活力α-乙酰乳酸脱羧酶的研制与应用"成果获得国家科技进步二等奖,实现了高校获得广西科技进步特别贡献奖和国家科技进步奖零的突破。同时,高校的专利和知识产权保护工作走在了全区的前列。仅2006—2007年度,全区高校就申请专利191项,获得专利授权85项,比"八五"和"九五"期间的总和还多。广西大学和桂林工学院连续4年专利申请总量和发明专利申请量居全区第一、第二名,获得自治区知识产权局的表彰。高等学校已经成为广西区域创新体系的重要组成部分,是我区基础研究的主力军、高新技术研究的重要方面军和科技成果转化的强大生力军。

(三)实施"三对创新行动计划",取得显著的经济和社会效益

2006年,教育厅开始了实施"三对创新行动计划"战略,即:校市(县)一对一科技帮扶、校企一对一科技合作、校行(区)一对一科技培训。明确要求高校要依托重点学科、重点实验室大力开展科技帮扶、科研合作、科技培训和科学普及等服务广西经济和社会发展的工作。2007年11月,教育厅在忻城县召开了全区高校"三对创新行动计划"——忻城行动启动仪式暨2007年全区高校科研工作会议,组织全区高校与忻城县人民政府签订科技合作协议,全方位服务忻城县的新农村建设。"三对创新行动计划"实施一年多来,极大地促进了高校科技服务工作水平的提高,取得了显著的经济和社会效益,产生了良好的社会影响,引起了多家新闻媒体的注意,广西电视台、广西日报、科技日报、南国早报等全国和广西主流媒体对此多次作了报道。

由于我区高等教育改革工作成效显著,2008 年 3 月,我区承办了教育部高教司召开的自 2003 年以来的首次全国高等学校教学工作研讨会。时任教育部副部长吴启迪到会并做了重要讲话。此次会议在我区召开,体现了教育部高教司对我区高等教育教学工作的重视和充分肯定。

第四节 广西实施高等学校教学质量与教学改革工程的基本经验

一、正确认识“质量工程”的重大意义

1. 实施“质量工程”是提高高等教育服务社会的能力,发挥高等教育在建设创新型国家和构建社会主义和谐社会关键作用的要求。然而,高校办学条件不足、教师队伍水平不高、教育观念落后、教学内容陈旧、教学方法不活的局面,正在削弱着高等教育对经济社会发展应有的支撑作用,影响高等教育的健康发展。实施“质量工程”,提高教育质量,就是要巩固高校扩招以来高等教育快速发展的成果,防止高等学校陷入低水平办学的误区,使我区高等教育发展建立在更牢固、更坚实、更可靠的基础之上,使高等教育在建设“和谐广西”中发挥关键性作用。

2. 实施“质量工程”是促进我区高等教育规模、结构、质量和效益,全面协调可持续发展,构建和谐发展的高等教育新体系的需要。我区高等教育在一个很短的时间内实现了大众化并实现稳步发展,但连续几年的扩招却使不少高等学校呈现出办学条件全面紧张的矛盾,部分高等学校的教育质量不能令人满意甚至出现下降。因此,在高等教育规模有了相当发展之后,提高质量就显得更加突出、更加紧迫。实施“质量工程”,就是要全面落实科学发展观,以改革促发展,实现规模、结构、质量和效益的协调发展和可持续发展。

3. 实施“质量工程”是办好人民群众满意的高等教育的要求。随着经济社会的发展与进步,社会各界对人才素质的要求越来越高,人民群众不但希望有更多的接受高等教育的机会,而且希望能够接受高质量的高等教育,通过接受高质量的教育,增强自身的就业能力和创业能力。为此,高等学校更应该对人民群众高度负责,对广大学生的未来发展高度负责。实施“质量工程”,目的之一就在于提高学生的实践能力、创新精神,增强学生的就业能力和创业能力,办成人民群众满意的高等教育。

4. 实施“质量工程”是促进学生全面发展,培养创新人才的需要。人才培养是高等学校最本质的职能,无论是研究型大学、教学研究型大学还是教学型院校,都应把人才培养作为学校的中心工作,把培养创新型人才作为提高教育质量的重要着力点。实施“质量工程”就是要全面贯彻党的教育方针,树立正确的高等教育人才培养质量观,营造关爱学生成长、关心学生学习、关注学生生活的良好环境。通过人才培养模式、课程设置、教学方法等方面的改革,着力培养学生的社会主义人文精神和科学精神,提高学生的创新能力和可持续发展能力。

二、科学组织“质量工程”的实施

(一)加大研究力度,深刻把握国家“质量工程”的基本内涵,准确了解“我们需要做什么”

自2003年以来,为充分发挥国家“质量工程”的引领作用,广西“质量工程”领导小组以学习实践科学发展观等活动为契机,依托全区高校的研究力量,以教改项目实施的形式,加大对国家“质量工程”的研究力度。经学习和研究,领导小组认为国家“质量工程”的基本内涵包括以下三个方面:

1.“质量工程”是一种信号、一种引导、一种推动

“质量工程”是新中国成立以来我国首个面向全国高校、旨在提高高等教育质量的政策,该政策作为我国高等教育历史上的新生事物,昭示着我国高等教育发生的一些新变化。

(1)“质量工程”领导机构的设置,体现了大众化教育背景下,提高高等教育质量是一个需要全社会共同关心、多方联动的过程。2007年1号文件对“质量工程”领导机构做了如下的阐述:“教育部、财政部成立‘质量工程’领导小组,协商决定‘质量工程’的重大方针政策和总体规划。领导小组下设办公室,具体负责‘质量工程’的日常工作。‘质量工程’领导小组办公室根据‘质量工程’建设目标和任务,制定和发布项目指南,确定项目遴选标准和基本条件,聘任评审专家,组织评审立项。项目采用学校先行立项建设,各省(自治区、直辖市)择优推荐,领导小组办公室组织评审立项,后补助建设经费的方式进行。通过这种方式,形成学校、地方和中央三级立项建设的体系,引导和带动学校和地方教育行政部门加强质量建设工作,扩大‘质量工程’的影响。”可见,工程项目的组织形式不仅体现了中央、地方与高校三者纵向合作的重要性,而且特别强调了教育部与财政部横向联合,共同推动高等教育质量的提升。这种变化昭示着在高等教育大众化阶段,提高高等教育质量是一个复杂、系统的工程,它既需要各个高校以及教育管理部门全力投入,同时还需要社会各界从人力、物力与财力等方面给予大力的支持。

(2)在经费安排上,“质量工程”体现了党中央、国务院对提高高等教育质量的高度重视。“质量工程”启动后,中央财政专门投入25亿元专款,这是新中国成立以来,在提高高等学校教学质量方面投入最大的一项专项经费。然而,由于“质量工程”与“211”、“985”工程仅仅面向少量的重点院校,“质量工程”实施对象直接面向全国所有的高校,面向所有高校的在校大学生。因此,如果将这笔经费平均分配到全国1000多所高校以及3000多万在校大学生,其数量是微乎其微的。但我国现代化建设向来是强调政府主导、制度引领,在这样的体制下,25亿元对于我国高等教育发展的意义是十分巨大的。正如时任教育部副部长吴启迪在一次讲话中所强调的,这笔专项经费“充分体现了党中央、国务院对于提高本科教育质量的关心。中央财政这次安排专项经费资金,代表了一种信号、一种引导、一种推动。”[①]这笔专项经费作为一种信号,代表了中央政府对高等教育质量提升、人才培

① 吴启迪副部长在提高教学质量深化教学改革工作研讨会上的讲话,2006年5月24日,http://www.moe.edu.cn/edoas/website18/70/info22070.htm

养工作的高度重视；作为一种引导，它引导着各个地方政府按照中央的做法，在经费和其他投入方面全力支持高等教育发展；作为一种推动，这笔专项经费能够推动中央到地方、高校到社会各界产生一种合力，共同把我国的“质量工程”进行到底。

在经费投入方面，“质量工程”在政策上特别要求各地方政府必须加大对高校办学的经费投入。把经费投入视为衡量各级领导重视教学工作程度的重要标准，提出：考核各级教育行政部门、各高等学校的领导是否重视教学工作，首先要看教学经费投入落实得怎么样。同时，还强调各高校要把增加的经费优先用在人才培养工作上。这一切都为我国高等教育人才培养质量的提高提供了切实的物质保障。

2.“质量工程”强调人才培养是高校办学的根本任务

近代以来，随着社会的发展，高校逐渐形成三大基本社会职能：人才培养、科学研究与社会服务。在三个职能当中，人才培养是社会最初赋予高校的职能。《中华人民共和国高等教育法》规定：高等教育的任务是培养具有创新精神和实践能力的高级专门人才，要为社会主义现代化建设服务。

然而，近年来，随着我国高等教育发展规模的不断扩大，高校出现了一种盲目追求提高办学层次和盲目攀比的风气。主要表现为学校建设盲目追求高、大、全，即层次高、规模大和学科齐全，有人将其称为“高等教育大跃进”。有的高校在办学层次的指导思想上不明确，几乎所有的专科学校都想“专升本”，几乎所有的单科类大学都想成为综合性大学，几乎所有的综合性大学又都想成为“高水平”、“世界一流”的大学；在办学定位上，教学型大学变为教学研究型大学，而教学研究型大学又变为研究型大学；在学科建设上，为实现所谓的综合性目标，一些院校盲目扩展学科领域，增设新兴学科专业和边缘学科专业；在办学规模上，有些学校不顾办学经费、师资队伍等实际情况的限制，一味扩大招生规模，盲目扩建基础设施，甚至大范围扩展学校校园，似乎办学规模达到一定程度就进入强者的行列；在办学重点上，一味地追求硕士点、博士点的申报建设，忽略了本科教育的质量。[①]

上述盲目追求高、大、全的不良风气，导致了一系列严重问题的产生。包括：教学工作的中心地位受到削弱，学校对本科教育投入的经费不足，领导对本科教育投入的精力不足，教师对教学投入的精力不足，导致学生对学习的投入也不足。[②] 上述风气同样也影响了高职高专院校。总之，盲目追求学科门类齐全，最终导致高校办学千校一面，人才培养缺乏特色，无法适应社会发展对人才多样化的需求，一方面浪费了我国高等教育资源，另一方面也加剧了高等教育发展与社会发展需求之间的矛盾。

针对“高等教育大跃进”所衍生的各种负面影响，教育部在 2007 年 1 号文件中，以前所未有的方式强调了人才培养是高校办学的根本任务。教育部原部长周济指出：高等教

---

① 李名梁.我国大学办学特色建设的现状、困境及解决路径.重庆邮电学院学报（社会科学版），2006(3)

② 胡虹娅.周远清解读高等教育发展第三阶段.人民政协报，2005 年 5 月 11 日

育三个社会职能(人才培养、科学研究与社会服务)相辅相成,辩证统一,高等教育质量应该是三个方面质量的统一体。然而,必须清醒地看到,学校的根本任务是培养人才。在高等教育发展的历史进程中,尽管高等学校人才培养的规格、内容和方式方法都发生了很大的变化,但人才培养作为高等学校的一个根本任务却始终没有变。① 周部长的上述阐述,再次明确了人才培养工作在高校办学中的重要意义,并且把人才培养工作与高等教育质量提升有机地结合在一起,指出了“高等教育大跃进”当中部分高校出现的片面追求“高、大、全”,而忽略为社会现实发展输送合格人才的弊病。

为确立人才培养工作在高校办学中的核心地位,教育部制定了科学的高校评估标准。教育部按照加强宏观调控和分类指导的思想,引导高等学校分层分类培养人才。

首先,理清了一流大学的概念。吴启迪副部长指出:“所谓一流学校并不是必须有博士授予权才叫一流学校,学校是有不同类型的,你在一种类型的学校里面办得最好,你就是一流学校。”②这一观点充分展示了教育部对于不同层次、不同类型的高校将使用不同的评价标准,避免了高校之间的盲目攀比。按照这样的要求,各个高校都要结合本校的实际,根据国家需要,找准学校定位,在科学定位的基础上全心全意搞建设,一心一意谋发展,办出一流的学校。

其次,按照多样化的标准进一步明确高校的定位及其不同的办学重点。吴启迪副部长认为:“将来的高校可以分为几种类型。一类是研究型大学,这种学校要积极发展研究生教育,着力培养拔尖创新人才。一类是以本科教育为主的学校,这类学校应该成为我国高等教育的主体部分,不要把它们都变成培养博士生的学校。美国三千多所高校,真正有博士授予权的高校只有 245 所,我们现在有接近两千所高校,有 240 多所高校有博士授予权。还有一类是高职高专。”③作为我国高等教育主体部分的本科院校,其主要任务不再是培养精英教育时代的“精英分子”,而是培养适合社会各行各业发展之需的高素质应用型人才。因此,政府要分别支持一流研究型大学、一流本科教学型院校、一流职业技术学院的建设。

最后,重新阐释了素质教育背景下的人才观、质量观。教育部提出,素质教育的核心内容和主要任务,就是要以人为本,强调德智体美全面发展,努力使我们的学生既“成人”又“成才”。所谓“成人”,就是人格健全,懂得做人的道理,有正确的世界观、人生观和价值观,热爱祖国,热爱人民,具有强烈的社会责任感和使命感。而所谓“成才”,就是学有所成,学有所长。为了造就既“成人”又“成才”的大学生,教育部特别强调对学生的能力培养。强调高等教育的人才培养工作,要以能力培养为重点,深化教育教学改革,着力培养大学生的创新能力、实践能力、就业能力和创业能力,融合科技教育和人文教育,帮助学生

---

① 周济.实施“质量工程”贯彻“2号文件”,全面提高高等教育质量.中国高等教育,2007(6)

②、③ 教育部副部长吴启迪在提高教学质量,深化教学改革工作研讨会上的讲话,2006 年 5 月 24 日,http://www.moe.edu.cn/edoas/website18/70/info22070.htm

建立起合理的知识结构。[①] 可以说,上述对人才观、质量观的阐释,进一步指明了高等教育人才培养工作基本的发展方向。

3."质量工程"实施策略强调以中央为引领,地方以各高校为主体

我国是一个幅员辽阔、地区发展水平差异明显的国家。这一基本国情决定了我国各项事业的管理绝不能实行"一刀切"的简单模式。然而,新中国成立以来,受计划经济的影响,我国教育事业实行高度集中的管理模式。在高等教育方面,教育部从办学定位、办学经费、管理体制、专业设置、后勤管理等方面都实行了严格的、整齐划一的管理。在我国经济发展水平落后、资源紧张的时期,这种由中央政府"一统天下"的管理方式为高校的发展提供了强有力的支持。然而,随着我国社会经济的迅速发展以及人民群众对高等教育需求的不断提高,计划经济体制下,中央管得过多、过死的弊端渐渐成为我国高等教育改革发展的障碍。

20 世纪后期以来,随着我国改革开放事业的不断深入,我国经济体制渐渐从计划经济向市场经济转化。在此过程中,计划经济时代中央政府管得过多、过死的局面渐渐发生了改变,各项事业的发展大权渐渐从中央向地方下移,各地区、各部门在现代化建设当中的主体地位得到尊重,积极性、创造性得到充分的发挥。在上述形势的推动下,教育作为计划经济时代为数不多的一道壁垒,也渐渐地发生了喜人的变化。2007 年正式启动的"质量工程",在实施方案中充分彰显了高等教育发展大权从中央向地方下放的趋势。

(1)在实施主体上,强调各地方、各高校的主体作用。

我国幅员辽阔、地区发展水平差异明显的基本国情以及高等教育改革发展的艰巨性、复杂性的特点,决定了我国高等教育改革发展必须由中央引领,各地区、各高校构成改革发展的主体。

教育部《关于进一步深化本科教学改革全面提高教学质量的若干意见》(教高[2007]2号)颁布后,教育部原部长周济在解读该文件,布置"质量工程"实施工作时,更加明确地强调了工程实施的主体在于地方、在于各个高校。他指出:"提高高等教育质量,责任主体在学校。提高高等教育质量是一项系统工程,既涉及高等学校内部改革、建设和管理的方方面面,也涉及高等学校外部的许多因素,但归根结底,高等学校是人才培养质量的责任主体。"他要求各级教育行政部门和高等学校要根据两个文件(1 号和 2 号)精神,及时制定本地区、本学校的具体措施和办法,把发展高等教育的积极性引导到提高教学质量上来,把更多的精力、更多的财力投入到提高教学质量上来,全面推进观念创新、制度创新和工作创新,努力开创新时期本科教学工作的新局面。[②]

吴启迪副部长也强调,教育主管部门一定要加强宏观调控和分类指导,帮助学校树立正确的发展观、质量观和人才观。各地教育行政部门要紧密结合本地经济社会发展需要,科学规划本地高等学校布局结构、层次结构和科类结构,引导学校明确办学思想,找准学

---

① 教育部副部长吴启迪在提高教学质量,深化教学改革工作研讨会上的讲话,2006 年 5 月 24 日

② 周济.实施"质量工程"贯彻"2 号文件",全面提高高等教育质量.中国高等教育,2007(6)

校的定位。各高等学校要根据国家和地区、行业的经济建设与社会发展需要,结合学校实际和生源状况,大力推进因材施教,探索多样化人才培养的有效途径。①

教育部原部长周济在阐述2号文件精神时特别强调:“十一五”期间,为提高高等教育教学质量,不仅要有国家层面的“质量工程”,还要有地方层面的“质量工程”,高校层面的“质量工程”。国家“质量工程”建设项目起着激励引领和示范辐射的作用,地方“质量工程”建设项目起着承上启下和推动放大作用,高校“质量工程’建设项目起着基础性、关键性作用。②

可见,“质量工程”的上述规定充分说明,党中央、国务院已经看到:在我国各个地区经济文化发展不平衡、地区差异性明显的现实情况下,我国高等教育质的飞跃,必须建立在各个地方、各个高校的积极性、创造性得到充分发挥的基础上,而要想发挥各地区、各高校的积极主动性,其主体地位必须得到充分的保护与尊重。

(2)在评价体系上,强调办学特色的突出地位。

教育部为了切实保障“质量工程”对各地方、各高校主体地位的重视,刺激各地方、各高校积极主动性的充分发挥,“质量工程”在评价体系方面,充分照顾了各个地区经济发展水平的差异性、各个类型高校的特殊性,明确提出以“分类指导、鼓励特色、重在改革”的原则提高质量。有学者认为在高等教育领域确定这样一个原则还是首次。③

教育部早在2001年4号文件中就指出:“加强对不同层次、不同类型高等学校教学质量监测的分类指导。”后来,在2005年1号文件中,强调高等学校教学评估体系需要:“重视不同类型学校的办学定位和特点,按分类指导的原则,进一步完善教学工作评估指标体系。”可见,教育部在高校评价标准当中,已经注意到以特色来衡量一个高校的办学水平。而在2007年1号文件阐明实施“质量工程”的重要意义时直截了当地指出:“质量工程……按照‘分类指导、鼓励特色、重在改革’的原则,加强内涵建设,提升我国高等教育的质量的整体实力。”教育部原部长周济在谈到高校发展目标时明确提出:“我们应该形成这样的共识:达不到国家统一要求的高等学校肯定不是合格的学校,但高水平的学校一定是特色鲜明、优势明显的学校,肯定不止一种类型,不止一种模式,各高等学校完全可以而且应该在各自的科类和层次中努力办成高水平的学校。这就是高等教育统一性和多样化的辩证关系。”④

众所周知,特色是一个高校多年办学优势的积淀,是一个高校立足社会的依托,是一个高校身份的标志。教育部在“质量工程”中明确提出“鼓励特色”,以特色来衡量一个学校办学质量,这样做无异于从评价标准中注意了不同类型学校的差异性,注意了不同学校

① 教育部副部长吴启迪在提高教学质量深化教学改革工作研讨会上的讲话,2006年5月24日. http://www.moe.edu.cn/edoas/website18/70/info22070.htm

② 周济. 实施“质量工程”贯彻“2号文件”,全面提高高等教育质量. 中国高等教育,2007(6)

③ 朱玉.“质量工程”特点之解析——学习教育部、财政部2007年1号、2号文件的体会. 浙江树人大学学报,2007(4)

④ 教育部部长周济在第二次全国普通高等学校本科教学工作会议上的讲话

所在地区发展水平的不平衡性,承认了各个高校以及高校所在地区在高等教育改革发展当中的主体地位,对于鼓励各个高校立足当地,做大做强自身的办学特色,提升自身为当地社会发展服务的能力产生十分积极的影响。

为此,教育部在"质量工程"建设内容"专业结构调整与专业认证"中专门设置了特色专业的评审,以此引导各级各类高等学校发挥自身优势,努力办出特色。同时,积极探索专业评估制度改革,重点推进工程技术、医学等领域的专业认证试点工作,逐步建立适应职业制度需要的专业认证体系。

4."质量工程"强调高等教育的开放性

一直以来,人们喜欢用"象牙塔"来形容高校。然而,在知识经济时代,高校社会化越来越明显,因此,为社会发展培养人才这个社会职能已经成为高校办学的当务之急。为了更好地履行自己为社会发展提供有用之才的职责,高校必须打破封闭,主动走出"象牙塔",走向社会大课堂,将人才培养工作向全社会开放,包括倾听社会各行各业(即高校所生产产品的最终用户)的要求,调整自己的人才培养规格,邀请社会各行业人士参与人才培养工作的各个过程,使高校的人才培养工作与社会需求无缝对接。高等教育的开放性在"质量工程"实施中得到了充分的体现。

(1)在依托手段方面充分发挥信息技术的开放性。

2007年正式启动实施的"质量工程",信息技术成为一个非常显眼的关键词,它深刻地反映了工程实施的一个明显特征在于:顺应了全球化时代开放性特点,高度重视信息技术在高等教育发展方面的作用。例如,2007年1号文件在阐述"质量工程"实施意义时,开宗明义地提出:"质量工程"以提高高等学校本科教学质量为目标,以推进改革和实现优质资源共享为手段。在建设内容的第二点"课程、教材建设与资源共享"中,明确提出:积极推进网络教育资源开发和共享平台建设,建设面向全国高校的精品课程和立体化教材的数字化资源中心,建成一批具有示范作用和服务功能的数字化学习中心,实现精品课程的教案、大纲、习题、实验、教学文件以及参考资料等教学资源上网开放,为广大教师和学生提供免费享用的优质教育资源,完善服务终身学习的支持服务体系。开发网上考试系统,研究制订相关标准,逐步实现大学英语和网络教育全国统考课程的网上考试,创造安全、便捷、高效的考试平台。

为进一步落实上述要求,教育部在精品课程、双语教学示范课程、特色专业建设点等建设项目中,对于网络建设都提出十分严格的要求。例如,为发挥课程的辐射与拉动作用,要求国家精品课程必须建设资源丰富、运行通畅的课程网站,做到:第一,无论何时、何地、任何人都可以顺畅地登录网站,无障碍地分享网站当中的优质教学资源与建设理念;第二,所有国家精品课程,必须在3年到5年内实现全部授课录像上网,从而让全世界同行真实地分享到本课程先进教学理念如何落实到课堂当中,如何内化为学生能力的提高。另外,国家精品课程最终目的是促进学生学习创新能力的提高。为此,教育部规定,所有国家精品课程的网站中,必须包括以下重要资源:该课程全部的授课课件、教案、习题、重要参考书目、与本课程相关的国内外重要数据库、学习平台等,让即使没有到课堂听课的学生也可以在课后通过登录网站免费进行自主学习,帮助学生更好地掌握知识、发现知识。

2 号文件作为“质量工程”进一步推进的重要指导文件,也把信息技术平台建设提到了非常重要的地位。在文件的第 19 条提出:“把信息技术作为提高教学质量的重要手段。信息技术正在改变高等教育的人才培养模式。高等学校要在教学活动中广泛采用信息技术,不断推进教学资源的共建共享,逐步实现教学及管理的网络化和数字化。要进一步培养和提高教师制作和使用多媒体课件、运用信息技术开展教学活动的能力,培养和提高本科生通过计算机和多媒体课件学习的能力,以及利用网络资源进行学习的能力。”

可见,“质量工程”对信息技术的高度重视,一方面将高校人才培养工作置于全社会监督之下,另一方面,也人为地削弱了不同地区、不同发展水平的学校、教师与学生在客观条件方面的制约,使他们分享到优质的教学资源,从而为提高人才培养质量保驾护航。因此,教育部原部长周济认为:“深化改革,提高质量,必须坚持以信息技术的应用作为提高教学质量的新手段。信息技术的发展……为高等教育发展提供了更为广阔的空间,为教育教学改革提供了突破口。……充分发挥信息技术的作用,是推进教学方法改革的战略选择,也是提高教学质量的重要手段。”①

(2)在实施策略上充分体现高等教育的开放性。

“质量工程”是全球化时代背景下我国高等教育实施的一项重大改革,先进性是其发挥对全国高等教育辐射拉动作用的基本要求之一。为保证“质量工程”各个项目建设的先进性,工程严格遵照全球化时代教育发展规律,通过各种措施体现开放性的基本内涵。

第一,强调中国高等教育向全世界开放。

“质量工程”强调了国际合作在人才培养工作中的重要性。例如,2 号文件第 12 条专门强调加强人才培养的国际合作。提出“要不断加大与国外高水平大学合作培养人才的力度,积极探索国内外共同培养高素质创新人才的有效途径。要积极引进国外大学优质的教学资源,研究和借鉴先进的教学方法和手段,为提高我国人才培养质量服务。要大力引进国外优秀专家学者来华授课或开展教学领域的交流和研究活动。要制订学分互认的政策,积极鼓励大学生到国外大学选修课程学分和学习交流,拓宽学生的国际视野。”在大学英语教学改革当中,明确提出“鼓励开展双语教学工作,有条件的高等学校要积极聘请国外学者和专家来华从事专业课程的双语教学工作,鼓励和支持留学回国人员用英语讲授专业课程,提高大学生的专业英语水平和能力”。

可见,“质量工程”实施方案中,已经把我国人才培养与国际合作具体纳入学分的认定、师资的引进、课程的开设当中,这一点在双语教学示范课程的设计中得到充分体现。

2007 年 8 月,教育部根据“质量工程”建设方案,首次在全国评审双语教学示范课程,按照分批建设的原则,从 2007 年至 2010 年教育部共支持建设 500 门双语教学示范课程,每年将确定有关学科领域进行重点建设。在评审文件中,明确规定:

双语教学示范课程的建设内容包括双语师资的培训与培养,聘请国外教师、专家来华

① 教育部部长周济于 2007 年 2 月 28 日在实施高等学校本科教学质量与教学改革工程视频会议上的讲话

讲学，先进双语教材的引进与建设，双语教学方法的改革与实践，优秀双语教学课件的制作，双语教学经验的总结等。同时，积极利用现代教育技术手段，共享相关教学资源，以发挥示范辐射作用。

通过双语教学示范课程的建设，旨在形成与国际先进教学理念与教学方法接轨的、符合中国实际的、具有一定示范性和借鉴意义的双语课程教学模式，为培养学生的国际竞争意识和能力发挥重要作用。

在申报条件当中，对于课程负责人的资格有严格的规定，提出：申报课程的负责人原则上要有出国留学的经历。应有人员相对稳定的课程组（教学团队），课程组成员结构合理、外语水平较高、教学水平和教学效果好。鼓励聘请国外教师、专家来华进行双语教学工作。①

从双语教学示范课程建设要求中，我们不难看出"质量工程"严格遵照邓小平同志提出的"教育要面向世界"的号召，体现了我国高等教育努力与国际接轨的信心和决心。

第二，强调人才培养工作向全社会开放。

"质量工程"把人才培养确定为现阶段我国高校的基本社会职能，社会成为消费高校所生产产品的终端用户，为了最大限度满足用户对产品的要求，工程强调高校人才培养工作必须与社会发展无缝对接。

2007年1号文件所规定的6大内容当中，第一条"专业结构调整与专业认证"明确提出"根据科学技术发展的特点，紧密结合我国高等教育实际，研究建立适应国家经济与社会发展需要的本科专业设置和调整制度，制订指导性专业规范，构建专业设置预测机制，定期发布各类专业人才的规模变化和供求情况，为高校优化专业布局和调整人才培养结构提供指导"。2号文件进一步补充规定"密切与产业和行业的联系，加强紧缺人才培养。高等学校要根据我国经济社会发展，尤其是相关产业和行业对专门人才的实际需求，加强紧缺人才培养工作。要加强与产业和行业的结合，充分发挥行业主管部门和企业的作用，加大紧缺人才培养力度，为产业部门提供人才和智力支持"。上述规定凸显了高校人才培养工作为社会发展现实服务的宗旨。为了进一步落实上述规定，"质量工程"还专门设置了特色专业。

特色专业从建设目标到建设内容与要求，无一不体现高校人才培养工作向社会开放，为社会发展服务的宗旨。例如：第二类特色专业建设点评审文件规定：

第二类特色专业建设点的建设内容与要求：①改革人才培养方案，构建经济社会发展需要的课程体系。加强相关产业和领域发展趋势和人才需求研究，形成有效机制，吸引产业、行业和用人部门共同研究课程计划，制定与生产实践、社会发展需要相结合的培养方案和课程体系。②改革课程教学内容，加强新教材建设。课程内容要充分反映相关产业和领域的新发展、新要求，减少陈旧内容。有较高外语要求的，要加强国外优秀教材的引进和使用，大力提升双语教学的质量。③改革教师培养和使用机制，加强教师队伍建设。

---

① 关于启动2007年度双语教学示范课程建设项目的通知（教高司函[2007]137号）

完善校内专任教师到相关产业和领域一线学习交流、相关产业和领域的人员到学校兼职授课的制度和机制。建立教师培训、交流和深造的常规机制，形成一支了解社会需求、教学经验丰富、热爱教学工作的高水平专兼结合的教师队伍。④改革实践教学，推进人才培养与生产劳动和社会实践相结合。要建立学生到工厂、企业、农村、社会等实践教学基地开展实践实习的有效机制，实践实习的时间原则上不少于半年。要建立学校、用人单位和行业部门共同参与的学生考核评价机制。①

可见，特色专业要求用人单位切实参与到高校人才培养各个五环节当中，包括培养方案的制定，教学内容的开发，教师队伍的建设，实践教学的实施以及人才的考核评价等。这种开门办学的模式有望实现高校人才培养工作与社会现实发展需要的无缝对接，高校在社会发展当中扮演的人才库、知识库等角色亦将得到实现。实践已经证明并将继续证明，"质量工程"的全面实施，必然牵动社会的各个方面共同关注、参与高校人才培养工作，也只有社会各界的大力支持与参与，才能有力地推进高等学校教学质量的提高。

第三，突出优质资源共享的重要性。

上文提到，"质量工程"为保证各种项目对全国高校教育改革发展的引领作用，为从根本改变我国地区教育发展不平衡的状况，在实施过程当中十分强调优质教学资源的共享。

1 号文件在阐述"质量工程"实施意义时，强调"质量工程"以提高高等学校本科教学质量为目标，以推进改革和实现优质资源共享为手段。例如，在国家精品课程建设的基础上，文件特别要求："全面推广和广泛使用'国家精品课程'，积极鼓励高等学校之间的跨校选修课程机制，加强高等学校之间学分互认等，使学生享受更多的优质教学资源，并逐步实现教学资源共享机制稳定化、常规化。"

值得特别提出的是，"质量工程"在评审精品课程、精品教材的基础上，专门设立了"网络教育资源共享平台建设"项目，该项目的实施，旨在通过采用现代化的信息技术，搭建网络教育资源共享和学习支持服务平台，使学生在任意时间、任意地点享受最需要的优质教育资源，并通过网络教育全国统一考试平台的建设，实现考试的安全、便捷和高效率。为了达到上述要求，"质量工程"在建设内容方面，建设为全国网络教育共享使用的资源管理系统和质量监管系统等网络教育资源共享和管理平台；构建面向社会人员提供终身学习支持的服务体系，开展现代远程教育公共服务体系试点，为社会人员提供便捷的学习支持；建成一批具有示范意义的数字化学习中心；在西部高校建成 120 个数字化教室；建成国家精品课程和立体化教材的 2 个国家数字化学习资源中心；研制开发基于计算机网络的大学英语四、六级考试系统，逐步实现大学英语四、六级网上考试；建设网络教育网上考试系统，实现网络教育全国统一考试课程的网上考试。

可见，"网络教育资源共享平台建设"项目的启动，从学生的学习、考试、教师的备课、上课都纳入了网络化平台，为广大师生分享"质量工程"创造的优质教学资源打下坚实的基础。

---

① 关于启动"第二类特色专业建设点"申报工作的通知（教高司函[2007]134 号）

另外,自2007年“质量工程”启动以来,为加大优质资源的共享力度,教育部专门建设了高等学校本科教学质量与教学改革工程网(简称“质量工程”网 www. zlgc. org 或 www. zlgc. edu. cn),该网站面向全世界开放,网站除了及时公布“质量工程”最新政策、信息之外,还专门设立了地方动态、学校动态,以及“质量工程”项目列表等栏目,前面两个栏目专门公布全国各地方、各高校建设“质量工程”的优秀经验,供全国各个地区与高校之间相互学习交流。“质量工程”项目列表把六大建设内容及所属的项目全部呈现在网页上。同时,有关课程、教材与网络教育资源共享平台建设等项目还分别建设了内容丰富的分网站,在网站中,把精品课程、精品教材的成果全部展示出来,为全国高校提供了可资利用的优质教学资源。

总之,“质量工程”恢复了教学在高校办学中的中心地位,同时也为人才培养是高校办学的根本任务正名,遏制了近年来我国“高等教育大跃进”出现的“浮夸风”,使我国高等教育从盲目超越欧美发达国家的虚幻中,重新回到中国是穷国办高等教育这样的现实。此外,“质量工程”从组织力量、建设内容、经费、长效机制等方面为教学的中心地位提供了切实的保障,为提升高校人才培养质量打下了坚实的物质基础,也为我国高等教育的健康发展找到了活水源头。2007年,吴启迪副部长在答记者问中指出:“‘质量工程’标志着我国高等教育发展进入一个新的发展阶段……这是继上世纪末扩大高等教育招生规模之后,对高等教育改革和发展的又一重大战略决策。”①历史终将证明,“质量工程”将是我国高校教育发展史上一次具有里程碑式的重大改革。

(二)发挥地方的主体作用,立足本地区区情,确立省级“质量工程”基本内涵,明确“我们能够做什么?”

1. 以“质量工程”实施为契机,对全区高等教育进行摸底、盘点,在此基础上,确定省级“质量工程”的基调

“九五”以来,尤其是1999年高校扩招以来,我区高等教育规模有了很大的发展。2006年全区各类高等教育在校生人数为57.22万人。其中研究生为13291人(含博士研究生364人),比1998年的1313人增长912.26%;普通本专科学生38.74万人,比1998年的7.75万人增长399.87%;成人高等教育本专科在校生17.15万人,比1998年的6.81万人增长151.84%。我区高等教育毛入学率已于2005年达到15%,进入了高等教育大众化的初始阶段。

然而,必须看到:虽然我区高等教育在近年来有了很大的发展,但仍然存在许多困难和问题,主要有:

第一,从高等教育发展与经济发展的规模与速度来看。“十五”时期,广西高等教育规模的发展速度与经济发展速度基本是一致的。2000年广西高等教育规模、经济增长的发

---

① 朱玉.“质量工程”特点之解析——学习教育部、财政部2007年1号、2号文件的体会.浙江树人大学学报,2007(4)

展速度与全国不相上下，但到2004年，每亿元GDP支撑的普通高校在校生，全国平均为20.51人，广西为40.58人，与全国平均水平相比，广西高出97.85个百分点，同时全国国内生产总值增幅为52.7%，广西增幅为61.9%。说明广西高等教育发展规模稍高于经济的发展速度。但是，2004年之后，我区经济基础支撑高等教育的发展速度已经达到临界状态。部分高校校舍、教学仪器设备、图书和师资明显不足，办学条件紧张，缺乏扩大办学规模的资源。这就要求我们把发展的着眼点从增加招生数转移到更加注重改善办学条件上来，打好硬件建设基础，为下一步扩大招生规模创造条件。

第二，从高等教育结构来看。我区已形成研究生教育、本科教育和专科教育为一体的高等教育层次结构体系，而且研究生教育逐步走向多层次、多形式办学，但各层次比例相差太大，研究生教育和本科教育、专科教育未能协调发展。主要表现为研究生教育规模过小，与本专科教育相差悬殊。2006年，我区研究生、普通本科生和普通专科生人数分别为13291人、165857人和221590人，三者的比例为1∶12.48∶16.67（如果将成人高等教育在校生171451人计算在内，其比例更低），研究生与本科生之比远远低于全国的比例。因此，在规模扩张到一定程度的时候，需要我们把优化高等教育结构作为重要工作摆上议事日程，促进高等教育内部协调发展，适应经济社会发展对人才多样化的需求。

第三，从高等教育质量来看。从1999年扩招到"十五"期间，我区高等教育的发展和改革取得了巨大成就，数量上有了很大的增长。根据高等教育发展的规律，高等教育发展的规模、质量、结构、效益之间存在着辩证关系，质量始终是占主导地位的关键因素。在我区高等教育规模有了相当发展之后，提高质量就显得更加突出、更加紧迫。从学生和家长的求学愿望来看，在高等教育步入大众化阶段后，不仅要上大学，更重要的是想通过接受高质量的教育，增强自身的就业能力和创业能力。虽然近几年来我区大学生就业工作取得一定的成绩，但与人民群众对子女接受高等教育的期望值，与经济社会发展对人才质量的需求还存在不小的差距。主要原因是支撑提高高等教育质量的"软件"和"硬件"还不牢固，培养学生"四个能力"的一系列规章制度需要建立健全，有关基础设施还需要进一步完善。例如在加强产学研结合，促进学生创新能力培养方面，虽然我区高校做了很大努力，取得了显著成绩。但与其他省市比、与全国平均水平比，还有一定差距。到目前为止，我区高校还没有获得过国家科技进步奖；1997—2005年广西高校只有13项获得国家级教学成果奖，其中国家一等奖1项，二等奖12项，2005年广西获得国家级教学成果奖的数量在全国排20位。

围绕上述的基本区情，我们认为：广西"质量工程"作为提升广西高等教育质量的纲领性文件，其基本内容除了牢固树立人才培养是高校办学根本任务的观念、坚持与国家"质量工程"相关项目进行对应之外，还应该在以下两方面达成共识：

首先，改善办学条件是基本前提。只有解决了目前高校校舍紧张、设备陈旧、图书资料紧缺等严重问题，提升办学质量才有可能落到实处。而要改善办学条件，从经费、政策、社会影响等方面引导全社会关注与支持高等教育就成为重中之重。

基于上述认识，我区在国家普遍压缩高校招生规模的大背景下，适度增加高校招生计划，新增立项建设一批博士、硕士学位授予单位，在适度扩大办学规模和增强高层次人才培养能力方面取得新进展。一是适度扩大普通高校招生规模。为贯彻落实自治区党委书记郭声琨在高校调研时的重要讲话精神，2008 年，我区适度增加高校招生计划，区内外高校共录取我区新生 181027 人，其中本科 76235 人，高职高专 104792 人，录取人数比 2007 年多 10559 人，录取率达到 60%，比 2007 年提高 2 个百分点。二是新增博士、硕士授予单位。在自治区党委、政府直接推动和自治区教育厅的积极努力下，2008 年 10 月，国务院学位委员会确定给予我区在 2008—2015 年新增 3 个博士学位授予单位和 1 个硕士学位授予单位。其中，博士学位授予单位在数量上居全国最多之列（全国共有 5 个省份新增 3 个博士学位授予单位），也相当于我区前 30 年博士学位授予单位数的总和，标志着我区学位与研究生教育发展取得重大突破。三是招收留学生的数量大幅度增加。2008 年，新招收来华留学生 1948 人，新招收港台本科生 41 人，招收中国政府奖学金湄公河次区域地区国家留学生 122 人、广西政府奖学金老挝留学生 21 人，在桂外国留学生总数达 4378 人。在教育部 2009 年年度工作会议上，我区国际交流教育工作得到周济部长的表扬。

其次，优化高等教育结构是重要环节。国家"质量工程"昭示着我国高等教育从 1999 年扩招以来的规模扩张转化为质量提升，从提高办学层次转移到打造办学特色。然而，由于广西高校办学规模尚未满足人民接受高等教育（尤其是高质量的高等教育）的基本需求，因此，在全国高校逐渐收缩招生规模、加强内涵建设的趋势下，广西高校除了坚持内涵发展道路之外，还必须立足自身区情，保持招生规模的适当增长。同时，努力提升办学层次，政府必须帮助部分高校升格为本科院校，支持现有本科院校提高学位点建设水平，从而优化我区高等教育结构，缓解高等教育发展与人民需求之间的紧张矛盾。

2. 在实施内容上，结合自身实际，强调规定动作有质量，自选动作有创新

教育部"质量工程"的各项要求是国家对全国高等教育发展全局性的、方向性的统一要求，各个地区不能简单地对号入座，而应该结合自身的区情，创造性地将"质量工程"的目标分解成为符合地区社会经济发展的具体任务。做到规定动作（教育部的统一要求）有质量，自选动作（基于地方区情的特色措施）有创新。

2008 年 3 月，教育厅与财政厅联合印发《关于实施广西高等学校教学质量与教学改革工程的意见》（桂教［2008］6 号），明确了我区高校"质量工程"的项目规划和主要内容。

表 1-5 国家级"质量工程"项目与自治区级"质量工程"项目比较表

序号	国家级	自治区级
1	专业结构调整与专业认证	专业结构调整与专业认证
2	课程、教材建设与资源共享	精品课程、优秀教材建设与资源共享
3	实践教学与人才培养模式改革创新	实践教学与人才培养模式改革创新
4	教学团队与高水平教师队伍建设	教学团队与高水平师资队伍建设
5	教学评估与教学状态基本数据公布	教学评估与教学质量监控体系建设
6	对口支援西部地区高等学校	高等学校对口支援工作
7		学分制改革与推进

续表

序号	国家级	自治区级
8		新世纪教学改革工程立项建设
9		大学英语改革与双语教学
10		高等职业教育能力建设

由表1-5可见，我区“质量工程”建设内容不仅包括教育部“质量工程”提出的专业、课程、实践实验教学、师资队伍、教学评估以及对口帮扶等6个方面，还基于广西高等教育基本现状及其社会经济发展需要特别设立了学分制推进、新世纪教学改革工程立项、大学英语改革与双语教学、高职教育能力建设等4个方面的个性化项目。

例如，教育厅遵循教育发展规律，2004年开始启动的新世纪教学改革工程，主要是通过加大对高校教学改革的支持力度，一方面从制度上吸引广大高校教师积极投身教学改革，改变高校教师重科研、轻教学的惯性；另一方面，遵循高等教育发展规律，通过教改立项，重点培育一批具有独创性、新颖性和实用性的教学改革成果，努力使我区高校教学改革全局有实质性的突破。至于专门设立高等职业教育能力建设项目，主要是我区高等教育积极回应地区经济社会发展对人才需求的重要举措。

自2003年中国—东盟自由贸易区建设启动以来，广西经济面临着难得的历史发展机遇。然而，当广西工业化、城镇化快速推进，特别是北部湾经济区开放开发对职业教育产生强劲需求时，广西职业教育却呈现出发展规模偏小、专业结构不合理、资源分布不均匀、与办人民满意教育的要求不适应等弊端。全区职业院校数、招生数、在校生数在整个教育中的比例明显偏低。2007年全区每万人中中等职业学校在校生只有111人，仅为全国平均水平的80%，不及江苏、浙江、山东等东部发达地区的一半；全区职业院校在校生总数80多万人，输送的人才数量远不能满足经济社会发展需要，高素质技能型人才短缺已成为全区产业发展的瓶颈；职业院校现有专业更新缓慢、重复设置，装备制造业、高新技术产业、现代服务业等急需的专业缺少，造成人才结构不合理，全区专业技术人员70%集中在第三产业部门，第二产业仅占16%，居全国倒数第三位，西部倒数第二位，农村实用人才仅占农村劳动力的0.87%；职业教育区域间的发展水平差异大，个别市职普比例严重失调，职业教育与普通教育相互沟通和衔接的“立交桥”尚未搭建起来，全区城乡每年有20多万名不能升入高中的初中毕业生、7万名不能升入大学的高中毕业生，直接流向社会。

面对经济社会发展对人力资源结构调整和劳动者素质提出的新要求，广西壮族自治区党委、自治区人民政府把发展职业教育作为振兴经济、增强综合实力的战略选择，决定以职业教育充分发展促进全区经济社会发展新飞跃。2007年12月22日，自治区党委、自治区人民政府印发《关于全面实施职业教育攻坚的决定》，要求在“十一五”的后3年，即2008—2010年全面实施职业教育攻坚。是年12月24日，自治区党委、自治区人民政府召开了全区职业教育攻坚动员大会，自治区、市、县层层签订了职业教育攻坚责任状。

为贯彻落实自治区人民政府职教攻坚的精神，我区“质量工程”项目当中专门设立了高等职业教育能力建设项目，确立了两大目标：一是建设10所自治区级示范性高职院校，并力争有3—4所高职院校进入国家示范性高职院校行列。二是遴选建设100个自治区级示范性高职教育实训基地，并力争有20个左右实训基地成为国家级职业教育实训基地。经过3年的建设，目前，我区已经有2所国家示范高职院校和1所国家重点培育高职院校，6所自治区示范性高等职业院校，高等职业教育已经成为广西高等教育的一大亮点。

自治区级“质量工程”自设的项目，是地方教育管理部门发挥自身积极主动性的创新之举。自设项目将国家“质量工程”统一要求内化为符合本地区经济社会发展需求的建设目标，使之成为既具有高起点，又具有区域特点的行动方案。

（三）紧扣地区经济社会发展需求，科学制订“质量工程”实施策略，明确“我们怎么做”

1. 管理体制上，发挥国家“质量工程”“信号”效应，引导社会各界共同关心并推动广西高等教育发展的质量提升

国家“质量工程”是我国政府高度重视高等教育质量的信号，它从政策上要求各级政府必须加大对高等教育的关注与支持。因此，自治区教育厅紧紧把握上述政策的“信号”效应，以国家“质量工程”的政策为依托，遵循我国自上而下的政策运作规则，主动打破部门之间的封闭状态，多方联动，不断提高高等教育的社会影响。这在自治区人民政府投入到高等教育“质量工程”建设的经费方面体现较为明显。

表1-6 “十一五”期间广西高等教育“质量工程”建设经费投入数额比较表

年份（年）	下拨经费（单位：万元）
2006	1050
2007	2600
2008	5000
2009	6100
2010	6600
合计	21350

从表1-6中可以看出：“质量工程”实施以来，我区高等教育专项经费投入便呈现快速增长的势头。2007年达到2600万元，比2006年增加了1550万元，增长率达到147.6%，2008年，经费突破了5000万元大关，与2007年相比，将近翻了一番。2009年经费突破6000万元，达到6100万元，比“质量工程”开始之前的2006年增加了5050万元，增长率达480.9%。尽管上述经费与我国经济发达省份获得的相关经费相比要少得多，但在广西这样一个经济欠发达的西部少数民族地区，高等教育所获得的经费已占自治区财政开支的较大份额。并且，由于不少项目都要求学校提供相应的配套经费，因此，全区高等教育所获得的经费应该大大超过这个数字。例如：2009年，教育厅落实的自治区财政6100万元

的教学专项投入经费中，首次设立了我区高校“质量工程”专项经费1800万元，通过要求项目学校予以配套等方式，引导各高校进一步加大对“质量工程”的投入。上述政策带动了总计超过1亿元的资金投入到我区高等学校的教学工作中，有力地推动了我区高校“质量工程”的建设。可以说，经费支持力度的加大，无疑增强了教育管理部门与各个高校办好高等教育的信心，同时，作为一种导向，吸引着全社会越来越多的人关注高等教育，支持高等教育。

正是在上述全民关心高等教育的良好氛围里，我区高等教育的社会地位不断提高。2009年，教育厅抓住中央、自治区应对金融危机、扩大内需保增长的重大部署所带来的机遇，狠抓固定资产项目投资，超额完成了自治区下达的教育系统90亿元的固定资产投资任务。同年，国家开发银行贷款广西普通高校校园贷款建设项目起步顺利，项目建设规模140.73万平方米，总投资合计32.8亿多元，7所高校开展新校区建设。高等教育的基础设施投入创历史新高。值得特别提出的是：在教育厅的积极努力下，目前广西高等教育的地位不断提升。在2009年12月通过的国务院《关于进一步促进广西经济社会发展的若干意见》（国发[2009]42号）明确提出“优先发展教育事业”，并且强调：“积极发展高等教育……在高等院校设置、招生和生源计划、重点学科建设等方面加大支持力度。继续通过‘省部共建’、对口支援等多种形式帮助地方高校提升办学水平。”可见，广西的高等教育已经上升为国家战略。2010年，自治区政府已经明确提出：今年制定的《广西教育事业发展“十二五”规划》将改变传统的由自治区人民政府审定通过，由自治区发展和改革委员会印发的做法，经人民政府审定通过后，直接由人民政府颁布。上述变化体现了自治区政府对教育事业（包括高等教育在内）的高度重视，而这一切又为我区高等教育事业的发展提供了坚实的政策保障。

2. 在高校服务面向方面，以北部湾经济开放开发为契机，引导高校关注地方经济社会发展，提升高校服务地方经济社会发展能力

国家“质量工程”明确界定了高等教育大众化背景下高校的人才观、质量观与发展观，强调了高校办学要密切关注地区经济社会发展，为社会培养、输出大批的应用型人才。

自2003年中国—东盟自由贸易区建设启动以来，广西经济社会发展进入了难得的利好时期。2008年，国务院颁布了《广西北部湾经济区发展规划》；2009年底，国务院又颁布了《关于进一步促进广西经济社会发展的若干意见》，广西经济社会发展进入了快车道。经济社会的发展从数量与质量上都对高等教育人才培养提出了新的挑战。为了引导广大高校积极应对地方经济社会的发展需求，自治区教育厅在省级“质量工程”当中，以评审人才培养模式创新实验区、优质专业等形式，引导高校走出校园，走向社会，在社会大熔炉中凝练自己的办学特色，提升人才培养质量。

2010年2月10日，自治区人民政府根据当时广西经济社会发展尤其是北部湾经济区开放开发、“14+4”产业发展规划对教育的迫切需要，在全区范围内迅速掀起高校服务广西新发展的高潮。3月5日至9日，举行了“广西高校服务北部湾行”活动。3月中下旬，全区高校开展中心组“教育服务广西新发展”专题理论学习活动。4月初之后，教育厅着手起草《教育服务广西产业新发展行动计划(2010—2012)》，各高校提出本院校服务广西新发

展的新举措，全区出现了区、市、高校、企业大联动的良好局面。例如：3 月初，自治区教育厅、发改委、财政厅、科技厅、卫生厅、人社厅、北部湾办等自治区相关部门领导、各市教育局局长参加了“广西高校服务北部湾行”活动。3 月中旬，为确保高校中心组“教育服务广西新发展”专题理论学习活动扎实推进，自治区高校工委、教育厅还专门派出 6 个列席组，由委、厅领导亲自带队，深入广西大学等 6 所高校列席高校党委中心组学习会。

在上述政策的带动下，各高校积极探索产学研新路子。广西大学已经与全区 14 个市签订“校市一对一科技合作”协议。广西民族大学、桂林电子科技大学分别与防城港市、河池市等市签订“校市一对一科技合作”协议。梧州学院与梧州市各个县开展“校县一对一科技合作”。广西职业技术学院积极开展与农垦企业的“一对一”科技合作、技术培训和“科技下农场”等活动。广西农业职业技术学院和柳州医学高等专科学校对忻城县的科技帮扶、科技培训取得了显著的成效。2008 年，全区首次评选出“2008 年广西高校科技十大最具影响力事件”，进一步促进高校科研与广西经济社会发展相结合。至 2010 年，全区 20 所本科高校、16 所高等职业院校、4 所北部湾地区的民办高校和 10 所中职学校的校领导加入“广西高校服务北部湾行”活动中，36 所高校还和北部湾 4 市签订了校市合作框架协议 25 项，校企科技合作协议 69 项。可以预见，在未来的发展中，广西高校服务地方经济社会发展的能力将获得质的飞跃。

第二章

广西高等学校教学质量与教学改革工程各项目特色展示

第一节 新世纪广西高等教育教学改革工程立项与教学成果建设特色展示

进入21世纪以来，我国的高等教育对经济发展、社会进步和技术创新的重大作用，已经得到社会各界的高度认同。高等教育改革也不断深化，成绩显著。特别是以教学内容和课程体系改革为重点的教学改革取得了阶段性成果，一批科学的人才培养方案、高质量的教材相继出台和出版，在推动高等学校教学改革方面发挥着积极的作用，也为我国高等教育跨入新世纪奠定了良好的基础。然而，面对新世纪的挑战，高等教育教学改革和建设的任务还相当艰巨。

为了实现新世纪高等教育的新发展，促进高等学校进一步增强质量意识，重视素质教育，深化教学改革，加强教学建设，全面适应新世纪社会主义现代化建设对各级各类高层次人才的需要，教育部决定在“高等教育面向21世纪教学内容和课程体系改革计划”取得阶段性成果的基础上，实施“新世纪高等教育教学改革工程”（以下简称“新世纪教改工程”）。

“新世纪教改工程”的总目标是，通过对已有教学改革成果的整合、集成和深化研究，使之更加系统化、科学化，同时开展更大范围、更深层次的教学改革实践，经过5年左右的努力，在我国初步形成：具有中国特色和时代特征的现代教育思想；能够主动适应新世纪经济社会发展需要的人才培养体系；能充分调动学校和师生积极性的教学运行机制；有利于推进素质教育的高水平、高素质的教师队伍；有利于培养大学生创新精神和实践能力的教学条件保障体系。具体体现在以下几个方面：对一批经过整合优化的专业（群）进行综合改革试点，建设一批富有时代特色的系列课程、教材和教学软件，建立一批具有良好示范辐射作用的教学基地，建设一批基础课实验教学示范中心，培训一大批中青年骨干教师，建成若干个高职教师培训基地，初步建成现代远程教育资源和服务体系，形成若干套经过实践并各具特色的多样化教学管理与运行机制，建立、健全高等教育教学工作评价体系。

广西以国家实施“新世纪教改工程”为导向、为信号、为契机，立足自治区区情，相应出台地方和学校“新世纪教改工程”的实施文件和措施，建立了教育部、自治区教育厅和高校三级管理体系，围绕专业建设、课程建设、人才培养模式创新、教材建设、教学管理制度、现代教育技术、实验实践教学、师资队伍等方面的综合性改革研究与实践，扎实推进“新世纪教改工程”建设并取得了显著成效，通过提高教育教学改革项目的资助力度与覆盖范围，让更多的一线教师重视教改，参与教改，在全区高校形成了加强教学研究、提高人才质量的良好氛围，加快了高等教育的改革步伐。

一、“十一五”期间，广西加大教改项目的投入和覆盖力度，教改项目的数量和资助金额逐年增加

1. 从教改项目立项数量上看，2002 年广西启动“新世纪教改工程”，当年立项 257 项，2003 年立项 48 项，2004 年立项 26 项。进入“十一五”以来，进一步加大了教改项目的投入力度，其中，2005 年立项 272 项，2006 年立项 336 项，2007 年立项 166 项，2008 年立项 338 项，2009 年立项 386 项。另外，在课题组自查（申报）、学校检查（推荐）的基础上，2007 年确定 80 个项目为“新世纪教改工程”追加资助的“十一五”第一、第二批立项项目，2009 年又设立了 40 项委托项目；2010 年组织开展了 2010 年和 2011 年两个年度的“新世纪教改工程”立项申报评审工作，立项数达到 1400 项，使整个“十一五”期间教改项目总立项数达到 3000 余项，基本上覆盖了全区所有的本科、高职高专院校。

2. 在教改项目的分层方面，分为重点资助、一般资助和启动立项，并按照上述分层在资助金额方面加以区分。同时，要求各获得项目高校应按照不低于 1∶2 的比例进行经费配套，保证充足的项目经费。

表 2-1 “十一五”期间广西高等教育教学改革工程立项项目统计表

年份	项目名称	立项数量	资助金额	备注
2005 年	第一批立项项目	272 项	各高校按 6000 元/项进行资助	
2006 年	第二批立项项目	40 项（重点资助）	教育厅按 10000 元/项资助	各高校按 1∶2 的比例配套经费
		113 项（一般资助）	教育厅按 5000 元/项资助	
		183 项（启动立项）	各高校按不低于 6000 元/项进行资助	

续表

<table>
<tr><th>年份</th><th>项目名称</th><th>立项数量</th><th>资助金额</th><th>备注</th></tr>
<tr><td rowspan="4">2007 年</td><td rowspan="2">追加资助第一批、第二批项目</td><td>22 项(重点资助)</td><td>6000 元/项</td><td rowspan="4">各高校按1:2的比例配套经费</td></tr>
<tr><td>58 项(一般资助)</td><td>3000 元/项</td></tr>
<tr><td rowspan="2">第三批立项项目</td><td>111 项</td><td rowspan="2">各高校按不低于 6000 元/项进行资助</td></tr>
<tr><td>55 项(启动立项)</td></tr>
<tr><td rowspan="3">2008 年</td><td rowspan="3">第四批立项项目</td><td>46 项(重点资助)</td><td>10000 元/项</td><td rowspan="3">各高校按1:2的比例配套经费</td></tr>
<tr><td>151 项(一般资助)</td><td>5000 元/项</td></tr>
<tr><td>141 项(启动立项)</td><td>各高校按不低于 5000 元/项进行资助</td></tr>
<tr><td rowspan="6">2009 年</td><td rowspan="3">第五批立项项目</td><td>52 项(重点资助)</td><td>15000 元/项</td><td rowspan="6">各高校按1:2的比例配套经费</td></tr>
<tr><td>159 项(一般资助)</td><td>10000 元/项</td></tr>
<tr><td>175 项(启动立项)</td><td>5000 元/项</td></tr>
<tr><td rowspan="3">第五批立项(委托)项目</td><td>14 项(重点资助)</td><td>15000 元/项</td></tr>
<tr><td>24 项(一般资助)</td><td>10000 元/项</td></tr>
<tr><td>2 项(启动立项)</td><td>5000 元/项</td></tr>
</table>

数据来源:广西教育厅桂教高教[2005]168 号、[2006]194 号、[2007]109 号、[2008]151 号、[2009]82 号、83 号文件。

二、切实加强对新世纪广西高等教育教学改革工程“十一五”立项项目的管理

对于教改项目的实施、建设,教育厅要求实行学校负责制,各项目承担高校负责组织项目的启动、实施、经费管理及项目进展情况的监督检查。教育厅不定期组织专家到有关高校对项目进行检查评估。对建设效果好的立项项目给予经费追加或经费资助,建设不得力的项目予以通报批评,甚至取消立项。各高校充分认识“新世纪教改工程”实施的重要意义,并把承担教改项目作为学校开展教学改革,提高教学质量的重点工作抓好抓实。

1. 通过“新世纪教改工程”项目的实施,从理论和实践上探索解决了我区高等教育发展与人才培养战略的一些重大问题,形成了一批能够主动适应区域经济和社会发展需求

的创新人才培养方案,建设了一批具有鲜明特色、对广西经济社会发展具有重要支撑作用的学科专业和专业群,建设了一批体现时代特征、富有地方特色的系列课程、教材及教学软件,建立了一批具有良好示范辐射作用的实践基地或实验教学示范中心,培训了一批西部民族地区优秀的中青年教学和学术骨干,初步形成了具有地方特色的教学管理运行机制和教育教学评价体系,产生了一批具有创新性并在人才培养上取得了重大突破的教学成果。各高校以区级教改项目为引领,纷纷设立校级教改项目立项,使得教育教学改革的覆盖面越来越大,同时保证校级和区级项目的经费支持,为项目建设提供了资金保障,让更多的一线教师投身到教改项目中,以教改引领和推动教学质量的提升。

2. 以"新世纪广西高等教育教学改革工程"为龙头,积极推进教学内容、课程体系和教学手段改革。

(1)教学成果成效显著。近几年,我区每年都开展"新世纪教改工程"项目立项工作,这样的力度在全国是极为少有的。2005 年,在第五届国家级高等教育教学成果奖评审中,我区获国家级教学成果二等奖 7 项,比上一届增加 3 项。其中广西民族大学有 3 项,广西师范大学 2 项,广西大学和桂林电子科技大学各 1 项。2009 年,我区有 8 项成果获得第六届国家级教学成果奖二等奖,比第五届多了 1 项。

(2)精品课程和精品教材建设成绩显著。"十一五"期间,我区共获得国家精品课程 47 门(其中本科院校 16 门,高职高专 31 门)。建设了自治区级精品课程 498 门,已建立起国家级、自治区级和校级精品课程三级建设体系。与此同时,有 300 种教材建设成为全区高校优秀教材。

(3)教学手段改革成绩显著。从 2001 年起,为提高广大教师应用现代教育技术手段的能力,每年组织一次全区高校教学软件大赛,并且从 2006 年起,开始举办以课程应用为主的现代教育技术应用大赛。截至 2008 年,我区高校共获得全国多媒体课件大赛特等奖 4 项,一等奖 31 项。玉林师范学院、广西医科大学、广西大学、广西民族大学、桂林工学院和广西水利电力职业技术学院等院校都取得了骄人的成绩。

第二节　广西高校国家级特色专业建设点建设特色展示

所谓特色专业,是指充分体现学校办学定位,在人才培养目标、师资队伍、课程体系、教学条件和培养质量等方面,具有较高的办学水平和鲜明的办学特色,获得社会认同并有较高社会声誉的专业。特色专业的特色包含了 3 个方面的内容:一是"人无我有",即独特性。特色专业在发展过程中,逐渐形成了自己独具特色的个性风貌。二是"人有我优",即优质性。在培养目标、课程设置等方面特色专业优于其他高校相同专业。三是"人优我新",即创新性。特色专业反映了同类型高校相关专业发展状态,代表了专业发展的方向。

专业建设是高校教学基本建设的重要内容,也是开展人才培养和教学工作的基础。它直接关系到学校的整体办学水平和社会声誉,关系到毕业生在择业与未来发展中的竞争能力。通过开展特色专业建设,建成一批办学水平较高、影响较大、竞争力较强的特色专业,推进高校专业建设与人才培养紧密结合区域经济社会发展需要,带动高校其他专业的建设,为高校其他专业建设和改革起到示范和带动作用。

基于本身的资源条件、特色专业的办学要求以及建设总目标,特色专业建设的基本思路是:保持开放式办学理念,整合相关社会力量,着力优化建设结构,稳步推进教学改革;加强师资团队建设,努力提高科研水平,积极打造人才培养新模式,在“做强、做大”的基础上充分体现出自身的“特色”与“优势”。整个“十一五”期间,广西高校在准确定位的前提下,凝练学校特色,共获得58个国家级特色专业建设点(其中第一类特色专业建设点53个,第二类特色专业建设点5个)的喜人成绩。

一、秉承“开放式”的理念,确立专业发展目标

特色专业是国家为强化高校为社会现实发展服务功能而专门设置的建设项目,从建设目标到建设内容与要求,无一不体现了高校人才培养工作向社会开放、为社会发展服务的宗旨。同时,要求加大教学改革力度,能够引领国内同类专业的改革发展潮流,有条件的高校的特色专业还应该注意与国际上的同类专业接轨,牢记为当地社会现实发展培养紧缺人才的宗旨,做到把人才培养工作与社会现实发展无缝对接。具体而言:特色专业必须要在本专业的教学改革发展前沿与社会发展对本专业人才提出的最新要求之间确定自身的发展策略,既能够较好地满足社会对本专业紧缺人才的需要,又能够继续引领本专业教学改革发展的大势。要做到这一点,必须要开展广泛的调研,一方面加强教学研究,及时了解当前国内外有关本专业教学改革发展的最新成果,另一方面广泛听取用人单位对本专业人才培养工作的意见。之后,综合两方面的意见,调整专业的人才培养方案,整合教学内容与课程体系,优化教师队伍,提升人才培养质量。唯有如此,方可保证本专业的特别出色。

按照这种要求,广西获得特色专业建设点的高校从人才培养方案制定到教学内容的开发,再到教师队伍的建设、实践教学的实施以及人才的考核等各个环节都特别强调用人单位的切实参与,这种开门办学的模式实现了高校人才培养工作与社会现实发展需要的无缝对接,高校在社会发展当中扮演的人才库、知识库等角色亦得到实现。例如,广西师范大学教师教育类特色专业加大调研力度,及时准确地了解特色专业的用户——基础教育一线的新变化、新要求,明确特色专业改革的方向,分向上与向下两个层面展开调研工作。向上层面是向国内同行与专家请教有关全国教师教育改革发展的新趋势。该校一方面组织了各有关特色专业建设团队前往北京、上海、西安、广州等高校进行考察学习,吸取国内其他高校建设特色专业的优秀建设经验。2008年11月,该校还积极承办了教育部师范司组织的全国师范类特色专业建设点经验交流会,来自全国50个高校的第一批特色专业建设点负责人在此次会议上深入探讨师范类特色专业建设的经验,兄弟院校的宝贵经验让他们受益匪浅。另一方面,学校邀请了国内著名的教师教育改革专家,包括北京师范大学钟秉林校长、华东师范大学叶澜教授等为学校教师介绍国内外教师教育改革前沿。上述交流活动让他们进一步明确了国内教师教育改革发展的最新动态,为该校继续引领广西基础教育提供了保障。

向下的层面是深入到用人单位广泛听取他们对学校毕业生培养质量的意见。2009年3—4月,该校专门组织了三支由学工部、团委管理干部组成的调研组,分赴广西、广东等地,与当地教育局、中学的领导老师进行座谈,倾听他们对于学校培养的师范生(特别是2006—2008三届毕业生)质量的意见。与此同时,学校还在全区范围内分发《广西师范大学毕业生质量跟踪调查问卷》,进一步了解各地基础教育系统对广西师范大学师范生培养质量的意见。思想政治教育专业在修订本专业人才培养方案时,还特别邀请了几位中学政治学科的特级教师共同参与,特级教师们从教学内容与教学实践设计等方面提出了十分中肯的意见。可以说,认真听取"用人单位"的意见,充分体现了特色专业为社会现实发展服务的宗旨,为特色专业修订人才培养方案打下了良好的基础。

二、确立"一盘棋"的专业建设思路

专业建设是一个立体化的过程,而特色专业建设需要确立"一盘棋"的整体建设思路。

首先,特色专业建设与学校的办学特色的凝练以及学校办学优势的提升有机结合在一起,以学校原有的优势与特色为依托,以特色专业建设为契机,进一步打造了自身的办学特色,做大做强了自身的办学优势。其次,特色专业建设充分发挥了专业建设覆盖面广、牵动面大的特点,围绕着为当地社会发展输送紧缺人才的建设目标,以人才培养方案调整与实施为中心,在教学内容、课程体系、教师队伍以及实践教学环节等方面展开全方位的改革,在教材建设、精品课程建设、教学团队建设、教学方法改革以及人才培养模式创新等方面取得突破性进展,实现教(师)与学(生)的共同成长,最终实现人才培养质量全面提高的目标。再次,特色专业建设重结果,更要重过程。特色专业作为教育部为辐射与拉动全国高校专业改革发展而设立的项目,其自身的建设过程本身就是鲜活的案例,能够对校内其他专业以及国内同类专业建设产生示范作用。因此,特色专业在建设过程中,集中力量提高建设质量的同时,注意以制度、改革论文、著作以及网站等形式真实地记载自己的建设历程,是出色地完成教育部指定任务的重要环节。最后,特色专业建设必须追求双赢、多赢的结果。包括特色专业在保证自身建设特别出色的同时,对所在学校的其他专业以及国内同类专业建设产生辐射与拉动作用;特色专业在建设的过程中,人才产品的生产者(高校)的办学特色与优势取得长足进步,人才产品的消费者(社会)对紧缺人才的需求得到了满足,经济社会得到了大发展。

三、加大师资队伍建设力度,为特色专业建设提供师资保障

师资队伍建设是特色专业建设的根本保证,特色专业需要配备有学科特色的师资队伍,教师的教学、研究水平直接影响到特色专业人才培养目标的实现。区内各特色专业建设点始终把师资队伍建设作为教育事业发展的重要工作来抓,始终贯彻"事业留人、待遇留人、环境留人、感情留人"的工作方针,保证师资队伍的稳定增长。同时坚持培养与引进并重的原则,大力推进名师、教授进课堂,加强教学团队建设,提高教师队伍的整体教学水平。已形成了一支以中青年教师为骨干,教学和科研能力较强,数量充足,结构合理,能够适应学校发展定位,满足人才培养的需要,具有良好发展趋势的高水平师资队伍。此外,

部分学校还聘请区内外一批专家学者为兼职教师、客座教授。

以名师工程建设为主导，青年教师培养和“双师型”教师培养同步协调建设，努力打造以名师领衔的业务精湛、团结协作精神好的创新型专业教学团队。各特色专业建设点在总结培育区级教学名师经验的基础上，进一步加大培育的力度，采取有效措施培育国家级和自治区级教学名师。加强青年教师培养工作，努力提升青年教师的教学和科研水平，为教学与科研，以及专业人才培养的可持续发展奠定坚实的基础。聘请政府部门、科研院所、企事业单位的学术水平高、工作实践经验丰富的优秀专业人才担任兼职教师参与指导专业建设和教学工作。上述措施为创建了解社会需求、业务精湛、整体素质高、创新意识和战斗力强的一流教学团队，为特色专业建设点发展提供了坚实的师资保障。

四、实现专业、学科、科研建设三者间的有机结合

力争通过重点学科的申报及建设来夯实专业建设的基础，力争通过科研项目的突破来提升特色专业的建设水平，力争使特色专业建设能为学科及科研建设提供强有力的支撑。

充分发挥现有学科的优势，带动专业建设。利用重点学科和重点实验室的仪器设备，开展本科生实验教学，建立本科教学与重点学科、重点实验仪器设备资源共享的机制，鼓励本科生到重点实验室开展科研工作；重点学科带头人和学术骨干，同时作为专业建设带头人和专业建设的骨干；把重点学科建设、重点实验室、博士点、硕士点建设与专业建设有机结合起来，以学科建设带动专业建设，提升了专业的办学水平和教学质量。

充分利用现有博士点、硕士点的资源，为本科专业人才培养服务，充分发挥博士点、硕士点在本科专业人才培养中的作用。把本科教育与研究生教育有机结合起来，建立了研究生带本科生制度，加强研究生与本科生之间的交流，通过研究生来带动本科生，提高本科生的科研和学术水平。同时，积极推行本、硕直读和本、硕、博直读学制。推荐优秀本科生免试直升读硕，推荐优秀硕士生免试直升读博。通过本、硕直读和本、硕、博直读，一方面，吸引高分的考生报考本专业，提高本专业生源质量；另一方面，通过本、硕直读和本、硕、博直读，培养本专业高层次人才。

五、特色专业建设措施重在“落实”

首先，在特色专业建设过程中，高校为社会现实发展服务的功能要落到实处，高校与用人单位之间在师资队伍优化、实践基地的建设、人才培养质量的评价体系构建等方面的交流一定要实实在在，看得见，也摸得着。并且特色专业能够为社会发展输出大量的紧缺人才。其次，特色专业建设团队所提出的各种改革计划的实施与管理一定要落到实处，真正做到设立专门的项目、划拨专门的经费、由专门的团队来落实，学校成立专门的组织，建立专门的制度对整个项目的完成情况进行指导、监督与检查。再次，特色专业的建设一定要关注专业的特性、生源的特点以及社会对本专业人才的需求，制定具有层次感，针对性、操作性很强的建设措施，努力培养多样化、多类型的紧缺型人才。最后，特色专业作为国家设置的辐射与拉动全国高校专业改革发展的优质教学资源，它们在发展过程中，必须在建设发展的过程中，借助现代化网络技术，打造开放式的特色专业建设网站，将本专业建设的

思路、措施、成效及不足详实地呈现出来,让校内其他专业以及国内同类专业从中受益。

在专业建设上突出“特色性”,强化“应用型”。力争在面向中国—东盟自由贸易区建设和泛北部湾经济区开发的专业建设与人才培养方面取得突破并形成特色,努力培养专业特色强、知识广博的应用型、复合型人才,为区域经济发展和地方经济建设做贡献。

六、紧紧围绕广西区域特色优势产业,深化人才培养模式改革,合理构建专业课程体系

以特色专业为龙头带动其他专业建设。专业建设是本科教学建设的龙头,是实现专业人才培养目标的根本保证。学校的特色专业首先立足于服务广西的地方经济发展,因此专业建设必须与科学技术和社会发展接轨,与广西经济建设接轨,与人才市场需求接轨,与科学研究相结合。同时,在特色专业发展的同时,势必会带动与其相关的其他专业的发展。

根据广西区域优势特色产业,进一步深化专业人才培养模式改革;面向广西特别是泛北部湾经济建设社会发展需要,以现代教育思想和观念为先导,结合专业培养目标,根据企业对专业人才的要求,建立多种与广西特色优势产业发展相适应的人才培养新模式,并调整改革专业课程体系,建立与广西特色优势产业人才培养目标相适应的课程体系,以提高专业水平和办学质量。

课程是构成专业的基础。特色专业不断地进行课程体系整体优化,根据“厚基础、宽口径、强能力、高素质”的原则,课程设置根据社会需要做弹性调整,对一些课程进行重组或合并,精简课程门数,优化课程结构,并通过压缩总课时、压缩课堂教学时数、增加实践时数、增加选修课比例、删减陈旧的教学内容,增加学科发展前沿技术和经济、文化发展的最新成果,学科新知识与新理论的介绍等措施进行课程改革;强化学生基础知识、基础理论的掌握与基本技能训练,提高实践教学质量,最大限度地调动学生学习的主动性和积极性,培养学生的科学探索精神和创新能力,拓宽学生的知识面,把培养学生创新意识、创新精神与实践教学衔接起来,并按专业方向和个人志向进行指导,努力提高人才培养质量。

第三节 广西高校精品课程项目建设特色展示

精品课程是具有一流教师队伍、一流教学内容、一流教学方法、一流教材、一流教学管理等特点的示范性课程。精品课程建设要体现现代教育思想,符合科学性、先进性和教育教学的普遍规律,具有鲜明特色,并能恰当运用现代教学技术、方法与手段,教学效果显著,具有示范性和辐射推广作用。精品课程建设的最终目的是通过实现优质教学资源的广泛共享,提升课堂教学水平,促进学生的自主性学习和研究性学习,促进学生学习能力的提高。精品课程的建设是一个长期积累的过程。针对精品课程建设工作,各高校首先制订了科学的建设规划。在课程建设全面规划的基础上,根据学校学科优势与特点,从校级精品课程中遴选和培育区级精品课程,在区级精品课程中遴选与培育国家级精品课程,

以国家级精品课程带动其他课程建设,提高学校整体教学水平。同时把握国家级精品课程建设内涵,以整体的观点来建设课程。在精品课程建设中把握“五个一流”的原则,这“五个一流”不是孤立的,而是在先进的教育理念指导下,相互联系、相互促进的。课程在各相应高校各项制度和措施的保障下,在组织机构、师资队伍建设、教学内容改革、教学条件保障以及教学方法和手段改革、课程教学效果方面取得了显著的建设成效。2003—2010年,广西各高校共申报成功47门国家精品课程,其中,本科16门,高职高专31门。

一、加强精品课程师资队伍建设,形成优化的教学梯队,构建多层面的教学服务机制

各高校将精品课程建设和师资队伍建设紧密结合起来,在人员引进、参加培训、进修、学术交流、教学改革立项、评优等方面给予政策倾斜。担任精品课程带头人的教师均为师德高尚、业务精湛的高职称教师,大部分为获得全国、全区优秀教师的骨干教师,在师生中具有较高的威望,具有很强的凝聚力。同时精品课程以梯队建设为重点,优化课程团队结构。各团队通过鼓励青年教师进修、读博,通过团队协作展开专业对话,开展师生交流和座谈会,参与全国性的学术会议和全校性的“质量工程”经验交流会议等多种措施,不断吸纳有志于课程的教学和改革的人士加入团队。经过多年的培养、学习和建设,团队成员队伍不断壮大,团队整体结构协调,具有知识结构优化、年龄结构合理、学缘结构多元、师资配置恰当特征的教学团队。从而形成了以高级职称教师为龙头、以青年骨干教师为后备力量、发展趋势良好的教学师资梯队,教学团队中的教师责任感强、团结协作精神好;知识结构互为补充,同时调动团队各层级的人员(包括硕士研究生)积极主动、创造性地开展工作,为教学服务。

带动课程教学团队发展,发挥辐射示范作用,扩大影响力。发挥国家级精品课程的辐射作用,带动本课程教学团队的发展,促进了学术教学能力的提高。以广西大学“家畜寄生虫学”课程教学团队为例,该团队在帮、带的基础上,以项目为载体,鼓励和指导青年教师独立申报并承担教学研究和科研项目,组织他们参与精品课程和新教材建设,督促他们自觉将教学与科研有机结合,培养他们提高教学质量的责任意识,取得了显著的效果,在精品课程建设期间,共有3人获得博士学位,两人晋升为教授,青年教师陆续成为该精品课程的教学骨干。该课程教学团队2009年被评选为广西高校自治区级教学团队。

二、加强课程内涵建设和课程组织方式改革,深化课程改革效果

结合精品课程的实际,从有效地促进教学目标的实现入手,拓展实践性教学的资源与途径,提高学生的综合能力,各高校重点进行教学方法的改革,如:模拟教学、微格教学、说课训练、听课评课、影视教育、教育调查、专题研究,收到了优良的教学效果。通过实践性较强的教学,模拟课堂教学情境,丰富了学生的学习体验,使更多的学生在课程中受益。

以广西师范大学“中学物理课程与教学论”精品课程创新为例。该课程与以往的课程组织方式不同,提出并践行“我们用希望师范生去教的方式教他们”的师范教育理念,设计和实施以“从教中学教”为核心的物理师范生课堂教学能力培养策略,将培养学生教学能

力的目标落到实处。从2006年起,该课程的组成部分——中学物理疑难实验专题研究课程改变了以往的“讲授+演示+学生实验”的教学模式,将部分教学内容分成多个课题让学生研究,要求在约定的时间向全班报告,教师在学生准备实验的过程中提供咨询和指导。具体做法是:在中学物理疑难实验专题研究课程的教学中,主讲教师将约2/3的教学内容分成6—8个专题,全班学生分成相应的小组,每组在2—6名硕士研究生的引领下,先利用小组成员共同的课余时间对一个专题进行持续3周以上的合作探究学习,然后在上课时间向全班讲课,其中特别要求每个成员既要独立承担任务又要作为合作共同体中的一员参与小组工作。教师主要在学生学习的过程中提供面对面的和基于网络的指导,通过教学检查和点评来引导学生,激励学生积极参与。这样的改革已连续进行3届,每次课程结束都召开总结反馈会,认真听取学生和参与指导的研究生的意见,不断改进实施效果。

学生在实验的准备、报告和答辩的整个过程中,不仅体验了通过自己主动探究得到知识的成功,而且学会了与人合作、与人进行学术沟通等在传统教学中不易获得的本领,这样就真正起到了培养学生能力、提高学生素质的作用。

三、建设和优化网络环境，发挥精品课程的示范和共享作用

(一)广西各高校加大精品课程教学硬件投入力度,建设和优化网络环境

近年来,广西大学加强教学硬件的投入,新建或改建100多间多媒体教室,装备能容纳1000多个座位的计算机教室等。2008—2009年,学校投资60万元建立3间精品课程多媒体自动录播室,更好地保证了教学现代化的要求。桂林电子科技大学网络中心购进了先进的BLACKBOARD平台,为包括精品课程在内的所有骨干课程建设提供良好的网络支持环境。他们还为国家级精品课程提供专门的服务器并预留专用的网络宽带,以方便快速访问,实现优质教学资源共享。广西艺术学院近年也投入巨资,加强校园网络硬件建设,积极推进使用先进的现代化教学手段,建立起教学管理系统、网络教学平台、数字图书馆、网络电脑教室、电子阅览室等多层次、开放式的数字校园,进一步增强网络资源的共享及师生互动。这些举措都有力地推进了精品课程的建设。

(二)以网络多媒体教学、教学网站建设为突破口,搭建互动平台

精品课程建设最大的价值之一是网络共享,各高校建立了以多媒体为主要教学手段的精品课程教学方法,形成以网络教学资源共享为标志的精品课程群,广大学生获得收益。通过这些措施,不仅及时解答了学生在学习中遇到的问题,同时也使学生对教学目标和教师本人有了更加深入的了解,促进了师生互动,强化了教书育人的效果。

广西师范大学中学物理课程与教学论精品课程团队较早就意识到网络技术发展及其在教学中的应用的重要性。2001年,该课程团队学术支撑单位广西师范大学科学教育研究所和教育部基础教育课程研究中心自主创办了兴华教育网(www. risechina. org),随后又拓展到国内科学教育界颇具影响的兴华科学教育网(se. risechina. org),通过与中学物理疑难实验专题研究和物理教育研究网络课程连接,一个基于网络的探究式学习平台和科学

教育精品资源库正逐步形成。这一具有交互性、共享性、开放性的现代教育技术平台,为学生创造了一个新型学习环境,不仅有力地支持了学生的合作探究学习,而且培养了学生的学习自主性和协作精神,其价值已经得到初步显现。兴华科学教育网的资源及平台在教师培训中已经先后进行多次成功的实践,为网络平台与科学教师继续教育工作的结合进行了十分有益的探索。参加培训的中小学教师对培训活动组织、培训内容、效果等给予广泛好评,网络教学水平进一步提升。

四、精品课程建设与教学科研相互促进,协调发展

一流教学内容是精品课程的重要标准之一,该标准要求精品课程团队特别重视课程建设与教学研究和科学研究的相互促进关系。在获得精品课程建设资助的基础上,潜心进行研究,取得了一大批科研和教研成果,一些成果还获得了各个层次的科研和教研的奖励。这些成果的取得一方面扩大了课程在全区乃至全国的影响,另一方面也为精品课程的不断深入发展提供理论支撑。

广西师范大学"教育学"精品课程团队以"教师论坛"为平台,营造积极和谐的教研氛围。据不完全统计,近 5 年来,课程组成员共出版专著 5 部,教材 8 部,参与编写的教材 5 部,主持教学研究课题 12 项,撰写教学研究论文 30 篇,获得自治区级教学表彰 10 项。2003 年教育学获得广西高校"十五"精品教材建设立项;2005 年,"行动与体验——教育学课程建设及其教学资源的开发与共享"获得广西新世纪教改立项项目;2007 年,"教育学"被评为广西教师教育精品课程;2008 年,"教育学"被评为广西区级精品课程;2008 年,"教育学行动与体验"课例获第二届广西高校教育技术教学应用大赛一等奖;2005 年,"西部高校中青年教学与学术骨干培训新模式研究"获广西高等教育教学成果一等奖;2008 年,"地方师范大学促进中小学教师发展的研究与实践"获广西高等教育教学成果二等奖。近 3 年,课程团队成员在《教育研究》发表论文 6 篇;2008—2009 年,在有影响的权威性刊物和核心期刊发表论文 13 篇,产生了良好的社会效益。该团队的教师成员也获得了多项教学奖:有两名教师 2008 年获本科评估课堂教学优秀奖;3 名青年教师先后入选广西师范大学青年骨干教师资助人才计划;课程主持人 2008 年被评为广西高校教学名师;2 名教师 2007 年被评为广西师范大学首届教学新秀;1 名教授 2007 年被全国教育专业学位教育指导委员会评为全国首届教育硕士优秀教师、2008 年被评为广西师范大学 2006—2008 年度优秀教师;1 名青年教师被评为 2009 年广西师范大学"十佳青年"。

广西大学的精品课程教学改革也取得丰硕成果。教材建设方面,"木材学"国家精品课程团队完成了广西大学、广西"十一五"优秀教材《木材检验理论与技术》建设,完成了广西大学"十一五"教材《木质材料科学实验教程》建设,出版了《木材美学引论》,另有《木材宏观构造美学》已经交由科学出版社出版。"家畜寄生虫学"精品课程团队主编了《家畜常见病防治学》网络课程教材,并于 2003 年由高等教育出版社出版,在全国推广应用;参编了全国性教材《兽医寄生虫学》(中国农业出版社)、《兽医寄生虫学》双语教材(中国农业大学出版社)、《小动物寄生虫病学》(中国农业科学技术出版社)、《畜禽寄生虫与防治学》(吉林科学技术出版社);同时,组织课程建设小组针对该课程教学内容的不同要求和畜牧

业发展的需要，编写了《家畜寄生虫学》实验教材，《兽医寄生虫学》等一系列多媒体网络教材。从而形成既有纸质教材，又有网络多媒体教材，还有双语教材多形式的立体化的优质教材体系。其中有7项网络多媒体教材获得了省部级以上奖励。2008年“家畜寄生虫学”课程教学成果“多层次、立体化、开放式、创新性实践教学新模式的研究与实践”获自治区级高等教育教学成果一等奖。

第四节 广西高校实验教学示范中心项目建设特色展示

“十一五”期间，我区共获得国家级实验教学示范中心7个，认定自治区级实验教学示范中心76个。各实验教学示范中心始终注重加强自身建设和发展，积极推进实验教学改革和实验教材建设，探索体制建设与学生培养同步、教学计划与素质培养协调的体系改革实践；积极进行创新性实验建设，在实验队伍的培养和建设、实验室信息化建设和管理等方面，取得了明显的进展和成果。高度重视学生创新精神和实践能力的培养，大力推进教学实验平台的建设。通过不断探索实践，各高校国家级实验教学示范中心已构建起较为完善的实验课程教学体系与内容，形成一套行之有效的实验教学方法、教学手段、考核方法，建立起一支年龄结构合理、教学水平高的实验教学师资队伍，充分发挥了实验教学示范中心的辐射作用。

各高校十分重视实验教学示范中心的建设，包括规范化、制度化、信息化等建设，尤其关注发挥示范中心在教育教学中先行和示范作用。各高校为了加强各级实验教学示范中心的建设，规范管理，保障示范中心可持续发展，纷纷成立由分管校长为组长的实验教学示范中心建设领导小组，加强对实验教学示范中心建设的决策与宏观调控，负责实验教学示范中心的建设规划、指导与验收。

一、加强教师队伍建设，改善师资队伍结构

实验教学队伍是示范中心建设、提高实验教学质量的关键，高质量实验教学有赖于高素质的师资队伍。

（一）采取内培养、外引进的策略，提高实验教学示范中心教师的整体水平

桂林电子科技大学“电子电路实验教学中心”根据中心的实际情况，对中心的领导班子和师资队伍作了调整。在人员配备上，更加注重实验教学的实际需要，注意吸收校内外教学科研能力强、生产实践经验丰富的人员充实到工程训练教学实践中。采取“内培外引”的策略，旨在提高示范中心教师水平，改善示范中心教师的职称、学位结构。

桂林理工大学“基础地质实验教学示范中心”的教师队伍建设注重内培外学，通过鼓励教师在职攻读博士学位，参加地质科学研究等手段促进青年教师的迅速成长。2009年引进中国科学院广州地球化学研究所和中南大学2名博士；两名教师赴中国地质大学在职攻读博士学位。示范中心一名副教授作为高级访问学者，赴荷兰自由大学，开展中国科学院与荷兰皇家科学院合作科研课题“大别山 Ar-Ar 年代学”的研究工作；一名教授受邀

参加美国南极陨石考察队(ANSMET)前往南极 Miller Range 地区开展陨石收集和陨石富集规律研究,这次活动也属于中国第 26 次南极科学考察的一部分。一名教授赴加拿大温莎大学地球与环境科学系进修。上述举措有力促进了团队整体实力的提升。

广西艺术学院"音乐实验教学中心"加强高层次人才引进,吸纳来自全国各地的高学历人才,改善了教师队伍的学历学位结构、职称结构、学缘结构和年龄结构。2009 年以来,实验教学示范中心引进 3 位教师,分别补充到作曲系、声乐系、音乐教育系。在学缘结构上,中心包含有诸如上海音乐学院、西安音乐学院、武汉音乐学院、中央音乐学院、中国音乐学院、广西艺术学院、解放军艺术学院等艺术院校毕业的教师,他们都承担着教学、科研与创作,保持了较高的学术水平。在加强实验教学师资队伍建设过程中,特别强调"教学与科研的互动"、"专业建设与学科建设的互动"、"教师与教师之间的互动",通过教师的创新思想、创新精神和创新能力的启发,引导和培养学生的创新精神与创新能力。2009 年以来,中心有 1 名教师考取本院声乐学硕士研究生,4 名教师考取高校教师系列在职硕士;2 名教师被送到中国音乐学院深造,有 5 名教师取得高级职称,7 名教师取得中级职称,师资队伍得到进一步充实与优化。

(二)注重对青年教师的培养,建立优化的团队结构

桂林电子科技大学国家级实验教学示范中心重视发挥"传、帮、带"的作用,经常给年轻教师"挑担子,加压力",鼓励各岗位技术人员立足岗位,设计制作各种创新作品,比设计,赛创意,讲工艺,评技能,意在相互促进、共同提高。鼓励教师积极参加学校青年教师基本功竞赛、教学新人奖等各级各类教学竞赛,取长补短,促使青年教师更快成长。另外,中心在自制"高频电子电路实验系统"等仪器设备中,注意吸纳青年教师参与,让其提建议,参与方案的制订,发挥他们的作用,引导他们成长。

桂林理工大学国家级实验教学示范中心形成以全国优秀教师、广西教学名师、学院优秀教师为核心,老中青教师相结合的主讲教师群体。通过组织教师集体备课、集体听课、教学评议,促进青年教师教学水平的提高,促进青年教师的成长。

广西艺术学院国家级实验教学示范中心鼓励本校中青年骨干教师努力提高学历层次和自身素质,让他们独立承担教学和科研课题;优先提供国内进修、考察访问或到国外交流及从事短期研究工作的机会,使他们扩大学术视野,紧跟世界学术前沿,把握学科发展方向。2010 年 4 月,学院印发了《2010 本科教学质量建设年活动实施方案》的通知,建设年中的"青年教师课堂教学评比活动"以及"青年教师专业技能评比活动"对青年教师能力的培养起到了很好的促进作用。

(三)创新实验教学示范中心师资运行模式

广西财经学院在实验室运行模式上进行了大胆改革和创新,采取了"实验室流动编制"岗位的运行机制。即:每个学期各教学系部根据课程建设、专业建设、学科建设的需要,安排一定数量的教师到实验教学中心进行轮岗工作,他们的主要任务是从事实验课程、实验项目的开发,实验室的软硬件建设,实验教学课题研究、科研课题研究和实验教学

等工作，学校在资金和工作待遇上给予一定的政策倾斜，鼓励广大教师到实验教学中心参与实验室的各项建设工作，有效地推动了学校实验室的建设工作。

二、实验教学改革与创新

(一)不断推进实验教学改革

改革固定的先理论后实践的教学程式，重视实验教学过程，实验教学贯通不断线，科学汲取“从做中学”的合理内核，贯彻落实学生是教学过程的主动参与者。

1. 重视学生的学习过程

打破传统先理论后实践的单一教学模式，根据教学需要采用多种多样的实践教学形式，如课前参观、课间现场教学、课后实习，适时地将部分实习内容贯穿于课程教学之中。努力实现学生实践环节训练的常规化、连续性和全程化，形成基础教育阶段实践贯通的教学模式。

2. 增设创新型实验项目

充分发掘学生的潜质，调动学生的学习主观能动性。在强化实践教学的同时注意教学方法的改革，改变过去传统单向式的传授式教学法为双向式的讨论式、参与式和研究式教学法综合灵活地加以应用。

3. 根据学习—掌握—应用—提高递进程式，强化实践能力和创新精神的培养

因材施教原则要求教师在教学活动中，根据不同教学对象的具体实际情况，采取不同的方式和方法，进行差异性教育，使每个学生都能在各自原有的基础上得到最充分的发展。针对学生个性特点和学习状况，开展不同层次的科技活动。

包括开设创新型实验、研究型课程，开展导师制，鼓励和吸纳大学生担任科研助理、申请大学生科技立项、直接参加教师科研等一系列科学实践活动。根据自愿原则，学生自行选择适合自己特点的科技活动形式。

(二)积极开展实验教学研究创新

桂林电子科技大学实验教学示范中心通过制定激励措施，鼓励教师开展实验教学改革工作。电子电路实验教学中心资助16个创新实验改革项目立项，共计7.7万元，主要用于更新数字逻辑电路、模拟电子电路、电路分析基础的实验课程内容，加大学生创新意识和能力的培养。新世纪广西高等教育教学改革工程重点项目“跨专业、大平台电子电路实验教学示范中心的建设”顺利结题并获得了2009年广西高等教育自治区级优秀教学成果奖特等奖，完成了广西教育科学“十一五”规划“西部高校与知名企业共建联合实验室/方式的研究”重点课题的结题工作。“大学生创新实践教育体系探索与实践”获2009年广西高等教育自治区级优秀教学成果奖二等奖。“光机电一体化复合人才培养模式的探索与实践”获2009年广西高等教育自治区级优秀教学成果三等奖。教改项目“学分制下工程实训模式、内容与方法的研究与实践”顺利结题；三个校级教改工程项目“传统工艺方法与现代制造技术相结合的金工实习教学改革研究及实施”、“基于CAXA的数控加工实验教

学的研究与实践”及“工科实验教学效果评价指标体系研究”均获结题验收。第四批新世纪广西高等教育教学改革工程“示范中心实验教学管理模式与创新研究”项目,第五批新世纪广西高等教育教学改革工程重点项目“计算机公共基础课程体系改革与实践研究”等教学改革项目获立项;“基于改进的支持向量机在语音识别中的应用研究”项目获2009年国家自然科学基金资助。“电子电路实验”被评为国家级精品课程,实现了该校国家级精品课程零的突破。

桂林理工大学建立和实施“兴趣驱动—实践贯通—强化能力”教学模式,其基本思想是从激发学生的学习动机入手→注重学生的学习过程→突出学生实践能力和创新精神的培养目标,即重两头抓中间“两点一线”的教学模式。从低年级开始,就着眼于大学生的实践能力的培养。注重学习过程,针对学生的知识水平和教学进程分阶段有计划地设计一系列不同层次和不同形式的实践教学活动,逐渐形成一种稳定的实践教学结构。与此同时不断进行教学方法、教学手段以及考核评价方式的改革,逐步提高大学生的实践能力和创新意识。该成果被整理成《基础地质教育阶段的“兴趣驱动—实践贯通—强化能力”教学模式的实施及效果》一文,在《中国地质教育》2008年第3期刊载,2009年获广西高等教育优秀教学成果特等奖。

三、以学科竞赛为载体,提高学生的实际操作能力

实验教学示范中心积极为学生课外科技活动(包括各级各类学科竞赛活动)提供硬件支持和指导工作,探索了一条培养提高学生动手能力的新途径。

桂林电子科技大学实验教学示范中心教师指导2008年国家大学生创新实验计划项目3项,在中期检查中,1项优秀,2项良好;2009年又有2个项目通过学校审批并上报教育部。在学科竞赛方面,中心教师指导学生获全国大学生工程训练综合能力竞赛二等奖1项,获“挑战杯”全国三等奖3项;获2009年全国大学生电子设计竞赛自治区一等奖1项、二等奖3项;获广西高校大学生创新设计与制作大赛二等奖1项、三等奖1项;获中南地区港澳特区大学生创新设计与制造大赛三等奖1项。

广西艺术学院实验教学示范中心各实验室根据学科的发展、社会的需求,及时开展对实验教学内容的研究与更新,积极地把院内、外最新的理论、理念、科研成果转化为实验项目,使学生能以最快的速度获得最新的知识与技能,增强了学生的就业竞争力,学生学习积极性大大提高。学院结合各级各类音乐类比赛,如全国青年歌手电视大奖赛等有影响的赛事有针对性地开展实验教学改革,取得了良好的成绩。在2010年第十四届CCTV全国青年歌手电视大奖赛中,以该院师生为主力的广西代表队在团体决赛中进入12强,这是历届来广西代表队获得的最好成绩,是对过去的一次超越,也是实验教学示范中心学生实践技能的一次很好的展现。另外该院合唱团青年教师和2007届毕业生还进入了个人单项决赛。此外,在全国性的如中国音乐金钟奖、全国手风琴邀请赛、全国民族器乐比赛等以及区级的各类比赛中,该院学生都有较好表现。通过实验教学,学生把理论知识较好地转化为实践技能。学院近年来较高的就业率与参加区内、外比赛所获得的众多奖项,充分体现了实验教学的良好效果。

四、创设各种平台，扩大中心的示范和辐射作用

桂林电子科技大学国家级实验教学示范中心充分发挥在广西区内外的软硬件优势，探索对广西区及周边地区学生实践能力培养的示范及辐射作用。以电子电路实验教学示范中心为例，该中心积极主办或承办了“国家级实验教学示范中心主任联席会（电子组）”、“2009 年电子高等教育学术研讨会”等两个全国性教学经验交流研讨会，出席上述会议的代表来自全国各地 50 余所高校，既有清华大学、上海交通大学、华中科技大学、电子科技大学等“985”重点高校，也有地方高校的教师代表。会上，中心主任等做了题为“联合实验室在教学和学生创新实验中的作用”、“桂林电子科技大学电子信息类工程应用型人才培养的思考”的报告，会后邀请代表们参观示范中心并进行交流。该中心还分别邀请国家教学名师傅丰林、罗正祥和王伟廉等教授来校讲学，就如何开展工程教育专业认证、国家精品课程申报建设、做合格的高校教师开设了专题讲座。2009 年 9 月，该中心在桂林主办了“广西地区电子技术课程改革经验交流座谈会”，国家教学名师、清华大学华成英教授在会上做了“电子技术系列课程教学改革思路”报告，中心主任做了“电子电路实验教学示范中心建设”报告，广西地区 20 余所高校 60 余名教师参加了报告会。另外，实验教学示范中心还积极承办学科竞赛。其中，桂林电子科技大学首届电子电路仪器操作技能大赛，吸引了该校、桂林电子信息科技大学（独立学院）及本校职业技术学院（北海）的 1400 多名学生参赛。

广西艺术学院音乐实验教学示范中心在建设期间，大力开展对外交流活动，吸取国内外的先进实践经验，及时把握本学科的前沿理念与技术，不断完成知识更新与信息更新。邀请著名作曲家、音乐理论家、音乐教育家等到校为师生开展讲座和交流活动，同时，音乐实验教学示范中心始终立足于教学与实践，服务于社会。2009 年南宁市教育局与该校共同举办了南宁市中小学生手拉手“走进高雅音乐”系列专场音乐，广西艺术学院交响乐团承担了 5 场演出。2009 年 11 月 24 日至 12 月 4 日广西“2009 年国培计划——中西部地区中小学音乐骨干教师培训项目”在广西艺术学院进行，音乐学院承担了来自南宁、桂林、崇左、贵港、河池、来宾、玉林、防城港、钦州、北海、柳州、百色、贺州、梧州等 14 个城市的 100 名骨干教师的培训任务。2009 年 11 月下旬，根据自治区教育厅的安排，广西艺术学院交响乐团如期开始了一年一度的“高雅艺术进校园”巡演活动。从 11 月 21 日至 25 日，先后到广西幼儿师范高等专科学校、邕江大学、广西职业技术学院、右江民族医学院、百色学院共举行了 5 场专场交响乐演出，受到各校师生的热烈欢迎，这是广西艺术学院交响乐团自 2006 年以来第五次圆满完成“高雅艺术进校园”活动巡演任务，乐团为高雅艺术特别是交响乐的普及作出了贡献，得到各级领导和广大师生、社会各界的一致好评。

广西师范大学物理学国家级实验教学示范中心通过年度全区物理实验教师学术交流会、全区大学物理实验教材出版、全区中学物理实验教师轮训、广西物理奥林匹克竞赛培训、桂林市科普基地建设等形式，积极提高示范中心的示范作用。

五、围绕本地区实际做文章

作为边疆少数民族地区的艺术院校,广西艺术学院明确提出“充分利用地域优势和民族民间文化艺术资源,突出人才培养的地方特色”。该实验教学示范中心在教学内容、教材编写等方面,紧紧围绕以上特色开展教学。充分发挥实验教学在收集、整理民族民间音乐资源上的优势和作用,有意识培养学生对民族音乐文化的关注与热爱,并学会创造性地运用这些民族音乐资源,以便将来更好地为民族地区音乐文化的传承与发展服务。该中心教师不断挖掘广西少数民族艺术设计资源,充分利用本土地方优势资源,以广西少数民族文化为背景进行了多项课题研究。如自治区教育厅科研立项项目“广西民歌传承人培养探索”(2008—2010)、自治区科技厅科研立项项目“广西民歌旅游文化产品开发与研究”(2008—2010)、自治区教育厅科研立项项目“民族特色节奏元素的挖掘运用与创新能力的培养研究”(2006—2009)和广西艺术学院教改工程立项项目“民族音乐表演人才培养创新模式研究”(2008—2010)等项目的研究成果在一定程度上为广西的经济文化建设提供了很好的服务。

桂林理工大学依托桂林甲天下的喀斯特地貌景观、南边村国际泥盆—石炭系界限副层型剖面、以花岗岩地貌为特征的号称华南第一峰的猫儿山国家级自然保护区、以砂岩丹霞地貌为特征的资源国家地质公园等优越的地质地理条件,建设理想的基础地质实习基地。同时在桂林附近丰富典型的河流、岩溶、岩浆和构造地质作用实习的基础上,增加北海国家地质海洋公园和火山地质作用的实习内容。充分利用大自然这个大课堂,引导学生由自然美走向科学美,在欣赏大自然的同时学到丰富的基础地质知识。基于资源勘察是该中心传统的优势专业,在大厂、黄沙坪矿床实习基地的基础上,近年来加强了佛子冲矿床实习基地的建设。佛子冲矿床是桂东地区最大的铅锌矿生产基地,其地层岩性特征、火成岩石组合、成矿构造系统、矿床蚀变类型等,非常丰富典型,这些优越的地质条件对开阔学生眼界和培养学生的地质科研能力非常有利。有3位教授于上世纪80年代至今先后在广西佛子冲矿山进行科研工作,积累了丰富的科研成果,并同矿山企业建立了良好的合作关系。经过多方努力,2010年3月,佛子冲铅锌矿校企合作地质实习基地正式挂牌成立,成为地质科研成果及时转化为教学资源的典型实例。

第五节 广西高校人才培养模式创新实验区项目建设特色展示

2007年教育部开始实施“人才培养模式创新实验区”项目,旨在鼓励和支持高等学校进行人才培养模式方面的综合改革,在教学理念、管理机制等方面进行创新,努力形成有利于多样化创新人才成长的培养体系,满足国家对社会紧缺的复合型拔尖创新人才和应用人才的需要。在这一理念的指导下,我们根据创新实验区建设的总体要求,严格把握教育部创新实验区建设的内涵、目标和基本原则,立足广西和各校实际,加强组织领导和管理,探索教学理念、培养模式和管理机制的全方位创新,在教学内容、课程体系、实践环节、教学运行和管理机制、教学组织形式等多方面进行人才培养模式的综合改革,努力形成有利于创新型、实践型人才成长的培养体系,提高人才培养质量。截至2010年底,我区共建设有33个自治区级人才培养模式创新实验区,其中7个获准立项为国家级人才培养模式创新实验区。

广西高校各"人才培养模式创新实验区"从创新实验区的属性出发,结合本校办学实际和定位,从人才培养方案、教学方法和教学手段、教学质量监控机制、实践教学等方面开展各具特色的创新性实践和探索。

一、创新人才培养方案

人才培养方案是人才培养的蓝图,各高校高度重视人才培养方案的修订工作。根据"厚基础、宽口径、强能力、高素质"的复合型人才培养规格,根据教育部有关文件精神和教育教学改革的发展趋势,不断完善和创新人才培养方案。

广西大学中国—东盟自由贸易区复合型创业人才培养模式改革实验基地采取契合式分流培养方案,将英语专业分别与法科、商科、工科等学科专业进行整体性的设计,使得两个跨学科的专业在修读时间、知识结构上互相契合,从而促进其知识、能力、素质互相融合,实现真正的跨学科知识、能力、素质的协调发展。实验基地采用动态分流、自选专业的政策,突破了原来的专业限制,使学生能更自由地根据自己的兴趣和学习基础选择最适合自己发展的专业。以跨专业契合式分流培养方案为基础,实验基地进一步深化改革,开展校、官、商三方共同参与的合作教育,研究设置创业教育课程群,加强实践教学和创新意识及素质教育培养,打破传统的"就业型"人才培养模式的束缚,构建适应北部湾经济开发区建设和发展的创业人才契合式分流培养模式。

桂林电子科技大学电子信息类工程应用型人才培养模式创新实验区通过广泛的调研和充分的讨论,重新确立专业核心课程,充实完善专业基础课程,按社会需求细化专业选修课程模块,增设提高学生综合分析与调查研究能力的课程,开设拓展学生专业视野的课程,并合理分配课时比例,构建科学合理的课程结构体系。

广西医科大学国家级人才培养模式创新实验区根据专业工作能力的需求,分析以往存在的主要教学问题,重新审定专业本科人才培养目标,重新修订了培养方案。如预防医学专业人才培养模式创新实验区制定了强化"三种能力"培养的人才培养方案,保持一至三学年原有的人文学科、基础医学和临床医学课程设置,适当减少课时;第四学年增加健康教育与健康促进、卫生监督学、公共关系学、卫生法学等公共卫生及相关学科课程,增加社会医学和卫生事业管理学的课时,开设同伴教育、领导科学与管理能力培养、人际关系心理学、公共政策分析等选修课;保持原有基础和临床医学实验或实习课时,大幅减少预防医学专业课程的验证性实验,保留现场采样与实验室检测相结合的实验,开设综合性和设计性实验;创新专业课教学方法;开设72学时的现场教学和不少于72学时的社会实践课;加强第五学年的毕业实习和专题实习。

广西艺术学院根据艺术类专业的特点,建立立体化的人才培养模式。从1989年起,广西艺术学院在本科美术教学中就开始实施责任班制的人才培养模式,此模式是以若干名教师组合成责任班教师，负责一个班四年的专业教学。这一培养模式增强了教师的责任心，使教师的教学风格明确统一，教学理念得以贯彻始终，师生间互动交流进一步加强，教学效果显著。2003年通过对教学资源的调整、整合，在责任班制的基础上建立起工作室制人才培养模式，2005年12月又以知名教授名字挂牌成立导师工作室。在实验区建设项目启动后，该学院把专业工作室制和导师工作室制教学模式推向全院各专业进行实验教学，要求相关专业在遵循学院总体教学大纲要求的基础上，可以按不同风格、不同教学理念、不同教学方法和不同管理方式开展教学，设置特色课程，因材施教，体现人才培养的多样化，强化人才培养创新特色。

二、教学方法与教学手段创新

根据人才培养模式创新实验区的要求，加大教学方法和教学手段的创新，加大课堂教学中案例教学、启发式教学、参与式(讨论式)教学的力度，充分调动学生的学习热情，让学生主动参与到教学过程中，使学生与教师之间形成和谐互动。案例教学、启发式教学、参与式(讨论式)教学的改革可采取先鼓励、再要求、后自觉的办法逐步实施。同时，注意引进国外的教育方式，注意发挥学生学习的主动性，如注意引导学生查阅文献、进行调查、收集与分析资料等，通过学生的主动学习，发挥其独立思考能力。

在课程设计中重视学生创新意识和素质的培养，通过启发式、讨论式、互动式教学，引导学生积极思考、敢于提出新的想法，鼓励交流和大胆发言，培养学生的创新意识、探索意识和团队合作精神，这对学生创新型人才品格的形成及日后走上工作岗位后的发展道路都大有裨益。

广西医科大学创新专业理论课教学，创建“四位一体”的理论课教学方法，将主要专业课程的理论课教学分为5部分完成：(1)导读，采用研讨性授课，约占15%课时。教师除介绍每个章节的学习要求外，对难点、热点问题作重点讲解，引导学生对学科新进展进行思考和钻研，并介绍相关的参考资料，提出相应的思考题。(2)自学，以研究性学习为主，约占55%课时。学生除按照教学大纲及教师导读的要求自学教材内容外，要通过查找相关资料，以读书报告的形式回答教师提出的思考题。每个学生每门课程要求撰写3—4个读书报告，培养他们的自主学习、获取新知识和信息的能力。(3)答疑，约占10%的课时。教师集中解答学生自学过程中遇到的问题。(4)案例教学和课堂讨论，占总课时的20%。选择有代表性的案例汇编成册，在案例教学时，分小组由教师引导学生进行讨论分析；此外还安排一定课时讨论一些学科热点内容。(5)开展以问题为中心的学习、案例教学等灵活多变、带动思维创新的教学形式和方法，促进基础与临床结合，激发学生学习兴趣与热情，培养学生自主学习能力和锻炼临床思维能力，为进入临床实习打下坚实的基础。

广西艺术学院创新实验区针对艺术类专业大学生的特点，构建了适合于艺术类大学生创新能力培养的课程体系，形成了形式多样的创新人才培养模式，建立了一个灵活多样、科学合理的激励机制，搭建了创新能力培养平台，修订和完善了有利于学生创新能力培养的系列管理制度等，充分利用综合性艺术院校的独特优势，在观念意识、内容和形式上为艺术类大学生创造了一个良好的外部和内部成才环境。同时，创新实验区抓住当前广西快速发展的机遇,以泛北部湾经济合作区的开发为契机,加大实践教学比例,注重资源整合,形成特色,深入开展专业和学科建设,将项目成果与教学相结合,直接服务于社会经济。特别是创新实验区积极主动广泛收集民族艺术元素,开展形式多样的课题研究,为弘扬民族文化、地方经济发展繁荣发挥了重要作用。因此,实验区在建设和发展中,积极地推进了学院"厚基础、宽口径、高素质、强能力、广适应"的创新型实践性艺术人才培养目标的实现。

三、加强实践教学,突出学生创新精神和实践能力的培养

(一)加强教育实践基地建设,为学生提供实践平台

广西大学创新人才培养实验区秉承"培养实用型、创新型、创业型的高素质人才"的育人理念,按照"请进来、派出去"的实践方针,一方面积极将政府机关、企事业单位的杰出领导人、各类大小公司的负责人等"请进"大学讲堂,给学生增长见识,开阔眼界;另一方面与社会紧密联系,校政企联手,共同建立大学生创业教育实践基地。积极拓展学生创新、创业实践基地,从以往的教学实习基地的单一模式拓展到今天的以教育机构、政府机关、企事业单位为主体,从首府向地方辐射的立体多维结构。通过在基地内开展各类学生实习实践活动,深入各类经济实体的内部,全方位学习其内部的运作和管理,让学生在实践中学知识、长才干,激发学生创新、创业意识,培养大学生的创新、创业的综合能力。

(二)创新实践教学体系,彰显人才培养特色

广西财经学院创新实践机制,创建东盟会计实训基地及东盟所在国企业实习基地,学生到东盟各国访学、实习,到与东盟各国有贸易往来或投资业务的广西企业实习等。根据实践需要,调整学期设置,设置"两长一短的学期制",就是指每年分三个学期,前两个学期各17周,为两个长学期,后一个学期6周为短学期。两个长学期基本可完成原来学期在学年计划中所学的课程,而短学期则用于学生的个性化教育和特色教育。由于6周的短学期再加上前后的假期,便会形成13周的时间,这段时间,一是安排到东盟各国访学、社会实践,二是安排学生参加各项有利于个性发展的项目。

广西医科大学构建"四位一体"实践教学体系,在加强毕业实习管理基础上,构建了学生专业理论课学习期间的实践教学体系:(1)构建社会实践平台,有组织、有计划地开展社会实践活动。(2)开设现场工作专题讲座,聘请校外有丰富现场工作经验的高级职称人员讲授突发公共卫生事件处理、现场工作流程、实际工作体会、职业设计与发展等内容。(3)开展现场教学,在学生专业课学习期间,先设计好具体内容,培训后在教师带领下进行现场调查操作或健康教育活动,结束后写出调查报告或总结。(4)实行本科生导师制:从四年级开始,每个有高级职称或有博士学位的教师带2个本科生,导师对学生的专业学习、科学研究和思想品德等方面进行全方位指导,导师制一直延续到学生毕业论文专题写作与实习阶段。(5)以实验教学示范中心为平台,开展基于校园网的研究性学习,通过实验教学示范中心的建设与研究,进一步更新教育理念,提高学生的跨学科素质。(6)建设

新型实验教学基地,完善立体化实验教学模式,加强课程建设等等。

广西艺术学院以大学生课外活动为载体,开展综合实践教学改革。以大学生暑假三下乡、大学生校园文化艺术节、毕业考察等为主要内容,提高学生艺术综合素养,培养学生综合运用知识和适应社会的能力。如组织学生参加大学生暑假三下乡活动;在大学生校园文化艺术节活动中开展师范生“五项技能”比赛、“新园丁杯”课堂教学技能大赛;毕业环节中要求学生进行毕业展示等。以学生社团为载体,校园文化艺术节为平台,各类专业展演比赛为契机,着力提高学生专业素质。学生社团具有与专业紧密结合的特点,如艺韵音乐文学社、日高视觉集群、设计学会、漫画协会、计算机协会、英语协会。社团除了正常开展社团活动外,每年还在社团联合会的组织下开展“社团文化节”活动,以书画展、摄影展、漫画展、网页设计大赛、原创歌曲大赛、各类文艺晚会等形式充分展示社团风采和活力。形式多样的课外活动为学生的个性展示提供了阵地和舞台,营造了健康乐观、积极向上的校园文化氛围。学院举办的校园文化艺术节活动丰富多彩,有声乐、器乐、舞蹈、戏剧小品、原创歌曲、美术、书法、艺术设计作品、普通话演讲、英语演讲、高师“五项技能”等项目的比赛。校园文化艺术节始终结合学生所学专业,既是对教学成果的检验,又为学生在实践中提升专业技能提供了机会,是学生锻炼自我、展示自我的舞台。艺术节活动时间长达一个多月,参赛人数达到3000余人,受到师生的热烈欢迎和大力支持,也产生了较广泛的社会影响。

第六节 广西高校教学名师项目建设特色展示

高校教学名师必须具有较高的学术造诣、高尚的学术品质、较高的教学艺术、创新的教学改革成果和一心为学生的精神境界。截至2010年,我区共有7人获得国家教学名师奖,评出自治区级教学名师67人。为了促使更多的教学名师出现,各个学校根据培养目标和培养计划,创新名师培养制度,针对高校教学名师评审的核心标准,找好突破口。

一、以教学改革和精品课程建设为切入点,以学科建设和课程研究为突破口,培养和遴选教学名师

各高校以教学改革和精品课程建设为切入点,有重点、分层次地进行教学名师的培育。选择长期从事教育教学改革、在区内外有一定影响、有国家级精品课程项目的教师作为重点培育对象,给予政策支持,效果良好。

广西大学黄维义教授是博士生导师、学科带头人,长期从事本科基础课教学工作,具有较高的学术造诣,她在教学中特别重视教学方法和手段的改革,培养学生的实践能力,在多媒体教学和网络教学的实践中取得了多项改革成果。她不但重视学科建设,把强势学科的优势运用到本科教学中,积极更新教学内容,加强学生科研能力、科研精神的培养,促进本科教学质量的提高。黄维义教授作为负责人的课程——“家畜寄生虫学”获得了国家级精品课程,2008年其本人获得国家级教学名师奖和自治区级教学名师奖。

广西师范大学的罗星凯教授始终坚持以基础教育为师范教育“终端用户”的理念，立足于国内外物理教育研究的最新成果，定位于为基础教育培养真正具有实施探究性教学的意识和能力的师范生，以“科学探究”为核心，在教学内容、教学方法等方面进行整体改革实践，在广西、全国甚至国际同行中都产生积极影响，在2006年举行的第三届全国教育科学研究优秀成果奖评选中，主持完成的“科学探究性学习的理论与实践研究”成果荣获二等奖。2007年，罗教授主持的“中学物理课程与教学论”课程获国家精品课程称号，这是广西师范大学在精品课程建设上的重大突破。另外，作为主要的核心成员，参与物理学实验教学示范中心建设和物理学专业特色专业建设点的申报，物理学（师范）专业建设获得国家级特色专业建设立项。2009年，主持教改项目“深化中学物理课程与教学论的改革，提升地方师范大学服务基础教育的能力”获广西高等教育优秀教学成果一等奖。罗星凯教授也在2009年获得国家级教学名师奖。

二、以培养骨干教师为主体，以培育专业带头人为重点，打造高职院校教学名师

1. 一个专业教师的成长，需要完成“普通教师——骨干教师——专业带头人——教学名师”的“三级跳”，这一过程学校如何分阶段、有针对性地长期进行培育就显得尤为重要。在长期的实践过程中，高职院校的经验是：

首先，重视理论学习，提高职业教育水平。积极推荐教师参加教育部及其相关部门举办的高水平职业教育学术交流会，认真研读职业教育改革等方面的有关资料，并通过到职业教育发达国家进修学习，掌握工作过程系统化课程体系的构建方法、行动导向的教学法等，为顺利推进专业及课程改革奠定坚实的理论基础。

其次，潜心钻研，提升科学研究能力。洞悉并掌握本专业和相应专业的学术动态，善于发现教育教学中存在的问题，针对问题积极探索研究，明确自己教研的努力方向，主动吸收教育科学理论和同行经验，积极思考，提出新的切实可行的改进方法，不断改进、改善知识结构，提升科研能力。

再次，“校企合作、工学结合”是打造各级教学名师不可或缺的“催化剂”。以服务行业企业为宗旨，通过激励专业带头人带领教学团队主动为行业企业提供技术支持与服务项目，进一步扩大专业带头人在行业企业的融入度与影响力，有重点地打造和培育各级教学名师。

2. 赋予专业带头人相应的责、权、利，明确专业带头人是专业改革与建设的第一责任人，强化对专业带头人的培养，是打造各级教学名师的关键。

3. 高职院校的教学名师，应当既是行业主战场的能工巧匠，又是高职课堂的特级教师，同时还是高职教学的优秀管理者。

广西交通职业技术学院彭朝晖教授积极研究高职教育理论，勇于探索教学改革，注重在实践的基础上通过校企合作、工学结合来不断创新人才培养模式。近几年来，彭朝晖教授在学院的专业改革与建设、课程建设、实训基地建设、师资队伍建设、迎评促建等工作中作出了突出贡献。作为一名专业教师，他始终主动为行业企业提供技术服务，积极参与专

业改革与建设,努力践行高职教育的改革理念,近几年来获得了多项教学荣誉称号。作为一名专业带头人(教学管理人员),他又从专业教师的角度,审视专业改革与建设的现实需要,努力探索校企合作、工学结合的最佳切入点,大胆创新专业人才培养模式,取得了一系列标志性的教学成果,包括:获得国家级精品课程——汽车发动机构造与维修,交通运输部优秀教师,全国交通高等职业教育专业带头人,还先后获得广西高等教育优秀教学成果一等奖(成果负责人)、自治区级教学团队(团队负责人)、交通部首届青年教师讲课比赛一等奖、广西首届高校教育技术应用大赛一等奖、广西交通厅"十佳青年"、广西区直单位"知识型职工标兵"等多项教学奖励或荣誉称号,2009 年获得国家级教学名师奖。

三、发挥教学名师的示范带动作用，推动教学团队建设，促进教学质量提高

(一)本科院校教学名师与教学团队建设

各高校充分发挥教学名师教育教学能力水平高的优势,一方面通过表彰宣传、上公开示范课的形式,形成向名师学习的氛围,为其他教师的成长起了示范作用;另一方面名师们通过自身的凝聚力和带动作用,组织协调师资队伍建设,推动了教学团队的快速成长和壮大,这些都为本科教学质量的提高起到了推动作用。

国家级教学名师,广西大学黄维义教授作为国家级精品课程的负责人,注重将工作的重心放到建设高水平的教学团队上来,高度重视课程队伍的建设。首先是注重学缘背景的交叉融合和知识结构互补,不仅使团队教师各自得到充分的发展,也促进了课程整体水平的提高。其次,要求团队的所有教师均参加本科一线的教学工作,每个教师不仅上理论课也上实验实习课。同时所有教师都参与以提高教学质量为中心的教学研究工作,在教学的过程中团队教师根据自己的教学任务和特点,积极开展针对课程理论教学、实践教学的内容、方法和手段、教学管理等的教学研究。课程教学团队教师积极参与教学改革与创新,形成了团队教学和管理的特色,为此,黄维义教授带领的教学团队在 2009 年获得了国家级教学团队。

广西师范大学国家级教学名师罗星凯教授一贯重视团队建设和对青年教师的培养。一是营造良好的集体教研学术氛围和建设完善的人才培养机制,对青年教师进行传帮带;二是充分信任,激发他们的上进心和主动性;三是压担子,给他们以充分的锻炼机会。团队中的刘小兵、赵光平、曾平飞、梁维刚等青年教师迅速成长为骨干。刘小兵 4 次应邀赴德、美等国参加国际会议且表现出色,2008 年被评为广西师范大学教学能手;赵光平已在精品课程建设和研究生培养中担当重任;曾平飞入选广西高校百名中青年骨干教师资助计划并考上北京师范大学博士研究生;梁维刚指导的学生荣获 2003 年全国大学生电子设计竞赛国家级一等奖 2 项和二等奖 1 项的佳绩。罗星凯教授所领导的团队先后被确立为首批广西高校人才小高地建设创新团队和广西首批自治区级教学团队,2010 年被确认为国家级教学团队。

广西艺术学院国家级教学名师黄格胜教授注重学科建设人才培养,创新团队建设。

黄格胜教授作为美术学科带头人，他注重培养学科建设人才梯队，构建老中青结合的结构合理的教学团队，使团队成员互相促进，共同进步，2008 年黄格胜教授所带领的"中国山水画教学团队"分别获得国家级教学团队和自治区级教学团队。

（二）高职院校教学名师与教学团队建设

1. 团结协作，推动教学团队建设与发展

教学名师担任专业带头人，负责相应的课程建设工作，在人才培养模式的改革中，带领课程教学团队针对不同专业新动向和需求修订课程标准，从而增强课程教学的针对性、科学性和实效性。结合专业建设发展规划，有针对性地指导专业教师制订职业发展规划，通过进修、培训、教学研讨、技能训练等多种方式，进一步提高教师特别是青年教师的专业能力及教育教学能力，从而推进团队的建设与发展，打造一流的教学团队。

以"严进、宽管、精育、优出"的指导思想，建立课程教学团队准入制度。要求教师必须通过相应课程教学业务的培训考核，才能进入课程教学团队开展教学工作，以保证教育教学质量。与专业建设对接，建立专职指导教师队伍。组织教师积极参加教研、科研活动，在活动中充分展现名师魅力，为中青年教师树立榜样，促进教师各方面的学习与进步。

专兼职教师互帮互学。为促进专业团队整体实力提升，通过定期开展教研活动、专兼职教师共同承担横向科研课题研究、技术改造等形式，搭建了稳定的专兼职教师交流平台，通过这一交流平台，专职教师向兼职教师学习技术、生产经验，兼职教师向专职教师学习专业技能和教学方法，提高教学水平，最终达到共同提高的目的。

2. 充分发挥科研带头作用，积极组织团队开展科研及技术服务工作，拓展高职教育的社会服务功能和效应

教育必须立足于服务当地经济建设的支柱行业和新兴行业，搭建专业、企业、行业三位一体的合作互动平台，实现校企共建、产学双赢的多元办学目标。

柳州职业技术学院国家级教学名师林若森教授为促进团队有效地开展科研工作及技术服务工作，提升教师科研及技术实力，于 2008 年组建机电技术研究所，下设新产品研发中心、模具技术中心、现代制造技术中心及数控自动化技术中心，形成了完整的产品设计—模具检具开发—产品制造—设备维修与改造技术服务生产链，团队教师依托这 4 个中心，积极参与生产、产品研发、技术服务等研究工作。到目前为止，林若森教授带领的柳州职业技术学院机电工程技术研究所技术人员，积极参与面向柳州及广西区内中小企业的技术开发和技术服务工作，近几年每年承接企业横向课题或技术开发项目、技术服务项目 15 项以上，组织完成专利技术开发项目 5 项，其中个人获得发明专利 1 项、实用新型专利 2 项。

3. 充分发挥名师效应，通过对口支援，促进区域内职业院校共同发展

在做好本职工作的同时，充分发挥国家名师的影响力，以对口支援等方式，有力地促进区域内职业院校快速发展。

林若森教授以国家级教学名师在多所职业院校作精品课程建设与开发的专题讲座；依托广西高职高专规划教材建设委员会，组织广西水电职业技术学院等 6 所区内高职院

校共同编写以工作过程导向的专业教材达 10 本,有效地推进了这些院校课程改革进程。对口支援柳州铁道职业技术学院、柳州城市职业学院、柳江职业技术学校、柳州市鹿寨职业教育中心等区域内职业院校,指导他们开展专业建设、实训基地建设,帮助他们培训师资等,有力地支持了这些院校的发展。

南宁职业技术学院充分发挥示范院校的示范、辐射与带动作用,与贵港职业学院艺术系合作办学,2008—2013 年按照“1+1+1”模式共同培养约 1000 名高职合格人才。即第 1 学年学生在贵港职业学院学习基础课程,第二学年学生在南宁职业技术学院艺术工程学院学习室内设计技术、环境艺术设计等专业课程并进行校内实训,第三学年两校合作安排学生顶岗实习并推荐就业。同时,通过专业教师“一帮一”、互派专业教师交替授课、专业骨干教师集中与分散学习交流结合等途径与贵港职业技术学院联合培训专业教师。同时,多次与广西区内外职业院校举行座谈交流,相互学习,共同发展。

四、以教学名师为核心,创造性地开展各具特色的教育教学改革活动

(一)以先进教育理念为引领,以团队为纽带,开展学生能力培养的整体研究与教学改革

以广西师范大学为例,以先进教育理念为引领,以团队为纽带开展理科师范生能力培养的整体研究与教学改革。

1. 结合国内外物理教育研究的最新成果和多年参与国家课程改革项目等实践,将新的教育教学理念、物理教育研究成果,以鲜活的案例为载体,生动地融入到实际教学之中。例如,美国华盛顿大学将皮亚杰对儿童理解运动速度的研究扩展到大学生的工作,美国伯克利加州大学莱夫等人对专家和新手解决物理问题过程差异的比较研究,罗星凯等对大、中学生关于电磁感应、自感现象理解的研究等。通过对这些典型的、国内外一流的且有深度易激发讨论的物理教育研究案例的介绍和分析,将一堂堂的物理教育研究课上成了师生共同探讨、学生各抒己见的研讨会,让学生从亲身体验和感受中,领会知识、发展能力。

2. 不断开发新的教学资源和探索新的教学手段,并将其有效应用到课堂。

完善的教学手段和高质量的教学资源是课程研究和实施的保障。为促进教学活动开展,不仅熟练地开发和使用多媒体课件、幻灯、投影等常规教学手段,而且基于“为师范生提供探究性学习环境”的理念进行教学资源开发和网络平台建设,充分挖掘其智力内涵和教育价值,促进和保障教学质量的提高。经过 10 多年不懈努力改进,教学成效突出,特色鲜明,影响力日益显著。

(1)1996 年,借鉴德国 Flensburg 大学 Fiesser 教授创办 PHÄNOMENTA 的先进思想,提出在原有工作的基础上创立一个基于校内、由师生参与建设的小型科学探究实验基地的设想并逐步付诸实施。

(2)2000 年,“兴华科学探究馆”初步建成,至 2004 年,资源不断丰富,“低成本,高智

慧和高教育价值”的特色明显形成，成为培养本科生科学探究教学能力的沃土，也为中小学理科教师提供了一个开放的、激励探索的学习和研究环境，受到广泛好评。

(3)2005 年以来，对“兴华科学探究馆”进行了大规模的内容改进和扩充。创意探究实验硬件每年平均新增 42 件(套)，其中不乏“崂山道士穿墙过”和“奥运精彩回放”等融实验方法创意、技术设计高招和教育思想智慧于一身的佳作。同时，配套的软件建设也从单个探究学习指南发展到“探究学习系列资源包”的水平，进一步提升了特色资源的教育价值。此外，还研发出“探究实验硬件精品+前期和后续培训+持续合作建设与人才培养”的模式，将特色实验探究资源与教学创意打包推广到合作伙伴学校。

(4)2001 年，创办“兴华教育网”(www. risechina. org)，启动网络资源与网络学习平台探索之路。2006 年，开通“兴华科学教育博客”，逐步建立起教育教学的网络互动交流平台。

(5)2006 年 7 月，主持创办的“兴华科学教育网”(se. risechina. org)正式运行。它以“探究”为主线汇聚科学教育优质资源，旨在建设为一个科学教育精品资源库和科学教育专业网络社区。同时充分发挥博客平台的交流互动功能，架起连通师范教育与基础教育之间的桥梁，在课程学习和教师培训中发挥了重要作用。

(6)2007 年 7 月，主持创办的“中学物理课程与教学论”精品课程网(http://www. risechina. org/jpkcrise/index. htm)开通，“‘兴华学苑’课程平台”(http://blog. risechina. org/group. asp? gid=58)成立。进一步将网络指导和交流纳入日常的课程学习，成为课程学习有效的辅助平台，实现与同行完全开放性的资源共享。

(二)高职院校以解放思想、积极探索、勇于开拓、敢为人先、真抓实干的进取精神，树立我区高职院校教学团队建设新形象

高职学生“入学即入行”，作为高职教师也必须“入教即入行”。在创新思路上，以树立职业人的理念精神培养竞争型的高技能人才，进行人才培养模式的不断创新。在办学模式上，以高职教育立足于服务当地经济建设的支柱行业和新兴行业，搭建专业、企业、行业三位一体的合作互动平台，实现校企共建、产学双赢的多元办学。

柳州职业学院重视名师效应，全面开展名师工程，强化名师意识，发挥名师作用，为持续推动教学改革、推广先进教育理念和教学方法、促进教学水平和人才培养质量的提高发挥了重要作用。

1. 坚持用创新的思维开展专业课程改革

数控技术专业带头人认真贯彻学院关于进一步提高人才培养质量的有关文件精神，以高素质、高技能人才培养为目标，按照示范院校建设任务要求，并结合数控技术专业特点，积极进取、开拓创新，扎实开展专业课程改革。

首先，率先在广西开展专业工作分析会，校企共同构建工作过程导向的数控技术专业课程体系。为了培养企业急需的高素质、高技能人才，他组织教学团队，到柳州及其周边地区开展专业调研，确定了数控技术专业人才培养目标定位；同时紧紧依托柳州福臻车体实业有限公司等地方企业，从企业聘请 12 名企业专家，以头脑风暴、卡片法等方式，对数

控技术专业开展工作任务分析，获得了专业所需的职业岗位能力，最后通过教学法转换，构建了工作过程导向的数控技术专业课程体系。与旧课程体系相比，新课程体系非常注重理论与实践有机融合，注重学习与工作对接，课程设置更加具有针对性，同时将学生职业素养教育提到了前所未有的高度，为学生全面发展创造了条件。

其次，构建了“任务驱动”的课程教学模式，极大地提高了学生的学习兴趣。为引导学生自主学习，数控技术专业团队依据资讯—计划—决策—实施—检查—评价“六步”行动教学理论，构建了“任务驱动”课程教学模式，每一次课都有明确的学习或工作任务，学生在教师的引导下，围绕学习或工作任务的完成，在做中学到知识，掌握相应的技能。实践证明，这种教学模式极大地提高了学生的学习兴趣。

2. 结合地方企业特点，有效促进校企合作，共建生产性实训基地，以满足企业真实任务进课堂的教学要求

利用专业带头人在行业企业的影响力，针对柳州不同企业，开展了形式多样的合作形式，校企共同推进数控技术生产性实训基地建设。

第一，在实训基地内设立“校办工厂”，为广西柳工集团、玉柴机器股份有限公司等国有大型企业承担外协加工任务，每年产量达 20 多万件，为学生提供了大量的生产性实训机会。

第二，“引企入校”，将柳州嘉泰模具股份有限公司等 3 家企业引入基地，建立“校中厂”，校企双方共同组织本专业学生进行塑料模具和冲压模具制造、汽车零配件加工、甘蔗脱叶机装配等生产性实训学习活动，在校内实现“真项目、真环境”的生产性实训教学活动。

第三，与柳州福臻车体实业有限公司合作，将学校车间植入企业内部，建设柳职院—福臻汽车覆盖件模具数控加工车间，形成“厂中校”开展“真项目、真环境”的生产性实训教学活动。

第四，与柳钢机制公司合作，在企业设立“技术服务工作站”，为企业提供数控机床维护保养等技术服务，为学生提供生产现场学习机会。

第五，与柳州市商泰机械有限公司合作，通过本专业承担微型汽车后桥生产线的生产组织及管理，形成“企业生产单元，学校管理”的校企合作新机制——“企业托管”的企业服务模式。依托“托管企业”，为企业提供生产管理服务，为学生提供生产性实训学习机会。

为满足“企业生产任务进课堂”的教学要求，在与企业共建生产性实训基地的同时，项目负责人也积极组织专业团队成员，将生产性实训中的生产任务进行转化，形成便于课程教学的学习任务，促使课程教学与生产实践对接。

第七节　广西高校教学团队项目建设特色展示

高校教学团队是指在高校中由一定数量的业务能力互补、年龄梯次和职称结构合理的教师组成的群体，他们以教书育人作为共同的目标，认同于专业建设和课程建设等方面的共同目的，并能够为完成某项教学改革任务而积极配合、密切协作、分担责任，共同为提

高教学质量、打造精品课程和品牌专业而努力。高校教学团队建设的科学性、合理性和有效性是目前高校教学研究与管理的基础性课题之一。建设一批教学质量高、结构合理的教学团队,建立有效的管理模式和运行机制,将成为我国高校改革教学模式、提高教育质量的一个重要方向。

广西各高校高度重视教学团队建设,在团队建设工作中,始终坚持学科建设与专业建设有机结合,教学与科研有机融合。加强课程建设,特别是加强精品课程建设。同时注重实验实践性教学改革,建立实践能力培养为主线的实验教学体系,将科学研究的优势资源引入实验教学。截至2010年,我区共有15个团队被评为国家级教学团队,145个团队被评为自治区级教学团队。

一、以制度为保障加强教学团队建设，构建优化的团队结构

团队建设的关键是人才,如何吸引人才、培养人才、留住人才,这是每一个团队建设都必须面对的问题。如何解决这一问题,国内高校的主要思路是以待遇留人、以平台留人。作为地处经济和高等教育欠发达的民族地区的高校,我们无法像发达地区的高校团队那样,完全做到以待遇留人、以平台留人。我们的思路是以科学发展观为指导,从"以人为本"的观念出发,用事业、政策、待遇和感情留人,促进教学团队建设的可持续发展。同时,执行人才培养倾斜政策,对教学团队的人才培养给予政策、财力、物力、人力的倾斜,鼓励教学团队的教师到国内外访问学习、参加国内外学术交流、参加有影响的国内外教育教学改革研讨会,以开拓教学团队成员的视野,建立先进的教育理念和掌握先进的教学方法,推进高水平教学团队建设。这些多途径、多渠道的方法进一步完善了教师队伍建设,使教学团队的知识结构、学历结构、学术水平和教学水平整体提升,形成了年龄结构和职称结构合理,分工明确、团结和谐的可持续发展团队。

广西师范大学汉语言文学教学团队自2008年获得批准以后,始终将团队成员结构的优化作为重要的工作来抓,团队的学历和职称结构得到进一步优化。一年多来,共送出2人进入博士后流动站工作和学习,使该团队中的博士后成员,由原来的1人增加到3人;引进和回归了2名博士,提高了团队的学历层次;送出1名教师到厦门大学攻读博士学位。同时,团队中有7人新获得教授职称,3人获得副教授职称。团队的学历和职称结构有了一定的提高,达到了预期的建设目标。

广西财经学院自治区级经济与管理跨专业综合实验教学团队经过不断地建设,现在总人数为52人,平均年龄44岁;正高级职称19人,副高职称24人,中级职称9人,副高以上职称占总人数的82.65%;博士8人,硕士18人,硕士以上学位占50%。

二、注重青年教师培养，促进团队的可持续发展

加强青年教师的培养。严格执行教师岗前培训制度,青年教师必须参加高校教师岗前培训并通过考核方能参加教学;充分发挥高职称和老资历教师的传、帮、带作用。通过各种激励措施,鼓励中青年教师在职学习提高学历、职称,参加各种专业技术培训,完善知识结构,更新知识内容。鼓励中青年教师树立终身学习理念,自我学习、自我提高,有计

划、有目的地通过各种渠道,选送青年教师到国内外知名大学攻读学位、进修和进行国际合作和学术研究活动,使他们真正接触学术研究前沿,不断提高他们的学历和业务水平,促进青年教师的快速成长,团队的“含金量”得以大幅提升。如广西大学家畜寄生虫学教学团队,近几年来共选送3名教师到国内外学习并获得博士学位,有10人次出国参加国际及全国性的重要学术会议,3人次出国进行科研合作研究。这些教师现已成为本学科教学和科研的骨干教师。

各团队以项目为载体,鼓励和指导青年教师独立申报并承担教学研究和科研项目,参与地方经济建设。组织他们参与精品课程和新教材建设,督促他们将教学与科研有机结合,培养他们提高教学质量和独立进行科研的责任意识。如广西财经学院经济与管理跨专业综合实验教学团队,鼓励中青年教师积极参与高校“三对创新行动计划”,加强与企业、行业部门、地方政府进行全方位的“产学研”战略合作,为区域经济建设和社会发展服务;学校为适应经济社会发展需求,积极发挥经济管理类学科的相对优势,依托重点实验室平台,加强科研创新,取得了科学研究和社会服务的新突破。团队有1名教授因积极参政议政,为地方经济发展进言献策成绩突出,荣获了湖南省参政议政先进个人并被省人民政府授予“一等功”勋章;有2名教授于2009年和2010年参加了自治区人大财经委、南宁市、柳州市的政府预算初审工作。

三、明确办学定位,走特色发展之路,为教学工作服务

各高校的教学团队根据校本实际和办学定位,在教学方面积极进行有益的探索和实践,在人才培养模式、课程内容、教学方法等方面加以改革,促进了教学的发展。

(一)广西医科大学组织学与胚胎学教学团队

广西医科大学组织学与胚胎学教学团队,按照教育部、财政部有关教学团队建设的总体要求,结合学校“培养基础扎实、知识全面、满足医疗卫生事业发展和人民群众健康需求,有较强创新精神和实践能力的高素质医学人才”的人才培养目标,积极探索教学团队建设的模式,在课程内容、教学模式、教学方法、实践教学体系等方面进行优化,以团队建设带动教学的发展,该团队于2009年被评为国家级教学团队。

在教学过程中,他们紧紧围绕以培养和提升学生综合素质为核心,增强和提高学生的自主学习能力、实践能力和英语应用能力,通过将“整合性”的教学模式贯穿于理论教学、实践教学和课外教学三个途径来进行教学改革。

1. 优化课程教学内容,全面贯彻以素质培养为核心的教育理念

为培养和提升学生综合素质,该教学团队经过反复讨论和研究,制订了一套课程教学内容优化改革的方案。改革中,他们特别注重“三个转变”:从传统讲授型教学向研究型教学转变,从偏重知识传授的教学向注重知识、能力和素质相统一的教学转变,从以教师为中心的教学向以学生为本、师生互动、教学相长的教学模式转变。学生在掌握课程基本理论的基础上,拓展了学术视野,提高了专业素质和人文素养。在这“三个转变”的教学过程中,教师自身素质和学术水平也得到了很大提高。通过“三个转变”的教学实践,取得了师

生双赢的结果。

2. 形成"整合性"的教学模式,充分调动学生自主学习的积极性

针对一年级医学生的特点,他们对课程教学内容采取"纵向引导、横向整合"的方式,以课程知识点趋同为特征,横向整合教学内容,使各知识点有机连贯,并相应调整理论课教学时数,增加自学引导课,指导学生撰写读书笔记,鼓励和引导学生主动学习,教会学生获取知识的途径、方法和手段,同时还设立了读书笔记的评选和观摩活动,促进学生互相学习。教学模式的改革既解决了知识点多、学时有限的矛盾,又突出了重点,提高了学生独立获取知识的能力,增强了学生比较、归纳、鉴别能力和知识纵向、横向联系的能力。

3. 采取"少而精"的理论授课方式,注重发挥教师在人才培养中的引导作用

为了将"整合性"的教学模式贯穿到各教学环节,学校精心组织了理论课教学。将原有的16次(32学时)理论课内容按知识点趋同整合为6次(18学时),以基础知识为教学重点,选用最新规划教材,引进国外原版新教科书和参考书,强调课程内容新旧结合与前后联系,在讲授经典知识的同时,注重引导和启发学生掌握获取知识的途径、方法和手段,关注贯穿本学科的最新研究进展,并尽量结合教师的科研工作。注重人文精神的培养,将其贯彻到所有教学环节,并用身边的事例教育学生。

4. 构建"多元化"实践教学体系,加强创新精神和实践能力的培养

为了更好地培养学生的创新精神和实践能力,在实践教学中,他们在继承传统教学的基础上,增加了以下内容:(1)组织专题小组讨论;(2)进行学科知识竞赛;(3)举办模型制作比赛;(4)开展课外科研小组活动;(5)举办医学显微摄影比赛;(6)组织参观科研实验室;(7)举办学科前沿讲座和临床知识讲座;(8)开放切片自学室、数字化切片库、医学展馆和文化长廊等。将实践教学由"单一化"转变为"多元化",由课堂延伸至课外。多元化实践教学扩大了学生的视野,培养了学生的科研思维和团队精神,提高了学生的动手能力和口头表达能力,广受学生欢迎。

(二)广西师范大学汉语言文学教学团队

广西师范大学汉语言文学国家级教学团队作为一个地处广西,同时又属省属师范大学的团队,建设目标从一开始就确定要将其建设成为民族地区省属师范院校中的优秀教学团队,希望通过团队建设,探索出一条适合民族地区省属师范院校汉语言文学教学团队建设的可行之路,积累一些可资借鉴的经验。经过反复研究,他们确定了立足民族地区,服务民族地区,走特色培养之路的建设宗旨。围绕这一宗旨,进行一些新的尝试和改革,取得了一些宝贵的经验:

1. 改变传统观念和模式,以人才市场需要为导向,通过"大类培养"和"课堂+舞台"的人才培养新模式,培养适合在广西这一民族地区工作的人才

(1)改变传统培养模式,实行"大类培养"。所谓大类培养,就是以社会需求和人才成长引导人才培养,以课程改革为核心,建立"2+2"课程体系,即两年的汉语言文学基础课+两年的专业方向课,通过显性课程和隐性课程的结合,改革学生的知识结构,拓宽学生的视野,培养学生的特长。这一培养模式的基本出发点是通过前两年的汉语言文学基础课

学习，让学生接受到全面的汉语言文学专业基础教育，打下坚实的专业基础。再通过后两年的专业方向课学习，因材施教，在汉语言文学、编辑出版、对外汉语、文秘等不同方向上发展学生的兴趣，培养学生的特长，以适应社会的需要。对于这一模式，他们不仅进行认真的实践，而且还进行深入的理论研究，出版了《民族地区高师中文大类本科人才培养新模式探究》(广西民族出版社，2008)。由于这一模式立足于广西的区情，以广西社会发展的需要为导向，为不同的学生提供了自我发展的平台，彰显了学生的个性，也尊重了学生的兴趣，打破了原来的课程体系和传统的人才培养观念，因而受到学生的广泛欢迎。

(2)创新教学实践模式，实行“课堂+舞台”的教学实践模式。所谓“课堂+舞台”的人才培养模式，就是在传统的课堂之外，延伸教学内容，以课堂教学内容为主，开展各种形式的文艺演出活动，以达到锻炼、培养人才的一种方式。在这一模式中，课堂是第一个环节，学生的排练是第二个环节，表演是第三个环节。课堂内容就是排练、表演的内容。近年来，该团队专门开设了“话剧研究与创作”等课程，同时，在教师的指导下，以课堂所讲授的文学名篇、名著为题材，由学生自编、自导、自演，形成了编、导、演全方位的学生负责制，开展了课本剧、话剧、综艺文艺等多种形式的演出活动，从实习中学演到了文学院、演到了全校，走向了桂林市，走向了社会，并在桂林著名的文化品牌节目“百姓大舞台”及周边县市上演。迄今为止，共排练演出了《雷雨》、《日出》、《于无声处》、《西厢记》、《窦娥冤》、《牡丹亭》、《杜十娘》、《黛玉葬花》、《祝福》、《阿Q正传》、《罗密欧与朱丽叶》等数10个经典节目，演出场次达30余场，前后参加演出的学生达800余人，大部分学生都走上了舞台。这些节目的演出受到各方面的好评，同时更加重要的是让学生直接进入文学经典著作，激发学生的创造性和学习热情，加深学生对名篇、名著的理解，极大地锻炼了学生的理解能力、表达能力、表演能力、组织能力，培养了他们的探索、合作精神，对学生读、写、说、演等汉语言文学各方面能力的全面锻炼收到了极好的效果。

2. 以课堂质量为核心，加强对教学方法的研究和探索，提高课堂教学艺术

在高校人才培养中，无论怎样改革，课堂始终是教学的中心。为此，团队以课堂质量为核心，开展了多种形式的探索与研究，在国内高校中形成了积极研究课堂教学艺术的现象，从而形成别具一格的教学研究特色。

(1)实行“优课优酬”的政策，对被评为优秀的任课教师的课酬上浮20%，促使教师改进教学手段和方法。设立基地教学奖，每年奖励若干名在教学上表现突出的优秀教师，至今已有21位教师获得表彰。

(2)明确教研室的教学研究功能。在过去很长的时间内，团队像国内其他高校一样，教研室与研究室是合二为一的，即担负着科研与教学的双重任务。近两年来，他们有意识地将教研室定位于侧重教学研究，而将科研的重点逐渐转移到各研究室和课题组，并拨出专款扶持教研室的教学研究活动。这样，教研室的各项活动均以教学研究为中心，极大地调动了各教研室进行教学研究的积极性。

(3)制定规章制度。在教研室层面上，要求以老带新，开展传、帮、带活动，每学期至少进行一次集体听课、评课活动。在团队层面上，成立教学指导委员会，每学期至少进行两次集体听课、集体评课活动。教师每听一节课，按上课标准给予报酬。同时聘请退休教师

担任教学调研员随堂听课,检查教师教案,每学期向团队提交听课调研总结。在本科学生中挑选一批学生担任教学信息员,每月向教务工作室反馈一份学生对本科教学的意见和建议。

(4)积极进行理论研究。在团队内,号召所有教师积极进行课堂教学艺术的理论研究,其成果完全等同于科研成果给予奖励。并制订了一套撰写“汉语言文学主干课程教学论”丛书的计划。其中,《文学概论课程教学论》已出版,其他一些主干课程教学论著也即将出版。团队还举办了全国性的汉语言文学主干课程教学艺术研讨会。

经过以上努力,教师的课堂教学水平有了很大的提高,学生对团队教师的课堂满意率也随之上升。近三年来,学生对团队教师课堂教学的评分,90 分(满分 100 分)以上的分别为 76%、78%、82%。更重要的是,通过提高课堂教学效果,唤起了广大学生的学习热情,提高了学习专业的兴趣,改善了学风。

(三)桂林理工大学资源勘查工程教学团队

桂林理工大学资源勘查工程国家级教学团队本着加强基础、注重应用、优化结构、突出特色的指导思想,不断推进教学改革,与基础地质国家级实验教学示范中心和基础地质学国家级精品课程的建设相同步。团队成员积极摸索基础地质教育阶段提升学生实践能力培养的教学研究,提出“兴趣驱动—实践贯通—强化能力”教学模式。该教学模式的基本思想是从激发学生的学习动机入手,以注重学生的学习过程和突出学生实践能力和创新精神为培养目标,即重两头抓中间“两点一线”的教学模式。从低年级开始,就着眼于大学生的实践能力的培养。注重学习过程,针对学生的知识水平和教学进程分阶段有计划地设计一系列不同层次和不同形式的实践教学活动,逐渐形成一种稳定的实践教学结构。与此同时不断进行教学方法、教学手段以及考核评价方式的改革,逐步提高大学生的实践能力和创新意识。该教学成果荣获 2009 年广西高等教育优秀教学成果奖特等奖。

四、教学团队的教学和科研成果丰硕

广西师范大学汉语言文学教学团队,教学研究获得了较大进展。在这一年多的时间里,团队共获得了 1 项省级优秀教学成果奖,7 项校级教学优秀成果奖,2 项新世纪广西高等教育教学改革工程“十一五”第四批立项项目,5 项校级教学成果立项,2 项校级优秀教材奖,1 人被评为校级教学能手,1 人被评为校级教学新秀。中国古代文学专业教学团队被评为自治区级优秀教学团队。“中国现当代文学史”被评为自治区级精品课程。发表教学论文 25 篇,出版教学研究专著 3 部。团队的科研能力也有明显提高。自教学团队获得国家级教学团队以来,共出版专著 24 部,发表学术论文 230 余篇。获得了 2 项国家社科基金、4 项广西社科基金、1 项教育部科研基金,并获得 16 项广西社会科学优秀成果奖(其中一等奖 2 项、二等奖 5 项、三等奖 9 项)、1 项教育部人文社科成果三等奖,是广西高校中荣获广西社会科学成果奖数量最多的单位,同时也是广西高校中唯一获教育部人文社科成果奖的单位。“广西文学史”等一批重要科研项目和成果基本完稿,现已进入修改定稿阶段。“壮族文学史”等一批有地方性、民族性特色的课程已陆续开出,这将极大地丰富学生的选课内容。

广西艺术学院中国山水画教学团队成员在近3年以来获国家级奖项16人次，出版教材、专著28部，论文发表于专业刊物超过40篇，作品发表于专业刊物超过500幅，承担的主要课程达46门，承担的省级科研课题7项，受益学生覆盖全院超过6000人。团队中几乎每位教师都有自己的专著画集，并且每位教师根据各自的教学实践经验，分别编著了教学、教辅教材30余本，其中《黄格胜山水线描》、《山水画写生》被评为2002年、2003年广西普通本科院校优秀教材二等奖。经过多年的实践和奋斗，该团队的努力逐步得到了社会和同行的认可，近年来连续获得4项国家教育部奖项：2006年，山水画写生多媒体课件获全国多媒体课件大赛三等奖；2007年，团队负责人黄格胜教授主持的"山水画写生"课程评为国家级精品课程；2007年，黄格胜教授被教育部授予第三届全国高校教学名师奖；2008年，中国山水画教学团队获国家级教学团队荣誉称号。

第八节　广西高校双语教学示范课程项目建设特色展示

广西各高校十分重视双语教学课程的建设工作，在组织领导、制度保障、经费支持以及激励机制等方面建立了配套措施，有效地推动了双语教学工作的顺利开展。截至2010年，我区高校获得国家级双语教学示范课程达到8门。

一、提供双语教学示范课程项目建设的保障机制

各高校在组织建设、经费保障、教师教学工作量计算等方面建立了完善的机制，促使双语教学示范课程项目建设的顺利推进。

广西大学为双语教学示范课提供了有力的组织保障。学校建立双语教学建设指导委员会。该委员会由主管教学副校长任组长，成员由各学科专业的专家、教授组成。双语教学建设指导委员会具体负责双语教学课程建设规划的审定、双语教学课程立项建设项目的评审、双语教学课程立项项目的建设检查指导、双语教学课程项目结题的验收、双语教学课程教材立项申报评审等工作。学校为确保双语教学示范课程建设的专项经费，设立有专项的课程建设基金，对获得双语教学示范课程的项目进行资助；有专项国家级双语教学示范课程建设资金，对申请重点建设的双语教学示范课程的项目进行资助；学校配备有效的激励政策，对双语教学示范课程建设的工作，予以工作量补贴；对获得国家级双语教学示范课程的项目负责人学校予以重奖并在职务聘任及职称晋升上有所倾斜。

广西医科大学为加强双语教学示范课程的建设，制定了相关的管理制度和激励制度，如"广西医科大学双语教学实施办法"，对双语课程的界定、双语教学的基本要求、双语课程的开设与管理、双语教学的师资培养、双语教学的资助措施、双语教学课程教材的建设、双语教学质量的监控等提出了具体要求。

二、注重双语教学师资的培养与培训

双语教学师资的培训可以采取在职培训和出国培训两种形式。通过对双语教学相关

知识的学习,可以加深教师对双语教学的认识,提高教师双语教学的素质和能力,还可以给教师提供一个相互交流的平台,探讨教学过程中出现的问题,在理论和实践中推动双语教学的发展,从而有效地提高教学质量。出国培训是直接学习外国经验的有效方式,不仅使教师的自身素质得到迅速提高,而且可以学到国外先进的教学理念和方法,有助于改进和提高教学效果。

广西大学规定承担双语教学课程的教师原则上应是接受过专门培训或在国外进修访学一年以上(含一年)的教师。学校设有出国专项基金,鼓励教师出国留学进修,为双语教学准备和培养师资。

梧州学院通过不断引进师资,充实双语教学的师资队伍,培养后备力量,积极联系国外知名专家、学者来华讲学,不定期地举办商务英语、国际贸易相关学科的外籍专家的专业讲座。选派骨干教师到国内外进行学术考察和交流,提高教师的学术和教学水平。如该学院派遣一名骨干教师到中东地区最大的贸易中心和转口货物的集散地——阿联酋的“贸易之都”迪拜进行学术考察与交流,选派两名骨干教师到上海参加“ESP:Teaching Business English”培训班的学习,选派一名骨干教师参加在武汉举行的“第六届体验商务英语教学论坛”。通过对青年教师传、帮、带,开发青年教师的潜能,传授教学经验,帮助青年教师成长,使学院商务英语、国际贸易课程始终有一支稳定的优秀的双语教学队伍。

广西医科大学加强教师业务培训工作,提高教师双语教学能力。首先,实施“青年教师过教学关计划”。由高年资教授作为导师,充分发挥传、帮、带作用,帮助青年教师过理论教学关、技能教学关和教书育人关,培养青年教师的教学荣誉感和教学素质。青年教师经导师组考核通过后方可正式上岗教学,通过试讲后方能承担双语教学。其次,提供学习机会,让青年教师参加各种学习培训活动,包括专业知识和外语、计算机技能等方面。要求副教授以上职称教师全部参加双语及全英语教学。对青年教师,以在教学实践中培养和锻炼为主,安排青年教师参与“组织学”英语选修课教学。已有3位年轻教师参加英语口语培训班学习,并顺利通过考试。再次,创造条件让中青年骨干教师出国深造或国内进修,鼓励青年教师参加国内外教学、科研会议,与同行进行广泛交流,拓展专业视野。2009年11月,1名讲师在第九届中日组织化学与细胞化学研讨会上用英文进行发言,另1名讲师获广西财政资助于2010年2月前往美国访问学习。

桂林理工大学利用学校中外合作办学机制,一方面把部分教师送出去进修,提高外语水平,另一方面,请合作学校的教师来学校进行教学。

三、双语教学方法的改革与实践

(一)结合学生实际情况开展双语教学

广西医科大学以学生自愿报名为基础,由教务处筛选出英语能力及综合成绩较好的学生组成双语班(约60人/班),采取小班授课方式,结合教学需要适当采用多媒体教学技术。双语教学课程为医学基础课程,学生都是第一次接触医学知识,加之学生的英语整体水平较发达地区有一定差距。因此,双语教学采用循序渐进的方式进行:在课程初始阶段,采用中英文多媒体课件教学,在保证知识点讲授的基础上,重点概念、重要内容先用英文再用中文,对关键专业术语反复使用英文,使学生在课堂上获取专业知识的同时掌握好专业英文术语,为后续内容的学习打下基础。在中后期的授课过程中,教师们逐渐增加多媒体课件的英文比例,最后使用全英文的多媒体课件,同时增加教师讲述的英文比例。

桂林理工大学根据学生实际情况因材施教,考虑到中外文化的差异和学生的实际情况,双语教学采用循序渐进的方式进行:讲授过程中对原教材的章节顺序进行重新安排,课堂教学过程中采用全英文的 PPT,但在课程初始阶段,在保证知识点的基础上,重点概念、重要内容的讲授和解释先用英文再用中文,对关键专业术语反复使用中英文对照讲解,在此阶段,学生回答问题或参加互动时可以兼用中文或英文表达,对用英文表达的学生给予鼓励,使学生在课堂上获取专业知识的同时掌握好专业英语概念,为后续内容的学习打下基础;在中后期的授课过程中,逐渐增加教师讲授过程中的英文比例,学生在课堂互动过程中也被要求尽量使用英语,对个别不易表达的术语可以求助于同学或教师。

(二)加强课堂教学改革

1. 在班级编排上,采取小班授课方式,坚持互动的教学方式,每个教学单元由教师讲授、提问互动、阅读和口译抽查三个部分组成

在教师的引导下,学生积极主动地学习,口语表达能力、获取处理信息的能力和接受未来挑战的能力得到锻炼,在双语教学环境下获得和使用母语教学时相同的学科专业知识,有利地提高了理论和实践水平。

2. 结合教学需要采用多媒体教学技术

在教学中,多媒体教学较黑板板书教学有着显著的优势,特别是在案例讲解和图表演示等方面更是优势明显,有利于提高学生的学习兴趣,加深他们对课堂教学的感性认识。教师采用中英文讲述的方式,利用多媒体课件的文字图形、影像、动画、声音展示给学生,激发学生的学习兴趣,优化双语教学的效果。另外,还建立了双语教学网站,其中含有课件、习题、历年试卷等,方便学生学习;还提供重要的学术机构网站及课程相关网站链接,以便学生拓展课程的知识面。

3. 改革学生考核方式,科学评价学生学习效果

桂林理工大学双语教学的考核方法采用期末成绩教师评定,平时成绩由教师与学生综合评定的方式。其中,平时成绩占 40%,除了对考勤和作业进行考核外,还要考核学生的团队成绩(由其他团队每次打分平均来确定)和个人表现(由团队成员评定)。期末成绩占 60%,期末考试试卷采用中英文命题,题型和题目内容均与普通班相同或相近,鼓励学生用英文答题,用英文回答的学生视其表达的语法和内容的正确性可适当加分。

广西医科大学的双语教学考核方法将常规考试改为按阶段分 4 次考试,并增设 1 次口试,最后为期末考试;同时加强实验技能的考核,由原来的 1 次考核改为 4 次阶段考试;注重评价学生的学习过程,将平时成绩考核标准化和规范化。期考试卷的题型和内容均与普通班相同,但组织学的部分题目为全英文题。

4. 课内与课外相结合，培养学生综合素质

桂林理工大学双语教学团队除课堂教学外，精心组织课外教学活动，培养浓厚的学习氛围。为营造良好的英语学习氛围，培养学生专业英语的学习兴趣，教研室安排专门教师在 2006 年 10 月指导学生成立了双语学习兴趣小组，并且专门申请了一间活动室，室内配置了电脑、投影仪等学习设备，可接入国内外网络，装配有视频接入设备。指导教师定期现场或在线参与学生的活动并负责答疑解惑，指导学生利用网络资源，查找本课程相关的英文资料，扩大教学信息量。另外，以学生自主参与、自由选题为原则，教研室根据现有的研究方向，组成了科研小组，由导师负责指导，研究生带领，双语班的学生进行有关中外管理理论研究与实践对比、学生双语学习兴趣调查、学生管理学双语学习难点剖析等研究活动，并在教师指导下学习外文文献的查询方法、实验数据的收集与统计分析等。此活动不但使学生对科学研究有一些初步的感受，而且通过外文文献的查询和阅读提高专业外语，活动结束后，学生撰写了感想和论文。

广西医科大学成立双语学习室，营造良好的英文学习氛围，培养学生专业英语的学习兴趣。室内布置了中英文对照说明的挂图和照片，并配置电脑、显微镜和组织切片等教学设备，安排专人值班，负责答疑解惑，指导学生利用网络资源，查找本课程相关的英文资料，扩大教学信息量。开展组织学知识竞赛活动，将专业知识和外语学习结合起来，锻炼和提高学生英文的应用能力及对专业知识的理解能力。带领本科生开展科研活动，指导“未来学术之星”项目。通过举办模型制备比赛，学生应用从本课程学到的知识，自由组合，集思广益，制备模型参赛，并对自己的作品进行文字和口头描述（中、英文）。

5. 加强课程网站建设，提供丰富的网上学习资源

广西医科大学于 2008 年 9 月—2009 年 1 月期间，对该校七年制本科生的组织学与胚胎学课程进行了双语教学全程录像，以达到完善英文版组织学与胚胎学教学网站的内容。与 Motic 公司合作，完成了网络仿真实验室核心部分的建设，在全国率先推出英文版的数字切片系统。建立了组织学与胚胎学网络课程，该网络课程将课堂教学中的纸质教科书电子化，在此基础上添加了与之配套的大纲、课件、同步练习和自测考卷等电子资源，同时还配置了英汉医学网络词典功能，具有内容完整、图文并茂、功能齐全等优点，为教师授课和学生自学开辟了新通道。

桂林理工大学建立了管理学（双语）学习网站，包括教学课程的多媒体课件、授课录像，配合教学使用，也可供学生用于预习、复习并进一步深入学习，是学生复习重点、巩固基础知识、开阔眼界、培养科学思维的学习平台。

第九节　广西高校大学生创新性实验计划项目建设特色展示

我区共有广西大学和桂林电子科技大学两所高校获准国家级“质量工程”“大学生创新性实验计划”项目立项。两校在项目的组织、申报、管理等方面展开了各具特色的实践探索，并取得了良好的成效。

一、广西大学“国家级大学生创新性实验计划”项目实施情况

(一)项目实施的基本情况

1. 建立健全组织机构,广泛开展项目宣传

为保障国家级大学生创新性实验计划的有序开展,根据教育部的有关文件精神,学校制定了《广西大学国家级大学生创新性实验计划项目实施细则》,严格项目申报、立项、中期检查、结题与验收的过程管理,成立以老专家、老教授为主要成员的国家级大学生创新性实验计划项目专家组,并在教务处设立项目管理办公室。项目管理办公室根据学校的要求,每年下发立项通知,同时联合学工处、校团委充分利用校园网、公告栏、报告会等多种形式向学生宣传介绍国家级大学生创新性实验计划,并专门召开国家级大学生创新性实验计划动员大会,向学生全面传达了教育部的文件精神,介绍开展国家级大学生创新性实验计划的目的、意义和原则以及学校的工作思路,鼓励学生跨学科、跨年级开展合作研究。

2. 实行导师制,加强立项申报指导

国家级大学生创新性实验计划立项资助对象主要是一些品学兼优、学有余力、对科学研究或创造发明有浓厚兴趣、善于独立思考、具备从事科学研究或发明创造基本素质和潜能的本科二三年级学生。各学院组织了国家级大学生创新性实验计划指导教师队伍,立项时指导学生按照项目的申报要求填写广西大学国家级大学生创新性实验计划项目申请表,引领学生步入科学研究的大门。

3. 公开评审,择优立项

学校组织专家组对各学院上报的立项申请书进行书面评审和立项答辩工作,依照公平、公正、公开的原则,由高到低评审出国家级大学生创新性实验计划拟立项资助项目,并对拟立项资助项目实行公示,公示无异议后正式公布立项资助项目。

4. 加强项目实施过程管理,确保项目按计划进行

立项项目在实施过程中,项目管理办公室要求各项目负责人提交“项目年度计划书”,每两个月提交一份“项目进展报告”,项目进展过半时,项目管理办公室要进行中期检查,主要了解项目实施是否按计划进行,学生投入项目研究的时间能否有保障,研究过程中遇到的困难及解决方案等。根据中期检查情况,及时发现实施较好的项目,进行跟踪。对项目实施不力或进展缓慢的项目则给予警告或建议终止。项目结题前,学校提前 3 个月发出结题预通知,提前一个月发布结题正式通知,要求各项目负责人认真填写结题申请表,撰写结题报告,并提交研究成果(包括论文、设计说明书、专利)及支撑材料。

5. 实行开放式答辩,使学生受到学术熏陶

项目结题时,在学术礼堂进行开放式结题答辩会,项目负责人作 7 分钟结题陈述,5 分钟回答专家提问,允许所有感兴趣的学生前去旁听,使众多学生受到了学术熏陶,激发了他们的探究热情。

(二)项目实施的成效与基本经验

自 2007 年实施“国家级大学生创新性实验计划”以来,学校平均每年有国家级立项项

目30个,三年总共90个项目得到立项资助,每个项目组人均获得资助科研经费1万元,共有403名学生参与项目研究。到目前为止,2007年国家级立项项目有28项完成结题,2项终止;2008年国家级立项项目有28个项目组提交了结题报告,2项申请延期结题;2009年国家级立项项目全部在研,并于2010年4月向项目管理办公室提交了项目前期进展报告。

国家级大学生创新性实验计划的实施,为学生搭建起了一个实践创新的平台,学生参与热情高涨,表现出极大的积极性和主动性,形成了浓厚的创新科研氛围,并取得一些颇有价值的研究成果。如2008年"多功能景观苗木修剪机"项目研究小组顺利完成实验,成功试制出了道路景观苗木多功能修剪机。该机器通过单片机控制主、副移动机构、升降机构及角度调节机构的运动,自动实现预定平面、斜面、圆柱面、圆锥面和球面的修剪功能。目前,该项目研究成果已经申请国家发明专利(申请号200910114039.5)且被受理(公开号CN101647372),并在多个相关学科竞赛及创新论坛中屡获佳绩和好评:在"广西首届高校大学生创新设计制作大赛"中获得一等奖;在"中南地区港澳特区第四届大学生创新设计制造大赛"中获得一等奖;作为学校推选出的三个项目之一,代表学校前往东南大学参加"第二届全国大学生创新论坛",并发表论文《多功能景观苗木修剪机》,被收录于"第二届全国大学生创新论坛论文集"。

国家级大学生创新性实验计划的实施,增强和锻炼了学生独立分析、解决问题及动手实践的能力。在项目申报时鼓励学科交叉融合,鼓励跨专业、跨年级、跨院系3—5人联合申报。每个项目的组员来自不同班级甚至不同院系,具有不同的知识结构和思维方式,他们组成一个"整体",在导师指导下,从项目的选题、申请答辩以及实施项目,成员之间通力合作,共同完成,培养了学生的交流沟通能力和团队合作精神。如2007年项目负责人梁倚同学"以废砖粉及废砂浆为细骨料的再生混凝土性能研究及其新型空心砖的研制"项目,完成了预期研究,发表研究论文两篇,其中一篇已在《混凝土》(核心期刊)2009年第3期上发表,还感悟道:"通过这次自主的创新实验,让我们在实践知识上有很大的收获。以前从课本上学到的知识,也在实践中得到了印证,还学习了许多具体的专业知识,这些知识比理论更具有灵活性和可操作性。在此期间,我们小组成员之间建立了协调合作、互相帮助、共同进步的良好关系,和研究生师兄经常交流思想,与指导老师也建立极为融洽的师生关系。"

在国家级大学生创新性实验计划实施的过程中,该校总结出以下几条基本经验:

1. 严把质量关,层层选优

为保证国家级大学生创新性实验计划项目的申报质量,对申报的项目通过初审、书面评审,答辩三个环节的评审,依照公平、公正、公开的原则层层把关,优中选优,保障了国家级大学生创新性实验计划项目的申报质量。

2. 注重过程管理,实施项目监控

在项目实施的过程中,项目管理办公室通过多种方式了解各项目的进展情况,帮助学生解决在项目进行过程中遇到的困难。

3. 开放实验室

学校建立了面向学生项目开放的各类科研基地和实验室管理政策,满足学生在实施项目过程中对场地、材料、仪器设备等方面的研究需要。

4. 教师指导

鼓励学生在项目研究过程中，密切与导师的联系，遇到难以解决的技术性问题，主动与导师探讨解决。

二、桂林电子科技大学"国家级大学生创新性实验计划"项目实施情况

(一) 项目实施基本情况

桂林电子科技大学是一所电子信息类学科优势突出、创新实践教育特色鲜明的多学科性大学，学校以培养务实创新的高素质应用型人才为目标，历来十分重视学生科学研究和创新实践能力的培养。学校于2007年启动校级大学生创新性实验项目，2008年获批成为国家级大学生创新性实验计划项目实施单位。学校成立了大学生创新性实验计划领导小组和大学生创新性实验计划专家委员会；制定了详尽可行的项目运行及管理办法；落实了项目经费及激励制度，并将创新实验纳入教学体系，按科研项目方式进行管理。遵循"学校主导、专家引导、学生主体、注重实践、突出创新、贵在实效"的主旨和"兴趣驱动、自主实验、重在过程"的原则，逐渐形成"院级主抓项目团队，强调人才培养的广泛性；校级主抓项目质量，强调人才培养的优质性；国家级主抓项目创新，强调人才培养的示范性"的大学生创新性实验项目体系。截至2009年，累计立项国家级项目50项，校级项目110项，已拨付资助经费共计105.14万元。在创新性实验项目推行过程中，要求参与学生品学兼优、学有余力，有较强的独立思考能力和创新意识，对科学研究、科技活动或社会实践有浓厚的兴趣。鼓励项目组成员学科交叉和年级交叉。项目选择要求思路新颖、目标明确、具有一定的创新性和探索性，学生要对研究方案及技术路线进行可行性分析，并在实施过程中通过教师的指导不断调整优化。学生在兴趣驱动下，在指导教师指导下自主设计实验、自主完成实验、自主管理实验项目。本着注重过程培养的原则，强调项目实施过程中动手能力、创新思维、团队合作和创新实践方面的训练。至2009年底，2007年立项的校级项目已全部顺利结题，其中"创新性多视点虚拟空间漫游制作实验"等6个项目被评为优秀；其余仍处于建设期的项目均顺利通过中期检查。2009年9月，"基于视觉原理的非接触式空间方位测量系统研制"等2项国家级创新性实验项目入选第二届全国大学生创新论坛，研制成果充分体现了学校的电子信息学科特色，引起了参会师生和专家的关注。实践证明，通过创新性实验项目的实施，学生的科研能力和实践能力得到充分锻炼，涌现出了一批创新思维敏锐、科研能力强的本科生。

(二) 项目实施成效与基本经验

1. 加强创新性实验计划管理的制度化、规范化

学校自开展国家级大学生创新性实验计划以来，出台了《关于成立我校大学生创新性实验计划领导小组的通知》、《关于成立我校国家级大学生创新性实验计划专家委员会的

通知》。其中，领导小组由校长任组长，分管教学的副校长任副组长，成员包括教务处、科技处、学生工作处、校团委、财务处、国有资产管理处等部门的主要负责人，组成实施大学生创新性实验计划的领导机构，负责研究、制定有关政策，组织项目申报，监督实验计划项目的经费使用情况。专家委员会由分管教学的副校长任组长，教务处、科技处的主要负责人任副组长，成员包括各学院分管院长（主任）和部分科研水平较高的骨干教师，负责项目的申报评审、中期评估、结题验收和提出奖励建议。在奖励措施方面，学校出台了《大学生创新性实验计划指导教师工作量认定办法》和《大学生创新性实验计划奖励办法》，修订了《创新学分成绩评定办法》，将大学生创新性实验计划纳入创新学分，对参与学生奖励创新学分。经费管理方面，出台了《大学生创新性实验项目经费管理办法》，学校对入选国家级创新性实验计划的项目按 1∶2 的比例进行配套经费支持，保证项目组成员人均经费不低于 1 万元。项目运行方面，分别颁布了第一期和第二期《桂林电子科技大学国家级大学生创新性实验计划实施方案》及《桂林电子科技大学国家级大学生创新性实验计划项目管理办法》，对项目的申报、评审、运行、验收及变更进行了详尽而切合实际的规范，保障项目的顺利实施。

2. 推进实验课程改革，为创新性实验计划开展夯实基础

学生的基础实验能力和实验技能是创新性实验计划得以顺利开展的坚实基础。学校围绕高等教育“培养具有创新精神和实践能力的高级专门人才”的目标，于 2009 年重新修订了本科生培养方案，适当降低了课内理论教学学时，增加了实践教学学时，理工类专业各实践教学环节累计学时至少占课内教学总学时的 25%，管理学、文学、法学、经济学类等专业则不少于课内教学总学时的 15%。在实验教学内容的设置上，注意及时更新，减少验证性实验，加大综合性、设计性、创新性实验比例，注重学生综合实验技能的培养。对于有条件的实验进行单独设课，独立进行考核。在课外教学方面，学校进一步推进开放实验室制度，充分利用教学实验室和竞赛基地等资源，以开放实验方式提供具有一定应用性及综合性的实验项目，供有兴趣的学生选做，要求学生自主完成系统设计、仿真、制作、调试、参数测量、撰写实验报告等环节的工作。实验项目设置多层次难度选择，兼顾趣味性，使大部分学生都能积极参与其中，在此过程中得到理论结合实践、综合分析、团体协作方面的锻炼，培养创新思维，提高动手能力。同时开放实验室还为学生的课程设计、课题研究及创新项目研究提供设备和技术支持。

3. 突出创新性实验项目选题的工程性、前沿性

学校以大学生实践园和校企合作企业为依托，为创新性实验计划的开展提供了优良的工程能力培养及创新实践平台，鼓励将实际生产中的问题引入创新性实验项目的选题中，引导学生综合运用所学知识，培养创新性问题的解决思路。学校一方面鼓励根据企业需求，加大紧密结合本专业工程实际问题的选题比例；另一方面鼓励教师将自己的科研成果转化到创新性实验项目选题，为学生接触行业的前沿科技、培养创新研究能力创造条件。经学院审查后，大学生创新性实验项目也可作为项目组成员的毕业设计（论文）课题继续进行。在整个创新性实验项目的实施过程中，力求突出学生的科研意识、工程素质、独立解决问题能力和协作精神，尤其要培养学生的创新意识和能力，鼓励新思想、新改进、

新发现。

4. 营造浓厚的创新实践氛围

学校遵循“创新以人为本，创新之根在实践，创新因交流而迸发”的创新人才培养规律，大力营造浓厚的创新能力培养氛围。以电子设计培训中心等10个院级创新基地及7个大学生科协为平台，组织开展各类科研训练、学术交流、科技发明和创新性实验活动200余项，每年投入学生科技创新实践活动经费超过100万元。电子设计竞赛、“创新杯”大学生课外学术科技作品竞赛、科技活动月等已成为学校科技实践活动的品牌。学生近3年来在各级各类学术科技竞赛中获全国一等奖（含特等奖）38项，二等奖61项，三等奖119项；其中，在2009年全国大学生电子设计竞赛中获一等奖5项，二等奖2项，一等奖获奖数在全国各大院校中名列第三。学生公开发表学术论文多篇，其中EI收录3篇；“汽车起步手刹报警装置”等5项发明获国家实用新型专利。以培养学生科研创新能力为主要内容的项目“大学生创新实践基地的建设与实践研究”获2005年高等教育国家级教学成果奖二等奖。在每次创新性实验项目申报工作开始前，学校还会以动员会、说明会、宣传海报等形式大力营造创新实践氛围，加大宣传力度，激发学生积极参加创新性实验计划的兴趣。

第十节　广西高校大学生竞赛活动建设特色展示

为加强大学生实践、创新能力和团队精神的培养，教育部、财政部在2007年1号文件明确把加强学科竞赛工作纳入“实践教学与人才培养模式改革创新”这一重要建设内容，并提出“继续开展大学生竞赛活动，重点资助在全国具有较大影响和广泛参与面的大学生竞赛活动，激发大学生的兴趣和潜能，培养大学生的团队协作意识和创新精神”，充分肯定了学科竞赛在学生的实践能力、创新能力、创业能力和团队精神培养中的重要意义。

广西各高校结合自身的实际和办学定位，进行了各具特色的探索和实践，取得了良好的效果。

一、广西大学以创新实践学分制促大学生竞赛活动开展

（一）以创新学分制为抓手，构建学科竞赛制度体系，为竞赛管理、运行提供制度保障

广西大学为锻炼大学生创新能力、实践能力，每年学校积极组织、精心指导学生参加国家级、自治区级的各种能力大赛。为了使学生在各种学科竞赛中取得好成绩，学校从规范管理入手，建立有关的规章制度。2002年学校出台《广西大学创新实践学分实施办法》，规定学生参与学科竞赛所获奖项可以获得相应学分，2007年学校进一步修订《广西大学创新实践学分实施办法》（西大教字［2007］39号），规定学生通过培训或各类考试获得的等级证书、水平证书、认证证书、职业资格证书（中级及以上）和专业技术资格证书，均可申报创新学分，学生所获创新学分，可以替代全校性选修课所缺学分，在减轻学生选课压力的同时增强了学生就业能力，提高学生就业率。一系列的竞赛管理规章、制度、条例、管理办

法，使学科竞赛的组织、管理等有了制度保障和依据，教师的工作量得到认可，师生参与竞赛的积极性大大提高，竞赛成绩也逐年提高。

从2002年实施创新实践学分制以来，学校在人才培养方案中，始终坚持把构建科学合理的实践教学体系纳入人才培养全过程，立足广西面向全国，以培养专业基础知识扎实、具有创新实践能力的综合应用型人才为目标，不断摸索，逐步建立起以模块化实践课程为框架，以本科生科研实践训练计划为核心，以学科竞赛、行业证书、课程设计、专业实习、毕业设计等环节为要素，以第二课堂为延伸的大学生创新实践能力训练体系。其中学科竞赛经过多年的建设，摸索总结出一套经验，为实现培养创新实践型人才目标打下坚实基础，学生在参与竞赛过程中得到锻炼和提高，进而提高了自身综合素质和就业竞争力。

（二）通过学校经费资助、教师指导学生竞赛工作量认定等方式，建立行之有效的激励机制，激发教师、学生参赛积极性

2001—2004年，在学校没有划拨专门的学科竞赛经费时期，学生基本上只能参加数学建模、电子设计竞赛、“挑战杯”科技作品竞赛、大学生英语竞赛的等重大赛事。从2004年开始，学校通过立项，每年划拨专项经费50万元，资助学生参加各类学科竞赛，学生参赛的赛事越来越多。专项经费的专款专用，使学科竞赛运行、管理奖励有了经费保障，提高了教师指导学生参赛的积极性。此外，学校对每一项学科竞赛均精心组织，教务处有专人负责学科竞赛的组织管理工作。如广西大学是全国大学生数学建模竞赛广西赛区承办单位，竞赛过程中教务处负责协调图书馆、后勤水电管理中心、网络中心等部门，确保竞赛学生查阅资料的需要。2007年到2009年仅教育部公布的资助竞赛，学校资助金额就达40.2万元，为学生组织参赛提供了充足的资金保障。

（三）实施目标管理，落实责任，确保竞赛顺利进行

1. 各竞赛项目均将责任落实到学院或相关单位，由学院负责申报立项、建设、管理，组织学生参赛、教师指导培训等相关工作，由教务处进行总体协调、规划。这样，学院、单位负责制下的学科竞赛，将竞赛成绩与资助经费挂钩起来，竞赛成绩好坏直接影响到该项目下一年度的资助力度。由此，学院及相关负责单位增加了动力，更加组织好竞赛，培训好学生，争创优异成绩。部分学院或者部门，除了学校资助经费外，还积极筹措竞赛资助经费，争取院级经费资助，或通过校企合作的形式，与校外企业单位对竞赛进行资助，使学生受益面更广。

2. 学科竞赛与创新实践项目、毕业设计、实验课程相结合。学生在参与创新项目时，其研究成果也可以参加学科竞赛，参与竞赛的研究成果亦可形成毕业设计、毕业论文，实验课程通过实验技巧的锻炼也能促进竞赛成绩的提高，这样就使其相互结合，互相促进，达到共同提高的效果。

二、桂林电子科技大学以创新基地带动大学生竞赛活动的开展

桂林电子科技大学在实践中，探索出以竞赛促创新基地建设，以基地带动学生创新实

践活动的做法,并取得了很好的效果。

桂林电子科技大学于2006年成立了10个创新实践基地,吸收学有余力的学生进入基地进行创新实践活动,每个基地负责相关的国家级和自治区级学科竞赛的学生组队参赛和培训任务,机械创新基地负责机器人比赛、机械创新设计大赛;电子设计培训中心负责大学生电子设计竞赛;艺术设计中心负责广告艺术比赛;电子商务与管理科学中心负责"用友杯"全国大学生ERP沙盘对抗赛;外语素质拓展中心负责全国大学生英语竞赛;化学实践基地负责广西高校化学化工类论文及设计竞赛等。创新实践基地由各相关学院派专人进行管理。创新基地以教学改革项目的形式进行立项,学校每年对基地建设和运行情况进行检查验收,根据当年基地的建设成果(包括基地指导学生获奖,学生受益面等)划拨下一年度的支持经费。创新基地实施申请进入制度,对全校学生开放。为解决学生在平时训练及自主实验中的元器件使用问题,学校于2008年建立了元器件领用制度,学生持设计方案可免费领用元器件。学校还成立了以提高就业能力和创业能力为主要目的的桂林大学生创业园,实现学生优秀成果的产品转化。为使更多学生能通过参加竞赛提高实践能力,学校还组织了多种校级竞赛项目,包括程序设计大赛,实验操作技能竞赛等。

三、广西艺术学院承办全国大学生广告艺术大赛,促进广告专业教学和大学生竞赛活动的开展

全国大学生广告艺术大赛是由教育部高教司主办、教育部高等学校新闻学学科教学指导委员会组织,面向国内大学生的一项广告策划、创意实践活动。广西艺术学院承担了2009年第三届全国大学生广告艺术大赛广西赛区的承办任务。全国大学生广告艺术大赛受到社会各界和广大教师、学生的广泛关注和普遍认同。全国大学生广告艺术大赛活动的开展能够激发大学生的创新灵感,提高他们的实践能力和创新能力,培养大学生的团队精神,丰富大学生的课外生活,特别是对新闻、广告、艺术设计等专业的教育教学改革,起到了极大地推动作用。同时,大赛的举办也有利于打破学科局限,整合多种资源,实现多学科交叉,提高教学质量。

这次大赛,广西赛区从一开始就注意将比赛和教学活动紧密结合起来,很多高校将大赛选题及要求纳入教学内容,广泛邀请广告创意及执行、媒体策划、市场开发等方面知名的专家和教师,从创意、策划、执行等角度对本届大赛策略单进行解读,帮助学生更好地理解和把握大赛的要求与创意构想。专家和教师们丰富的广告从业经验以及睿智的才思、独特的视角都使学生获益匪浅。"以赛代练"、"以赛代训"的实践,使得大赛的宗旨更加鲜明。有的院校以大赛为契机培训教师,分析获奖作品、查找差距,提高了教师的专业指导能力。有的将前两届的作品作为案例进行教学,提高了学生的创作能力和水平。有的院校还有意识地让学生在教师的指导下自己设计策划竞赛活动,许多工作的组织细节由学生自己策划与执行,使得学生通过参赛得到了全面的锻炼,既提高了专业知识水平,又提高了组织策划能力。

大赛的承办和引入,对于进一步加强应用型创新性广告人才(尤其广西本土)培养的

研究,提供了更为广阔的研究空间和操作平台。本项目的实施进一步将广告专业赛事引入广告专业教学,为广西广告教育实践教学开辟一条新的道路,并以此模式为范本推广到其他专业。该项目的实施让广西艺术学院广告学教育进入新的发展阶段。

第十一节 广西普通高校本科教学工作水平评估及高职高专人才培养工作评估特色展示

一、广西普通高校本科教学工作水平评估概况

经过前期酝酿和不断的修订,2004 年 8 月,教育部出台《教育部办公厅关于印发〈普通高等学校本科教学工作水平评估方案(试行)〉的通知》(教高厅[2004]21 号),确定了"以评促建,以评促改,以评促管,评建结合,重在建设"的 20 字的工作方针。评估指标体系中,包括办学指导思想、师资队伍、教学条件与利用、专业建设与教学改革、教学管理、学风和教学效果等 7 个一级指标,并细化为 19 个二级指标和 44 个观测点,办学特色作为十分重要的指标单列。评估结论分为优秀、良好、合格与不合格 4 种,并强调达到优秀的高等学校必须有鲜明的办学特色。2005 年,教育部办公厅《关于做好 2005 年普通高等学校本科教学工作水平评估的通知》(教高司函[2005]7 号),进一步改进评估工作方法,减轻被评学校负担,提高评估工作的实效性。

本次评估方案是建立在对中国高校现状比较深入的调查研究基础上,曾多次征求高校有关领导和部门及专家的意见并进行了反复修订,因此方案较切合实际。评估专家组由同类高校主管教学的校领导和富有经验的教授、专家组成,具有权威性。各校先根据自身情况予以自评,向专家组提交自评报告,专家组在进行实地考察后形成考察意见,并结合各校实际,研究并提出为期一年有针对性的整改方案,被评学校依此认真实施,并随时准备接受专家随机回访,5 年之后接受新一轮的评估。由于评估专家为期一周的实地考察和评估活动是直接深入到教学第一线,所以了解的情况真实、具体,且调查的对象完全由专家随机抽样进行,所以了解十分全面、深入,最后形成的考察意见能够真实而又权威地反映学校本科教学工作的状况和水平。

在不断地改革程序、完善评估方案的过程中,至 2008 年,全国共有 589 所普通高等学校接受了本科教学工作水平评估,其中广西 13 所普通本科院校接受了教育部的评估,评估结论有 8 所获优秀,5 所获良好,优良率达 100%,超过了全国 96.44% 的水平。

二、广西高职高专人才培养工作评估概况

截至 2010 年,广西共有高职高专院校 39 所,高职高专院校数占全区高等学校总数的 52%,已超过全区高等学校总数的一半。在全区 39 所高职高专院校中,普通高等专科学校有 8 所,高等职业院校 31 所(是 1999 年的 6 倍多),高职高专在校生人数达到 21.64 万人(是 1999 年 4.2 万的 5 倍)。

在高等职业教育规模快速发展的同时，广西高度重视提高高等职业教育人才培养质量，积极引导学校牢固树立教学工作的中心地位，不断深化“校企合作，工学结合”的人才培养模式改革，加大投入，强化管理，有力地保证了教学和人才培养质量的稳步提升，创建了一批示范性高职院校，打造了众多教学品牌和标志性的成果，为广西高等教育的跨越式发展，实现高等教育大众化作出了重要的贡献。

按照“以评促建，以评促改，以评促管，评建结合，重在建设”的评估工作方针，本着帮助学校总结办学成绩，挖掘办学经验，凝练办学特色，深化校企合作、工学结合人才培养模式改革，促进学校建设的工作思路，坚持客观公正、实事求是，严肃评估纪律，规范评估过程，评出工作成效的原则，高标准、严要求，认真组织、规范有序地开展评估工作，取得了可喜的工作成效。自2003年开展评估工作以来，通过评估，帮助接受评估的院校理清了办学思路，明确了办学定位，强化了教学工作的中心地位，提高了管理水平，改善了办学条件，优化了教师队伍结构，推动了校企合作和工学结合，办学水平和人才培养质量有了明显的提高，极大地促进了我区高等职业教育的改革和发展。

截至2010年底，广西39所高职高专院校中已有26所院校接受了评估。已接受评估的26所高校中，有20所参加了高职高专院校人才培养水平评估，其中，有13所获优秀，4所获良好，3所获合格；6所参加了高职高专院校人才培养工作评估，全部获得通过。全年高职高专人才培养工作评估取得显著的评建成效。

三、经验与特色

以评促建，成效显著。广西教育厅以教育部评估为契机，一方面向区人民政府及相关部门要政策、要经费，使人民政府在高等教育方面的投入达到了前所未有的水平。另一方面，整合区内专家，以预评估为平台，强化教育厅对各参评高校的监控与指导，使各个高校都取得了优秀的评估成绩。

自2003年教育部在全国开始实行5年一个周期的全国高等学校本科教学工作水平评估制度及2004年开始5年一轮的教育部高职高专院校人才培养工作水平评估以来，自治区人民政府、区教育厅把评估工作作为全面贯彻落实科学发展观，打造品牌特色，提升高等教育核心竞争力，办人民满意的高等教育的重要机遇，采取一系列有力的保障措施。

（一）为切实做好评建工作，建立具有广西特色的评建机制

主要体现在如下方面：

1. 自治区人民政府建立了高校办学水平评估联席会议制度。由自治区教育厅牵头，自治区发改委、财政厅、人事厅、机构编制办公室、科技厅、国土资源厅、建设厅、物价局、中国人民银行南宁中心支行等10个单位共同组成自治区区属高校办学水平评估工作联席会议机构，负责协调解决政府各部门力所能及、学校力所不能及又急需解决的问题，指导区属高校的管理和建设，规范区属高校的办学行为。自治区人民政府还根据实际需要不定期召开高校办学水平评估联席会议，并组织相关单位负责人到各高校进行现场办公，协

调解决学校评估和建设中遇到的困难和问题,帮助学校改善办学条件。同时,自治区领导在教育部评估专家组进校期间出席高校评估工作汇报会和反馈会,听取专家的意见,给学校以极大的鼓舞。

2. 制定相应的政策文件,实施评估目标管理责任制。为贯彻落实教育部有关教学评估工作文件精神,自治区人民政府、教育厅多次召开专门的工作会议贯彻落实教育部有关评估工作文件精神,研究评估工作。自治区人民政府先后印发了《关于我区普通高等学校本科教学工作水平评估的若干意见》(桂教[2003]12 号)和《广西壮族自治区办公厅关于切实做好高等学校教学工作水平评估管理工作的通知》(桂政办发[2005]16 号),明确了我区高校本科教学工作水平评估的指导思想、基本原则、主要任务和目标、责任、奖惩及运行机制;自治区教育厅多次召开专门会议,教育厅主要领导和分管领导亲自作动员报告和布置工作,并结合广西实际制定了我区高校评估工作方案和实施细则;各高校根据教育部、自治区人民政府和教育厅的有关评估工作的精神和要求,结合学校实际制订了本校评建工作的工作计划,使我区高校的评估工作做到了有计划、有步骤、分阶段地进行,确保了评估工作规范、有序地开展。

3. 成立自治区评估领导小组和评建工作专家指导委员会,探索建立了“评估指导—初评—正式评估—整改回访”相结合的四阶段评建模式。

4. 建立本科学校教学工作水平评估指导机制和预评估机制。在自治区评估领导小组的领导下,成立了全区普通本科学校教学工作水平评估、评建工作专家指导委员会,负责全区普通本科学校教学工作水平评估的研究、指导、监督与检查,在评估前后对被评院校进行全方位的指导和帮助。评估指导机制,即根据各高校的实际需要,组织专家对每所高校评建工作进行了 2 至 3 次的检查和指导,重点了解学校的教学工作状态、评建工作进展情况,并针对存在问题和薄弱环节提出具体的整改意见和建议。预评估机制,即在学校接受正式评估前 1 个月左右进行一次预评估,组织专家进校考察 1 天或 2 天,按照教育部专家组进校评估的基本程序进行试运作。评估指导机制和预评估机制的建立,有效地帮助学校及时总结经验,查找差距,推动整改工作。评估实践证明,评估指导机制和预评估机制的建立和实施,对学校评建工作有明显的促进作用。

5. 自治区每年设立 1500 万元评估专项经费,补助当年接受评估的高校,并对获得优秀评估结论的高校给予表彰和 500 万元的奖励,有效地调动了学校工作的积极性和主动性,促进了学校评建工作的开展。

6. 建立了评估网站,对广西高校评估全过程进行管理。

7. 建立了评估研究机制,研究成果直接应用于评估工作实践。

(二)各被评高校作为评估的主体,扎实开展评建工作,高质量实现了评估工作目标

1. 建立学校一把手负责制,加强对评估工作的领导。各高校都明确规定,学校党政一把手作为教学质量的第一责任人,亲自抓评估的各项工作,切实加强对教学评估工作与日

常教学工作的领导。在实际工作中,各校都建立了由一把手全面负责的评建工作领导小组,校长、书记亲自担任学校评估工作领导小组组长,主管教学副校长、副书记任副组长,其他学校领导为成员,明确分工,责任到人,统一领导学校的评建工作,把评估工作放到全校各项工作重中之重的位置,切实解决人、财、物等方面的实际问题,切实保证教学成为贯穿学校各项工作的主旋律,使办学指导思想和办学定位落实到了实处。

2. 健全组织机构,周密部署。被评高校都成立或完善了评建工作机构,评估工作实行学校—学院(系、职能部门)—教研室的三级负责制,学校评建工作领导小组下设办公室和若干个专项建设小组,各学院、系部和职能部门也相应成立了评估工作小组,负责发动和组织本部门师生员工做好应承担的各项评建工作。有些高校还成立了处级建制的常设质量监控机构——教育评估办公室,具体负责包括本科教学工作水平、专业评估、硕士学位点评估等综合评估与单项评估的工作,精心策划,统筹、协调、指导校内各单位评建工作,保证了评估工作的有序进行。

3. 深入发动,广泛宣传,人人参与。评建工作是一项系统工程,各校积极做好宣传工作。通过举办动员会、报告会、座谈会,发放问卷,编发简报、手册,建立网站等多种渠道,进行多种形式、各个层面的宣传动员,使全校上下对本科教学评估端正认识,深化认识,统一思想,从而避免了为评而评和应急闯关的认识误区,切实把评建工作看作关系学校生存发展的大事,为此在思想上重视、在行动上团结一致,支持本科教学工作水平评估工作,形成了人人重视评估,人人参与评估,人人为评估作贡献的良好氛围。

4. 认真组织学校师生学习评估方案,正确理解指标内涵。教育部的《普通高校本科教学工作水平评估方案》、2001 年的 4 号文件、2005 年 1 号文件以及全国第二次高等学校教学工作会议的有关讲话和文件是保证评估工作有效进行的重要依据,认真学习评估方案,深刻领会和准确把握指标标准及内涵,对于评建工作至关重要。为此,各校都采取了多种措施,如编印教师用和学生用的迎评知识宣传手册,举办干部及有关人员培训班,组织学习教育部评估方案、教育部文件和教育部领导的讲话,通过走出去、请进来的方法,总结和学习兄弟院校的教学改革、教学建设与管理等方面的经验和好的做法。部分高校还邀请教育部评估资深专家、教授到校作专场报告,指导学校的评建工作。通过学习,准确把握各种指标标准及有关要求,对学校的本科教学状况进行深入分析,查找薄弱环节,认真进行整改和建设。

5. 实行目标管理责任制。为了使评估工作落到实处,各高校根据《教育部本科教学工作水平评估方案》的有关要求,结合学校实际,建立了评估工作责任分担制度。各高校制定了本校教学工作评估任务分解书,将目标和责任分解到人,落实到各位校领导、各职能部门领导、各二级学院(系)领导。层层抓落实,并要求对照标准自查摸底,找出学校教学工作中的差距和不足,有针对性地进行整改;对薄弱的环节采取有效措施加大建设和整改力度,以良好的状态接受教育部的评估考察,使以评促建落到实处。部分高校的院(系)党政一把手向学校层层签订责任状。所有高校制定相关的评估工作奖惩制度,将“迎评”工作的绩效作为评选先进集体和个人的依据,作为干部年终考核、选拔、评优、晋职的重要内容。对校内人才培养评估工作成绩显著的院(系、部)和个人,学校给予鼓励和奖励。

6. 深入开展评估工作专项检查,促进本科教学工作规范化。为了针对学校在本科教学工作中的问题与薄弱环节进行整改,保证各项评建工作的顺利完成,各高校都建立了校内自评和专家初评制度。一方面组织成立校内评估专家督查组、督导组,有目的地开展各种督促检查工作,包括有计划地听课,检查教学档案、毕业设计(论文)和试卷等。通过检查,学校的教学管理规范化得到进一步加强,课堂教学质量和毕业设计质量得到提高。另一方面建立了定期检查制度及评建工作完成情况通报制度,层层检查落实,做到每个阶段工作计划做到有调查、有研究,下发计划后有检查。

第三章

广西高等学校实施高等学校教学质量与教学改革工程概况

第一节 国家级高等学校教学质量与教学改革工程实施工作总结

广西大学实施国家级“质量工程”工作总结

一、项目实施基本情况

(一)组织机构建设

为加强学校对国家级“质量工程”各项目的领导,促进学校“质量工程”各项目的顺利实施,学校成立广西大学“质量工程”项目领导小组,由校长、主管教学工作的副校长、教务处、学生工作部部长、校团委、科技处、实验设备处、财务处及相关部门的领导组成,由校长亲任组长,副校长任副组长。领导小组下设项目管理办公室,办公室主任由教务处处长兼任。

(二)配套政策文件

学校先后出台了《国家级“质量工程”项目奖励办法(试行)》、《国家级大学生创新性实验计划项目实施细则》、《课程建设项目管理办法》、《本科课程教学改革与建设立项评选的通知》、《本科课程评估方案》、《参加全国大学生数学建模竞赛试行办法》、《参加全国大学生电子设计竞赛试行办法》、《大学生科技作品比赛》、《学生参加学科竞赛管理办法》、《创新实践学分实施办法》、《部分公共基础课程责任教授和优秀主讲教师教学业绩津贴实施办法》和《本科专业责任教授和主要课程责任教授岗位津贴实施办法》等文件,进一步规范管理。

(三)实施程序

1. 动员。由学校“质量工程”建设领导小组组织全体教师学习《关于实施高等学校本科教学质量与教学改革工程的意见》(教高[2007]1号),以及《关于进一步深化本科教学改革全面提高教学质量的若干意见》(教高[2007]2号)。要求各单位在新的历史发展阶段,更新思想观念,牢固树立科学的高等教育质量观,切实把“质量工程”落实为工作规划、具体措施和实际行动,把工作重心放在提高教育教学质量上来,必须提高对深化“质量工程”的重要性和紧迫性的认识。

2. 制订建设方案。各单位充分调研,深入讨论,明确建设目标,找准自身位置,发扬各自优势,努力打造品牌,并根据办学层次与理念、培养目标、学科和专业建设以及我区人才的需求状况等制订本单位的“质量工程”建设方案。

3. 申报立项。根据“质量工程”项目指南,由各单位组织教师申报相关项目,学校组织专家评审小组对各项目进行初审,提出建议,并推荐优秀的项目参加自治区级和国家级评审。

4. 检查验收。学校“质量工程”建设领导小组根据项目建设计划对各单位获得立项的“质量工程”项目建设情况定期进行检查和验收。检查的主要内容:建设目标和任务的实现情况;取得的标志性成果以及经验分析;项目管理情况;资金使用情况;项目建设中的主要问题和改进措施。

5. 总结。总结经验,推广宣传项目建设成果。

二、成效与基本经验

(一)成效

广西大学积极实施“质量工程”并取得了较大的成效,主要体现在:

1. 强化了教学的中心地位,以人才培养为中心,重视本科教育,切实把重点放在内涵建设上。

2. 明确了教学改革的重点,在专业建设、课程体系、实验教学、教师队伍以及质量监控等本科教学和人才培养的诸多关键环节中深化了改革,全面提升了本科教学水平和人才培养质量。

3. 对办学定位进行了重新思考。在实施“质量工程”过程中,较好地引导和促使了各专业确立个性化发展目标,合理定位,形成各自的办学特色。

4. 就业率逐年提升,生源质量好转。

5. 改变教学方法,激发学生自主学习。

6. 专业特色和优势进一步加强,优质课堂教学资源总量逐年增加。

7. 国内外学术交流活动增多。

8. 大学生的创新意识和实践能力得到提高。

9. 强化教学管理,完善保障体系。

10. 获得一批国家级“质量工程”项目(详见下表)。

广西大学获得的国家级“质量工程”项目一览表

（2007—2010 年）

	时间	序号	名称	承担学院
特色专业	2007 年	1	农学	农学院
		2	新闻学	新闻学院
		3	矿物资源工程	资冶学院
	2007 年	4	林学	林学院
		5	电气工程及其自动化	电气学院
	2008 年	6	轻化工程	轻工学院
		7	木材科学与工程	林学院
	2009 年	8	工商管理	商学院
		9	自动化	电气学院
	2010 年	10	水利水电工程	土建学院
		11	机械工程及其自动化	机械学院
		12	英语	外国语学院
精品课程	2007 年	1	木材学	林学院
		2	家畜寄生虫学	动科学院
	2008 年	3	化工热力学	化学化工
双语教学示范课程	2009 年	1	病毒学	生科学院
	2010 年	2	环境科学与工程导论	环境学院
人才培养模式创新实验区	2008 年	1	中国—东盟自由贸易区复合型创业人才培养模式改革实验基地	中加学院
教学团队	2008 年	1	民商法教学团队	法学院
	2009 年	2	家禽寄生虫学课程教学团队	农学院
	2010 年	3	电气工程及其自动化教学团队	电气学院
教学名师	2008 年	1	黄维义	动科学院
实验教学示范中心	2007 年	1	机械工程实验教学中心	机械学院
	2008 年	2	经济与管理实验中心	商学院
大学生创新性实验计划	2007—2010 年		共计 130 项，平均每年 30 多项	各学院

（二）基本经验

1. 学校领导高度重视。学校领导高度重视“质量工程”各项工作，2007 年实施“质量工程”以来,多次与教务处研究“质量工程”建设和申报工作。

2. 以特色专业建设为龙头,带动其他“质量工程”项目建设。专业建设是本科教学建设的龙头,是实现专业人才培养目标的根本保证,也是学校服务于广西地方经济发展主阵地。学校坚持专业建设与科学技术和社会发展接轨,与广西经济建设接轨,与人才市场需求接轨,与科学研究相结合。

3. 充分发挥责任教授制度的作用。推进“质量工程”建设,需要有高水平的教师的积极参与;推进创新性、研究性教学也对教师的能力提出了更高的要求。学校责任教授制度的实施,极大地推动了高职称、高水平教师参与教学改革的热情,专业责任教授和课程责任教授既具有较强的科研能力,又有丰富的教学经验,是推进教学改革的领军人物,因此“质量工程”建设要依靠他们。

三、存在问题及原因分析

(一)全体教师参与“质量工程”建设的积极性需进一步提高

对于未参与现有“质量工程”建设项目的教师而言,对于“质量工程”建设工作的认识虽然已有较大提高,但仍需进一步提升。“质量工程”是国家在高等教育大众化条件下大力提高本科教学质量的重大举措。“质量工程”建设是当前和今后高等学校本科教学建设的核心内容,也是衡量一所学校本科教学水平的重要指标。从学校实际来看,学校上下已经对“质量工程”建设的重要意义和作用有了一致的认识,有力地推进了“质量工程”的顺利进行。但是,随着这项工作的深入推进,各高校间的竞争日益激烈,项目培育、申报和建设的难度加大,更需要我们全面深刻地理解“质量工程”立项建设对本科教学、学院和学校整体发展水平的提升所具有的重大战略意义和重要现实作用。因此,需要全校教职员工进一步统一思想,提高认识,高度重视,精心组织,全面推进本科教学“质量工程”的立项建设,提高学校本科教学质量。

(二)激励机制需要进一步完善

在“质量工程”的建设当中,教师主动参与的积极性还有待提高。究其原因是激励机制还不够完善,力度还需要加大。实施“质量工程”提高教学质量,似乎学生是受益者,教师只是参与者,而且他们要在教学各环节的改革要求和形势催逼下,比不实施“质量工程”可能要付出的更多。现行对高校教师的评价体系,如职称评聘、学术带头人评选等主要或仅仅以科研成果的多少来加以评判;在教师教学质量评价的方式设计上,学生评教权重占绝对值,且学生的事后评教行为与学生自身无直接利益,评教的真实性与教师提高教学质量的努力程度的关联性不高,甚至反差较大。这些现实会使教师产生提高教学质量没有任何收益的感觉。

(三)经费投入仍需加大

高等教育经费的投入与发展还有较大差距。教育经费是高校各类教育活动正常进行的重要保障,如果经费短缺,很多教学设备无法供应,教师待遇无法提高,教学活动无法进行,这些最终都会影响教育质量的提高。

(四)精品课程推广作用不理想

精品课程建设中存在突击建设、因人建课、因评而建的现象,使之异化为功利行为,偏离了精品课程设置的初衷和建设目标。这些原因导致精品课程后续建设乏力,另外对课程建设过程的监督力度不够,导致课程共享资源陈旧,精品课程示范推广作用有限。

四、进一步推进质量工程建设的建议

1. 总体来看,目前学校存在现有优质资源共享不够的现象,建设项目的效益没有充分发挥。建议进一步加大"质量工程"的宣传力度和资源共享平台建设,扩大教学优质资源的受益面。

2. 进一步调动广大教师参与"质量工程"的积极性和主动性。"质量工程"的主体在学校,工作基础在于一线教师的广泛参与。应争取更多高层次项目,集中学校资源,调动和引导广大教师参与教学改革、教学建设的积极性。

3. 进一步优化师资结构,努力建设由教学水平高、学术造诣深的教授领衔,教授、副教授、讲师、助教及教辅人员组成,以承担基础课程教学为主要任务的教学团队。要通过建立有效的教学团队合作机制,推进教学工作的老中青相结合,促进教学研讨和教学经验交流,开发教学资源,开展教学内容和方法改革,建立起教学水平高、结构合理、可持续发展的教学队伍。

4. 制定科学、合理的项目评价标准和考核要求。通过项目实施,真正发挥"质量工程"的示范、辐射和引领作用,将广大教师、相关领导的注意力和精力引导到教育教学改革中来。

5. 设立教学科研奖励基金,激励教师的教学科研积极性。尤其是设立青年教师教学科研项目,以锻炼和提高青年教师的教学科研能力;政策倾斜,鼓励教学科研队伍积极申报全国、省、校级项目,尽力多争取科研教研课题;鼓励教师多撰写高质量、上档次的教学改革与科学研究文章。

6. 明确规划,整合校内资源,形成有效的教学科研研究团队。按照目标管理规划,以国家级和自治区级学术和教学团队建设为契机,制定明确学术团队建设目标,有效地整合校内教学科研队伍,形成稳定充满活力的教学科研团队。

广西师范大学实施国家级"质量工程"工作总结

一、实施的背景和基础

地处西南边陲民族地区的广西师范大学,是一所已有近 80 年办学历史的地方师范大学。长期以来,由于历史和地理等因素影响,学校在财政拨款、学费收入、生源质量、教师队伍、学术平台等方面,与发达地区同类院校相比,存在较大的差距。随着我国高等教育步入大众化时代,学校连续扩招,本科教育教学工作面临着更多的问题和困难。在这种情况下，怎样才能在国家实施“质量工程”战略过程中有所作为，如何才能在国家要求和学校实际之间找到最佳契合点，提升本科教育水平，这是关系到学校本科教育能否跟上时代发展步伐，培养高质量人才，适应国家西部大开发战略和民族地区经济社会发展，办人民满意大学的重大问题。为此，从 2004 年起，学校依托校级和新世纪广西高等教育教学改革工程“十一五”立项项目“地方高等学校实施‘质量工程’创新建设的研究与实践”，围绕“西部地方高师院校本科教育内涵建设”这一主旨，凝聚全校师生的智慧和力量，进行了持续性的探索与实践，提升了本科教育能力和人才培养质量，辐射并带动了部分西部地方高师院校本科教育教学改革与发展。

二、建设的基本理念和实践模式

学校围绕上述成果建设主旨而确定的内涵建设基本理念是：从广西师范大学地处西南民族地区，经济社会发展相对滞后，综合办学实力与发达地区高校相比存在较大差距的区情、校情出发，以教育部“质量工程”为引领，推动全校师生发扬自信、自强之精神，以校本“质量工程”为载体，以“五大子工程十五项任务”为目标和内容，倾全校之力提升本科教育能力，提高人才培养质量，办人民满意的高师院校。

基于此，学校于 2004 年 11 月研制了《“教学质量与教学改革工程”建设纲要》，自主提出并启动校本第一期“质量工程”建设；2007 年 3 月又研制了《“本科教学质量与教学改革工程”（第二期）建设实施纲要》，提出并实施校本第二期“质量工程”。以校本“质量工程”为载体，紧紧围绕本科教育内涵建设的核心内容而展开探索和实践，具体图示如下：

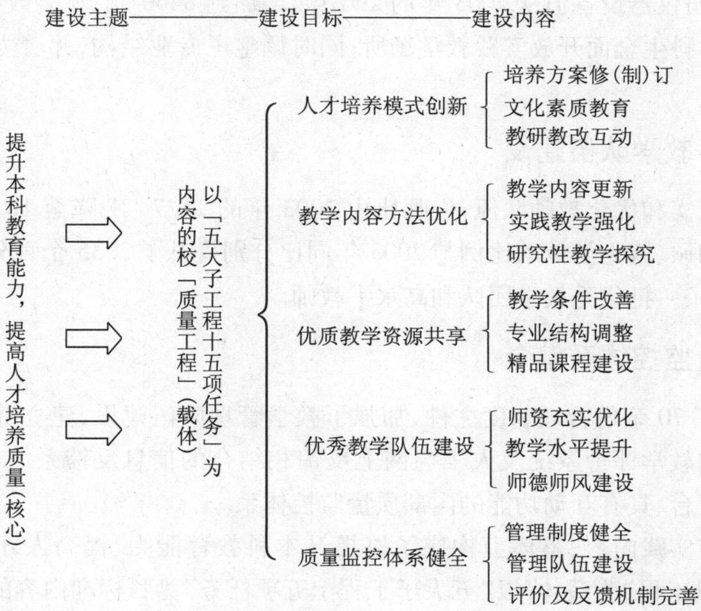

可以看出，校本“质量工程”建设的主题是以提升本科教育能力、提高人才培养质量为核心的本科教育内涵建设；目标是“五大子工程”提出的人才培养模式创新、教学内容方法

优化、优质教学资源共享、优秀教学队伍建设和质量监控体系健全等目标，它们之间相互交融渗透，追求整体效应；内容是“五大子工程”中各子工程涵盖的三项任务，整个本科教育内涵建设要完成“十五项任务”即培养方案修(制)订、文化素质教育、教研教改互动、教学内容更新、实践教学强化、研究性教学探索、教学条件改善、专业结构调整、精品课程建设、师资充实优化、教学水平提升、师德师风建设、管理制度健全、管理队伍建设、评价及反馈机制完善，它们是本科教育内涵建设的基石，互为补充，相得益彰。5 年来，学校的具体探索与实践主要有：

(一)人才培养模式创新

建构了由通识教育、专业教育、教师教育、实践教学四大功能模块组成的课程体系，并在专业大类培养、中外校际合作培养、应用型人才培养及文化素质教育等方面进行了系列改革。

(二)教学内容方法优化

全面编修并实施了专业课程教学大纲和实验教学大纲，使教学内容与时代发展、基础教育新课程改革要求相适应，同时优化实践教学内容、方法和手段，倡导并构建了探究性教学的基本模式，使教与学的互动性和学的主动性得以增强。

(三)优质教学资源共享

推动学校加大经费投入，其中四项教学经费比例从 2003 年的 22.4% 提高到 30% 以上，生均教学科研仪器设备值从 2003 年的 2967 元增加到 8460 元，显著改善了教学条件、育人环境并向本科生全面开放实践教学场所；同时调整了专业结构，并着力建设了一批精品课程。

(四)优秀教学队伍建设

推动学校充实和优化教师队伍，生师比由 2003 年的 21.7 : 1 降至 16.38 : 1，教师中具有高级职称和硕、博士学位的比例与 2003 年同比分别提升了 2.35 个百分点和 32.55 个百分点，并培育了一批优秀教学团队和高水平教师。

(五)质量监控体系健全

修(制)订了 70 余份管理制度文件，加强了教学管理队伍建设，建立健全了以学生网上评教为核心的教学评价系统及人工与网上反馈相结合的信息反馈系统，运行了以校园网和学分制为平台、具有互动功能的内部质量监控体系。

上述探索与实践内容，整体上构成了以提升本科教育能力、提高人才培养质量为核心，以校本“质量工程”为载体，以“五大子工程十五项任务”为目标和内容的本科教育内涵建设实践模式。实践证明，这是一条切实可行的西部地方高师本科教育内涵建设与创新发展路径。遵循这一路径，可以显著提升本科教育能力，增强办学综合实力，产生良好的社会效应。

三、建设的理论研究与校内应用成效

(一)开展了系统的理论研究并取得了丰富的理论成果

1. 主编出版了专著《走向本真的地方师范大学——基于质量工程的西部地方高师本科教育内涵建设的研究与实践》和《解放思想大讨论论文集》,并在《中国高等教育》《高教论坛》等刊物发表了20余篇系列论文。

2. 在实践中,形成2份校本"质量工程"建设纲要文件和70余份配套管理文件。

(二)打造了一批国家级标志性教学建设成果

2007—2010年广西师范大学入选国家级"质量工程"项目表

序号	项　目	数量	名　称
1	特色专业建设点	7	物理学、汉语言文学、思想政治教育、化学、历史学、数学、法学
2	精品课程	2	中学物理课程与教学论、教育学
3	教学团队	2	汉语言文学文科基地建设团队、中学物理课程与教学论教学团队
4	教学名师	1	罗星凯
5	实验教学示范中心	1	物理实验教学示范中心
6	全国大学英语教学改革示范中心	1	大学英语
7	双语教学示范课程	1	电子商务

(三)提高了学生"双基"水平,增强了创新意识和创新能力

1. 基础知识与基本技能方面:2008届学生参加非英语专业四级英语考试累计通过率为68.18%,比2003届提高了19.43个百分点;2006级英语专业学生参加2008年4月TEM考试,通过率达89.38%。在各类"双基"竞赛中,学生获自治区级以上奖励195项(其中国家级一等奖6项、二等奖8项、三等奖15项)。学生赵梦获全国手风琴邀请赛专业成年传统低音组和重奏组2项银奖;李秀云、马兰和谭琼分别获第五届"珠江钢琴"全国高校音乐教育专业基本功比赛本科组团体和个人五项全能三等奖;钟利娟等的2项作品分别获首届全国高校化学专业师范生教学素质大赛一等奖。2005—2008届本科毕业生当年就业率均超过90%,位居广西高校前茅。

2. 创新能力方面:学生参加全国大学生"挑战杯"课外科技作品、电子设计、数学建模及艺术展演等竞赛,获自治区级以上奖励1029项(其中国家级一等奖9项、二等奖20项)。学生郑毅的2项作品分别入选法国LVNH纪念印象派大师青年艺术家大奖赛(全国仅有12人入选)和2006年第九届上海国际电影节展映单元;甘宇健、王明娟的作品获2008年ALTERA亚洲创新设计大赛全国二等奖;贾金生获国家实用型专利2项;校大学生

艺术团的舞蹈《扁扁·担担》《瑶摇遥》先后获第一、二届全国大学生艺术展演非专业组一等奖;校啦啦操队勇夺"迪士尼歌舞青春·2008 全国啦啦舞挑战赛"总决赛冠军。

四、在国内推广的多重效应

(一)引起国内高校的强烈共鸣并在部分西部高校中推广应用

——2008 年 9 月,本校教授应邀在山西师范大学举办的"中外大学校长论坛"上作了题为《西部地方高师"质量工程"探索与实践》的主题报告,引起了与会代表的强烈共鸣。

——2008 年 11 月,本校教授应邀在"2008 年广西本科院校'质量工程'建设研讨会"上作了题为《认识与行动——广西师范大学"质量工程"创新建设的研究与实践》的主题报告;同年 12 月,再次应邀在 2008 年全区高校本科教学工作会上作了题为《实施校本"质量工程"建设,推进本科教育内涵建设和特色发展》的专题报告。

——2004—2008 年,广西师范大学实施"质量工程"的经验成功运用于指导该校对口支援单位河池学院和贺州学院,对这两所新建本科院校从高师专科教育向高师本科教育平稳过渡起到了重要的指导作用。

——2005—2008 年,先后有广西区内外的 20 余所高校包括四川师范大学、云南师范大学、贵州师范大学、广西师范学院、玉林师范学院等前来交流研讨本科教育内涵建设经验。

(二)得到行内专家的高度认可和上级主管部门的充分肯定

——著名教育家顾明远教授认为,广西师范大学实施"质量工程"的研究成果有 5 点创新:"一是对地方高师、地方大学的存在意义,即它的'本真'的深邃思考与解读,意义深远;二是提炼了地方高师本科教育内涵建设的时代特征;三是对国家高等学校'质量工程'的校本实践;四是以项目主导的高等教育教学改革系统模式的探讨;五是地方高师支撑、服务地方政治、科技、文化、人力资源等社会发展的互动机制探索。"

——以陕西师范大学校长房喻教授为组长的教育部本科教学工作水平评估专家组认为,广西师范大学自主提出并实施的以校本"质量工程"为载体的本科教育内涵建设探索与实践,极大地提高了学校本科教学工作水平,使该校本科教学工作有 18 项二级指标达到了教育部《普通高等学校本科教学工作水平评估方案(试行)》的优秀等级标准。

——2009 年元月,教育部确定广西师范大学本科教学工作水平评估结论为优秀。

——2006 年 12 月,自治区教育厅分别授予广西师范大学及其教务处"'十五'期间广西普通高等学校教学工作先进集体""'十五'期间广西普通高等学校优秀教务处"荣誉称号;2008 年 12 月,授予广西师范大学"2006—2008 年度广西普通高等学校教学改革与管理先进单位"荣誉称号。

——2005 年和 2007 年,中国高等教育学会授予广西师范大学教务处高等教育研究室"首届全国高等教育优秀研究机构""第二届全国高等教育优秀研究机构"荣誉称号。

(三)受到新闻媒体的高度关注,社会反响良好

——《光明日报》(2008 年 3 月 27 日)在《广西师范大学:"质量工程"出质量》的报道

中认为，该校通过实施校本“质量工程”建设，实现了“教师以教为荣、让教学信息反馈更顺畅、鼓励学生创新”的预期。

——人民网（2007年12月25日）以《广西师范大学“质量工程”建设显成效》为题的报道认为，该校的“质量工程”做到了教育部的统一要求与学校自身发展的和谐统一，为提高教学质量和培育办学特色奠定了坚实基础。

——《广西日报》、新华网分别以《狠抓课堂教学提升培养质量——广西师范大学提升教学质量纪实》、《广西师范大学人才培养方案突显办学特色》、《广西师范大学教育教学实践工作成效显著》为题进行了报道。

五、主要经验

1. 前瞻性地提出了西部地方高师院校本科教育内涵建设的基本理念，并基于此系统开展理论研究和理论建设，研究制订了校本“质量工程”建设纲要文件2份，出版专著和论文集各1部，发表了系列论文20余篇。

2. 自主性地提出并推动学校实施了校本第一、二期“质量工程”，把国家统一规定内化为符合西部区域发展和学校实际的举措，建构了以提升本科教育能力、提高人才培养质量为核心的本科教育内涵建设实践模式。

3. 整体性地推动学校实行精细化管理，克服因客观条件导致的诸多不利影响，建立了地方经济社会发展对人才培养高质量要求与学校办学条件先天不足之间的良性互动机制，收到了“巧为少米之炊”的办学效果。

六、存在的问题与反思

（一）如何提高目前优质教学资源的辐射与共享

这方面包括两大问题：

1. 如何对现有的优质教学资源进行有效管理、开发利用。现有的精品课程、特色专业建设点、人才培养模式创新实验区等项目相互割裂，缺乏有效的整合机制。并且，目前各种项目还存在着比较突出的重评审、轻建设的现象。因此，评审结束后，如何对入选的项目进行动态的管理，并且打破各个项目之间封闭的壁垒，通过有效的评估、检查，督促入选项目自觉地加大优质教学资源开发建设力度，让学生真正地受益，让国内外同行真正地受益，真正发挥优质教学资源的辐射与拉动作用。

2. 如何拓宽优质教学资源在高校当中的受益面。由于目前“质量工程”项目的分布在东西部呈现明显的不平衡格局。因此，如何扩大优质教学资源的辐射面，已经成为制约“质量工程”在全国（尤其是“质量工程”项目分布比较少的西部地区）高等教育发展中的地位与影响的关键。基于目前我国各个区域发展水平差异性明显的现实，教育部可以在宏观指导原则基础上，发挥各个类型高校的积极主动性，让各个类型高校借助一定的平台，加强相互之间的合作与交流，共建、共享优质教学资源。自2008年以来，西南大学依托国家级教师教育创新平台，紧扣“质量工程”强调的“分类指导”原则，着眼于西南地区独特的区情与教情，联合西南片的高师院校，共谋教师教育优质教学资源的辐射共享，至今已经确立了西南片师范大学10门国家精品课程作为第一批共建共享项目，共同探讨上述优质教学资源在本地区教师教育人才培养当中的共享。这样的做法因其具有针对性，从而增加了其实效性。

(二)如何建设国家级“质量工程”引领与拉动作用的长效机制，使广大教师将“质量工程”的高标准转化为自己的自觉行为

在这方面，学校的基本做法有：

1. 完善本科教学改革的激励机制，特别是加大“质量工程”项目、教学成果奖等的奖励力度，以此吸引教师对本科教学投入更多的精力。

2. 提升“质量工程”项目建设质量，扩大其在全校教师当中的影响。例如，我们以国家级特色专业建设点建设为切入口，与中学一线共建稳定的实践教学基地，吸收中学骨干教师参与学校教师教育人才培养工作，把师范生技能训练工作重心逐渐向中学一线下移。在此过程中，通过召开全校教研室主任会议、举办公开课等形式不断推广特色专业建设、精品课程、教学团队等项目的建设经验，使上述经验成为全校教师的自觉行为。

广西医科大学实施国家级“质量工程”工作总结

2007年年初，教育部、财政部联合下发了《关于实施高等学校本科教学质量与教学改革工程的意见》(教高[2007]1号)，正式启动了“质量工程”建设。教育部又下发了《教育部关于进一步深化本科教学改革全面提高教学质量的若干意见》(教高[2007]2号)，进一步强调了本科教学质量与教学改革工作。实施“质量工程”，是贯彻党中央、国务院决策，全面贯彻落实科学发展观，促进我国高等教育规模、结构、质量和效益全面协调可持续发展，构建和谐发展的高等教育新体系的重大举措。“质量工程”面向全国700多所普通本科高校、近1000万在校本科生受惠。而中央财政安排的25亿元专项资金，也是新中国成立以来在提高高校教学质量方面投入最大的一项专项经费。“质量工程”的实施引发了高校深化教学改革、提高教学质量的新一轮热潮。广西医科大学高度重视“质量工程”建设，认真贯彻有关文件精神，将实施“质量工程”作为学校提高教学质量的战略抓手，成立了相应的组织机构，下发了配套文件，对“质量工程”建设科学规划、重点推进，并取得了一定的成效。现将学校国家级“质量工程”实施情况总结如下。

一、实施基本情况

(一)组织机构建设

学校成立了“质量工程”领导小组，制定了“质量工程”的管理办法和具体实施规划。“质量工程”领导小组由学校党委书记、校长担任组长，分管教学的校领导担任副组长，教务处、教学质量与教育研究中心、各二级学院、部处领导等担任领导小组成员。领导小组

下设办公室(设在教务处)。领导小组办公室主要负责组织“质量工程”建设的具体实施工作,具体负责“质量工程”的日常工作。形成了在书记、校长宏观指导,主管校长直接领导下,由教务处牵头,教学质量与教育研究中心、人事处、财务处、学工处等职能部门密切配合,各教学单位积极参与的组织机构。

(二)配套政策文件

为做好贯彻落实工作,学校先后下发了《关于学习教育部相关文件的通知》、《关于进一步深入学习贯彻教育部(教高[2007]1号、2号)文件精神和开展专题学习讨论的通知》等文件,学校领导多次组织召开了座谈会,征求对学校实施“质量工程”的意见和建议。同时,多次召开专题会议,研究协调“质量工程”的实施工作。在此基础上,学校制订下发了《关于全面实施“质量工程”的意见(试行)》、《“质量工程”项目管理暂行办法》、《“质量工程”专项资金管理暂行办法》、《“质量工程”项目年度建设评审标准》、《本科教学质量与教学改革工程经费使用细则》等配套文件,着力推进“质量工程”的建设与实施。

(三)实施程序

学校国家级“质量工程”项目建设是在现有校级、省级“质量工程”项目的基础上,通过二级学院申请、学校组织专家进行论证、推荐上报自治区教育厅审批,最后由教育厅推荐上报教育部而产生的。对每一个申请国家级“质量工程”项目的教学单位,学校给予一定数额的项目启动建设经费。在获得教育部批准后,学校积极开展项目建设工作,并对项目进行全过程监督,确保项目按质、按量完成。

(四)建设情况

1.加强宣传,深入领会文件精神。

为了深入学习《教育部财政部关于实施高等学校本科教学质量与教学改革工程的意见》(教高[2007]1号)、《教育部关于进一步深化本科教学改革全面提高教学质量的若干意见》(教高[2007]2号)文件精神,学校充分利用网站和广播、电视台等各种媒体,加大对实施“质量工程”的舆论宣传,大力宣传“质量工程”的重要意义、指导思想与建设目标、建设内容及进展情况。同时及时、畅通、有针对性地围绕“质量工程”相关内容进行经验交流。通过学习,全校教职员工从各自的工作岗位出发,深入研究,不断探索,教务处等职能部门积极制定配套的制度及文件,各二级学院认真组织落实。学校围绕影响教学质量的主要方面,明确了目标要求,制定了具体的政策,有利于“质量工程”的稳步推进。

2.确定“质量工程”的指导思想与建设目标。

学校的“质量工程”坚持以邓小平理论和“三个代表”重要思想为指导,全面落实科学发展观,全面贯彻党的教育方针,全面推进素质教育;坚持“巩固、深化、提高、发展”的方针,遵循高等教育的基本规律,牢固树立人才培养是高校的根本任务、质量是高校的生命线、教学是高校的中心工作的理念;按照“分步推进、鼓励特色、优先改革”原则,加大教学投入,强化教学管理,深化教学改革,提高学校人才培养质量,着力培养有理想、有道德、有文化、有纪律的大学生,要努力提高大学生的学习能力、创新能力、实践能力、交流能力和社会适应能力。通过"质量工程"的实施,使学校教学质量得到提高,教学规模、结构、质量、效益协调发展和可持续发展的机制基本形成;人才培养模式改革取得突破,学生的实践能力和创新精神显著增强;教师队伍整体素质进一步提高,科技创新和人才培养的结合更加紧密;高等学校管理制度更加健全;更好发挥学校医学教育优势,巩固学校在广西培养高级医学人才引领地位,强化学校在广西医疗卫生保健事业保障功能;为实现学校"赶全国一流水平,创南疆医学名校",增强自主创新能力,融入国际医学教育体系的目标,为落实科教兴国和人才强国战略,建设创新型国家、构建社会主义和谐社会作出更大贡献。

3. 确定"质量工程"建设的主要内容。

学校"质量工程"主要采取项目建设为载体的方式实施。主要有5大建设项目:一是专业结构调整与专业认证。大力加强学校本科专业建设,按照优势突出、特色鲜明、新兴交叉、社会急需的原则,使专业建设与行业发展密切结合。在全校各学科专业中,努力培育优势明显、特色鲜明的本科专业,对办学条件成熟、人才需求量大、就业良好、符合学校办学目标和定位的专业予以人力、物力、财力上的优先政策支持。引导校内各专业发挥自身优势,逐步形成专业品牌和特色。二是课程、教材建设与资源共享。以校园网为依托,完善综合教务管理系统,充分利用精品课程建设平台,推进精品课程和双语课程建设,全面带动学校课程建设水平和教学质量。三是实践教学与人才培养模式改革创新。大力加强实践教学改革,重点抓好实验教学示范中心建设,推进学校实验教学内容、方法、手段、队伍、管理及实验教学模式的改革与创新。加强人才培养模式和机制改革。以启发式教学和研究性学习为核心,探索新的人才培养模式,推进学校在教学内容、课程体系、实践环节等方面进行人才培养模式的综合改革。四是教学团队与高水平教师队伍建设。进一步完善学校青年教师导师制度,加强集体备课制度、青年教师试讲制度,创造条件选派本校教师与国内外高校交流学习教学经验、管理经验和先进的专业技能知识,不断提升青年教师的教育教学能力。建设由教学水平高、学术造诣深的教授领衔,由教授、副教授、讲师、助教及教辅人员组成的教学团队,鼓励学校各学科之间创建跨学科的教学团队,坚持教学团队与科研团队发展相结合,提高团队整体素质。五是教学评估与教学状态基本数据。加强和改进学校本科教学工作评估,以评促建,以评促改,评建结合,重在建设,促进学校强化教学管理、深化教学改革、提高教学质量。

二、成效与基本经验

(一)工作成效

自国家级"质量工程"建设启动以来,广西医科大学坚持科学规划、严密组织、重点推进、加强指导与监督的工作方针,取得了一定的成效。截至目前,学校获得国家级第一类特色专业建设点4个(临床医学、预防医学、口腔医学、护理学),第二类特色专业建设点1个(药学);国家级人才培养模式创新实验区2个(预防医学专业人才培养模式创新实验区、口腔医学专业人才培养模式创新实验区);国家级双语教学示范课程建设项目1个(组织学与胚胎学);国家级教学团队1个(组织学与胚胎学教学团队);国家级精品课程1门(组织学与胚胎学)。此外,"创新我国本科循证医学教学体系培养高素质创新人才的探索与实践"获得了第六届国家级教学成果奖二等奖。国家级"质量工程"项目的立项与建设也带动了学校本科教学工作的稳步发展,主要表现在以下9个方面:

1. 强化教学的中心地位。

教育部实施的"质量工程",旗帜鲜明地提出"提高高等教育质量,人才培养质量是核心,本科教学是关键"。学校通过"质量工程"建设,进一步强化了人才培养是学校的根本任务、质量是学校的生命线、教学是学校的中心工作这个理念,突出了本科教学在人才培养中的关键作用,切实把重点放在内涵建设上。

2. 明确教学改革的重点。

"质量工程"的内容体系涵盖专业建设、课程建设、教材建设、实验教学与人才培养模式改革、教师队伍以及教学评估与质量监控等本科教学和人才培养的诸多关键环节,内涵丰富,针对性强,具有可操作性,引导和促使学校抓住教学工作的重点,发挥优势,弥补不足,深化改革,全面提升本科教学水平和人才培养质量。

3. 制订与优化人才培养方案。

人才培养方案是高校本科教学工作的重要指南和依据,也是提高人才培养质量的重要基础。广西医科大学以"质量工程"建设为契机,主动适应医学模式的转变,根据不同时期人才培养的要求,本着宽口径、厚基础、强能力、高素质的培养原则,制订符合区域经济社会发展的人才培养方案。在人才培养方案的制订与修订过程中,注重三个"适应",即人才培养目标与办学定位相适应,课程设置与知识技能相适应,教学质量与资源配置相适应。在参照国内外医学教育标准的基础上,学校于2008年对各专业本科人才培养方案进行了修订。新的培养方案突出了以下特点:①专业培养目标既符合国家要求又体现学校办学特色;②根据专业特点设置课程类别;③调整课程模块学时数,保证专业课程学时数约占总学时数的三分之一以上;④增设新兴学科或边缘学科课程,如循证医学、医患沟通学;⑤加强实践环节的学时或学分,如社区实践、临床技能培训、社会实践。各专业在此基础上,依据专业特色确定科学合理的人才培养目标。如预防医学专业形成了"医学理论知识扎实,相关学科知识宽广,现场工作能力突出"的创新人才培养目标。

4. 开设临床医学专业双语教学班和教学改革试点班。

为适应21世纪我国高等教育面临的新形势,培养既懂专业又具备较扎实英语基础的复合型人才,提高学生步入社会的适应能力,培养创新人才,学校从2005级开始试行双语教学,从临床医学专业学生中遴选部分学生成立双语教学班,在部分课程中开展双语教学。2007年,学校制订了《双语教学实施办法(试行)》,进一步推进了双语教学工作的开展。同时,学校以教学改革试点工作作为全校贯彻落实"质量工程"、全面深化教学改革、提高教学质量的抓手,从教育理念、课程体系、教学内容、教学方法、考试评价方法、管理机制等方面系统探索与创新人才培养模式。通过邀请知名专家进行指导、召开多层面的学习讨论会、外出学习考察等有效举措,确定了教改试点班改革的思路、内容等。结合各学院的课程改革思路,经过讨论决定,基本完成了前5个学期教改班的教学计划安排并已在

2009 级临床医学专业教学改革试点班实施。

5. 调整与优化专业结构与布局。

根据科学技术发展的特点，以适应经济社会发展需要为导向，根据区域和国家的人才需求情况，结合学校的优势、发展潜力和特色，在学校原有专业基础上，拓宽专业口径，合理新增或调整专业，形成了以国家级特色专业为优势专业，其他专业协调发展的专业结构与布局。自 2007 年以来，学校新增了英语、生物医学工程、社会工作、公共事业管理、生物技术等本科专业，以及临床医学（病理检验方向）、临床医学（全科医学方向）、药学（临床药学方向）、英语（医学英语方向）、公共事业管理（卫生事业管理方向）、公共事业管理（社会医疗保障方向）等本科专业方向。

6. 构建科学合理的课程体系。

着眼于“质量工程”建设，学校不断优化课程体系。目前，广西医科大学的课程体系由必修课程、选修课程、毕业实习、社区实践和社会实践等 5 个部分组成。必修课分为思想修养、人文素质、自然科学、生物医学、专业基础、专业课程等课程模块，选修课分为人文社科类、自然科学类和向本科生开放的研究生选修课类。为了适应学科的交叉渗透，对原有课程进行分化（如人体解剖学分为系统解剖学和局部解剖学，微生物学与免疫学分为医学微生物学和医学免疫学）和重组（将生理学、药理学、病理生理学实验内容整合为实验生理科学），增加一些新兴学科、交叉或边缘学科（如临床免疫学），使课程体系更适应医学模式转变和高等医学教育发展的需要。

7. 加强师资队伍建设。

师资队伍建设是“质量工程”建设的根本保证。学校始终把师资队伍建设作为教育事业发展的重要工作来抓，始终贯彻“事业留人、待遇留人、环境留人、感情留人”的工作方针，保证了师资队伍的稳定增长。同时坚持培养与引进并重的原则，大力推进名师、教授进课堂，加强教学团队建设，提高教师队伍的整体教学水平。目前，学校专任教师总数为 913 人，其中教授 208 人，副教授 280 人，高级职称占专任教师总数的 53.5%；博士 233 人，硕士 482 人，具有硕士以上学位的人员占专任教师总数的 79.4%，已形成了一支以中青年教师为骨干，教学和科研能力较强，数量充足，结构合理，能够适应学校发展定位，满足人才培养的需要，具有良好发展趋势的高水平师资队伍。此外，学校还聘请区内外一批专家学者为兼职教师、客座教授。

8. 进一步重视学科与专业的融合，以科研促进教学。

学校重视“学科—专业—课程”一体化建设，充分发挥学科建设对本科教学工作的促进作用。随着科研项目的增多和科研经费的持续增加，实验室条件和实验仪器设备得到了更新和完善。学校通过制定实验室开放项目、大学生科技创新活动等措施，建立推动本科生参与科研创新实践活动的长效机制，使学生实践能力和创新能力得到了增强。2005 年以来，学校已开展了 4 期本科生循证医学实验班，经过多年的探索与实践，先后培养两名本科生获中国青少年科技创新奖，本科生发表循证医学 SCI 论文 11 篇。绝大部分学生经过学习，在学习方法、专业英语、人格魅力、团队精神等方面取得了长足进步。同时，学校积极促进科研成果向教学的转化，如黎乐群教授的“原发性肝癌综合防治基础与临床研究"成果编入《外科学》教材。科研成果丰富了教学内容,使学生能够加深对学习内容的理解,拓宽科学视野,培养创新意识。

9. 教学管理水平逐步提高。

学校以全面实施"质量工程"为契机,大力推进教学管理创新,为人才培养目标的实现提供了有力保障。表现在:①进一步健全了教学管理的基本制度,并严格执行。学校进一步梳理了教学管理相关制度、文件,并编印了《教学管理手册》(2008 年版)。目前实施的校级教学管理规章制度有 80 多项,内容涵盖专业建设、课程建设、教材管理、考试管理、师资建设、实践教学管理、教学研究与改革、教学质量监控等方面。②改进教学管理手段。学校建立了基于网络的"综合教务管理系统",实现了教学计划管理、教学进度安排、成绩管理、学籍管理、网上选课、成绩查询等教学管理工作的网络化管理,切实提高了教学管理的效率和质量。③构建了科学完善的教学质量监控体系。学校明确党政一把手是教学质量第一责任人,成立了教学质量与教育研究中心专门负责全校教学质量监控工作。同时,学校、二级学院也成立了教学督导组。通过制定教学环节质量标准和监控指标,利用自主开发的网上教学质量监控系统,对教学全过程进行监控,形成了有决策机构、制度保障、监督过程、信息反馈等一套科学完整的教学质量监控体系。

(二)基本经验

1. 领导高度重视,全校师生积极参与。

"质量工程"是关系到学校发展的大事。学校成立了"质量工程"领导小组,由学校党委书记、校长担任组长,分管教学的校领导担任副组长,教务处、教学质量与教育研究中心、各二级学院、部处领导等担任领导小组成员。领导小组下设办公室(设在教务处),具体负责"质量工程"的日常工作,使学校的"质量工程"建设有了组织保障。此外,学校在"质量工程"建设过程中,注重充分发挥教师、学生、教学管理人员的作用。教师通过教学、科研、教改以及"质量工程"其他项目建设等方式;学生通过课堂学习、课外实践活动、大学生竞赛活动、课堂教学质量评价等方式;教学管理人员通过对特色专业建设进行全过程监督与检查,积极参与"质量工程"的建设。"质量工程"在广大师生中获得了很好的反响,它不仅激发了全校广大师生员工加强本科教学的积极性和主人翁意识,还取得了一批建设项目,形成了良好的示范效应,为人才培养质量的提高和学校的科学发展、可持续发展奠定了更为坚实的基础。

2. 加强领导,制度保障。

为保证"质量工程"建设顺利开展,学校狠抓制度建设与落实,包括:①进一步落实"党政一把手是教育教学质量第一责任人"制度,把教学质量作为考核学校各级党政一把手和领导班子的重要指标,推行教学考核一票否决制;建立健全由校长负责、教务处牵头、院系为基础参与、各职能部门协调配合的本科教学管理组织。②进一步加大对本科教学工作的经费投入,确保教学事业费用于教学工作的经费不低于 30%,学校学费收入中用于日常教学经费不低于 30%;同时通过多途径筹资,加大对教学基础设施的经费投入,不断改善办学条件。③进一步加强学校制度建设,通过制度建设,进一步巩固学校教学工作的中心地位、教学质量的首要地位和教学投入的优先地位;制定与完善教师与管理人员教书育人岗位职责,建立与完善学生管理制度,严格要求,严谨治学,弘扬良好的教风和学风。④进一步从严治教,规范管理。强化学校教学管理工作的薄弱环节,全方位加强与完善教务处和教学质量与教育研究中心等教学职能部门的效能建设,带动其他行政部门在管理育人、服务育人方面进一步提高执行力。建立与完善用人单位、各级领导、教学管理人员、教师、学生共同参与的学校内部质量保障和评价体系,形成提高教学质量保障的长效机制。⑤全面落实科学发展观,坚持不懈地努力营造良好的“质量工程”实施氛围,鼎力推行观念创新与制度创新、工作创新结合;教学改革与人事制度改革结合;学习、研究与工作实践结合;校内运作与社会推动相结合,切实提高学校教育教学质量。

3. 构建三级“质量工程”建设体系。

学校获得的几个国家级“质量工程”建设项目与学校长期坚持校级、省级、国家级的三级“质量工程”建设体系密不可分。学校一直将本科教学工作作为学校的中心工作,在专业建设、课程建设、教材建设、实验室建设等方面都定期开展项目建设,因此在校级先期建设的基础上,选出部分推荐到上级教育主管部门进行“质量工程”项目评审就有相应的建设基础和一定的竞争力。在获得省级项目后,学校重视项目过程建设,并凝练项目特色,使项目建设能达到预期成果,从而为申报国家级“质量工程”建设项目奠定了良好的基础。

三、存在问题及原因分析

学校国家级“质量工程”建设虽然取得了一定的成绩,但也存在着一些问题。主要包括以下几点:

1. 对“质量工程”的全面认识不足,质量意识有待进一步加强。高校各级领导和教师是“质量工程”项目建设的主体。但是由于种种原因,仍存在着重研轻教、重申报轻建设的现象,从而直接影响了“质量工程”项目的建设。

2. 国家级“质量工程”各项目缺乏检查与验收标准,多数项目都是在探索中前行,在改革与建设中难免出现一些问题,对于项目建设进度也有一定影响。

3. 国家级“质量工程”缺乏有效的沟通交流机制和平台。虽然教育部建立了“高等学校本科教学质量与教学改革工程网站”,也不定期开展各项目的研讨会、研修班,但真正能参与其中的教学管理部门人员、项目建设单位人员较少,收效甚微。

4. 项目的持续性建设力度不够。由于教育部相关经费划拨较晚,导致省级教育主管部门和学校自身的配套经费不能按照教育部的相关文件要求及时、足额、持续地给予支持,一定程度上影响了项目的建设进度和成效。

5. 项目的示范效应仍不明显。通过国家级“质量工程”项目的建设,使我校本科教学各方面工作都得到了长足的发展,特别是特色专业、人才培养模式创新实验区等涉及面广的项目,对学校其他学科、专业起到了应有的示范作用。但是对于省内、国内其他院校“质量工程”项目的示范作用还没有得到很好的体现。另外,网上可看到的网络示范资源不多,效果不显著。

四、进一步推进在建项目建设的建议

(一)加强质量意识,全员参与建设

"质量工程"建设是一个系统工程,各级领导、教学管理人员和教师都要高度予以高度重视。只有对高等教育教学、高等教育管理进行深入研究,领导和教学管理部门才能制订相应的对策和措施,推动"质量工程"的建设。教师只有加强学习、教学、教改、科研,才能更好地发挥在"质量工程"建设中的作用,才能得到自我的不断提高和全面发展。

(二)更加明确任务,落实责任部门和相关制度

在"质量工程"项目建设和实施过程中,应建立和落实项目负责单位和负责人制度。在学校教务处的组织、协调下,"质量工程"项目所在学院督促项目负责人推进项目建设,明确项目负责单位和负责人的责任和义务,确保项目建设取得预期成效。

(三)继续加大投入,推进项目建设

在"质量工程"持续发展的过程中,只有将投入落到实处,才能提升"质量工程"项目承担单位的积极性和主动性,才能将"质量工程"贯彻到底。教育部应遴选部分特色鲜明、进展良好的项目进行追加和后续投入,同时督促省级教育主管部门以及高校自身给予已获得的国家级"质量工程"项目的配套经费支持和激励支持,为项目建设提供强有力的财力支持。

(四)加强检查考核,确保项目建设质量

加强监督与检查,是保证"质量工程"项目稳步推进的有力保障。教育部要通过制定相关的检查与验收评审标准,对国家级"质量工程"项目进行定期监控。同时督促省级教育主管部门、高校自身设立相应的"质量工程"项目监督与评价机构,形成教育部、教育厅、高校三级"质量工程"项目监督体系,以便更好地督促、指导"质量工程"项目建设。

(五)搭建学习交流平台,加强项目培训

教学管理队伍对保证"质量工程"项目组织申报、项目建设等负有重要责任,应选拔业务能力和组织协调能力较强的人员充实到教学管理队伍中。同时教育部、教育厅和学校也要定期组织各种形式的经验交流会、学习研讨班等,扩大培训人员覆盖面,提高教学管理队伍和项目主要参与者对项目建设各项工作的认识,帮助解决在项目实施中遇到的问题。

广西民族大学实施国家级"质量工程"工作总结

教育部实施"质量工程"项目建设以来,广西民族大学实施了国家级特色专业、国家精品课程两个项目的建设。几年来,学校围绕这两个项目开展了一系列富有成效的工作,现将国家级"质量工程"实施情况总结如下:

一、项目实施基本情况

(一)组织机构建设

学校为顺利开展国家级“质量工程”项目,确立教务处作为直接的管理机构,设立高教研究室作为管理“质量工程”项目的职能科室。除此之外,教务处和学校的其他部门如设备处、学工处、财务处、后勤处等职能部门还进行密切联系,为保障“质量工程”项目的开展提供了必要的人、财、物的支持。从而为“质量工程”项目的实施提供了强大的组织机构和条件保障。

(二)配套政策文件

为配合“质量工程”项目的开展,学校制订了《关于认真落实“质量工程”,全面提高本科教学质量的意见》等一系列文件。除此之外,学校教务处根据“质量工程”项目建设的需要,配套出台了一系列加强本科教学质量的文件。包括制订和修订了《关于加强教学管理提高教学质量的意见》、《教学质量管理规程》等多项与“质量工程”建设有关的制度和文件。各学院也根据自身实际制订了二级管理的各项规章制度和实施细则。不以规矩,不成方圆。这些质量标准和制度的制定、完善及实施,为规范学校教师的课堂教学行为,保证学校教学秩序的正常运行,提高本科教学质量提供了充分的制度保证。

(三)实施程序

1. 加强领导,提高认识,确保国家级“质量工程”项目的顺利实施。

学校党政领导抓好对教学工作的领导与组织工作,采取各种措施确保教学工作的中心地位,将“质量工程”落到实处。不断增加国家级“质量工程”项目的配套建设经费。

2. 深化教学改革,形成特色优势。

积极探索人才培养模式,进行课程体系改革,更新教学内容,改革教学方法。例如:国家级特色专业建设点“东南亚非通用语种群”实行了“3+1”人才培养模式,充分地利用国外优质教育资源和良好的语言学习环境,提高人才培养质量。调整课程体系符合社会发展需要。

积极创新教学模式。例如:国家级精品课程——民族理论与民族政策开创的“民族理论与民族政策课程自驭舟”模式。这个模式的基本程序由“习、研、演、练”四个要素(或环节)组成。任课教师对学生的学习过程进行有效的指导或调控,从而使学生积极主动地参与“习、研、演、练”,在教学实践中,形成了“情、趣、聚、励”四字教学策略。“习、研、演、练”和“情、趣、聚、励”实现了教学过程的生活化,极大地提高了教学效果。

改革教师的教学方法,培养学生的学习兴趣。学校在实施国家级特色专业项目和国家级精品课程的建设过程中,任课教师十分注重在日常教学中,采用多种独特的教学方法,提高学生的学习兴趣。例如:国家级特色专业“东南亚非通用语种群”在课堂教学中,针对语言教学的特点,采用了课文背诵法、强化口语训练法、强化听力训练法、口译训练法等;实行导师制,规定学生阅读一定数量的相关书籍,并由导师督促和指导,定期开展读书交流汇报会。

3. 加强师资队伍建设,健全长效培养机制。对参加国家级“质量工程”项目的教师实施一系列的培养措施,加强国家级“质量工程”项目师资队伍建设。首先,采取送培、调入和柔性引进相结合的原则培养师资;采取传、帮、带的办法培养年轻教师;改革教师培养和使用机制。其次,实施教师创优计划,有针对性地对教师提出学术、教学、思想作风等的榜样性要求,通过主持、参与高水平课题和高水平会议,轮流挂职、进修学习接受高水平名师指导及传、帮、带等途径,使国家级“质量工程”项目能在较长的时期内保持一流队伍和一流成果建设的状态。

4. 建立有效的激励机制。学校 2009 年在原先《教学奖励条例》的基础上,重新印发了《教学奖励办法》和《教学奖励分级认定细则》两份文件,其中明确了对获得国家级“质量工程”项目给予一定的奖励,并且加大奖励金额。由于建立了有效的激励机制,学校从 2007 年开始,每年都获得 1 个以上的国家级“质量工程”项目。

二、成效与基本经验

(一)国家级精品课程建设成效

1. 学校两门国家级精品课程已在国内具有一定的社会知名度和影响力,尤其是在广西具有一流的课程品牌效应。

通过国家精品课程的建设,推动学校的精品课程建设形成了国家级、自治区级和校级精品课程建设体系。建设 3 年来,为广西培养了一批相关领域的人才。许多在校生和毕业生,或成为学校三好学生、优秀学生干部,或成为各行业的领导、骨干。在国家级精品课程的教师队伍中,2 人荣获自治区级高校教学名师奖,1 人被选为中国档案学会理事,3 人晋升正高职称,2 人获博士学位,1 人成为在读博士生。国家级精品课程“档案管理学”也产生了较大的辐射示范效应,全国 30 多所高校的档案学专业均参考借鉴本课程的建设经验。

2. 教学研究成果丰硕。例如:国家级精品课程“档案管理学”的“以精品课程建设为先导,推动边疆民族高校档案学专业课程体系的整体优化”,于 2009 年获得了广西高等教育优秀教学成果一等奖。国家级精品课程“民族理论与民族政策”课程组,在 2008 年以《马克思主义民族理论中国化的新体系》一文获广西第十次社会科学优秀成果一等奖,同时编写出版了民族理论与民族政策精品课程特色教材——《民族大义十二和建导纲要》。

(二)国家级特色专业建设成效

1. 师资队伍建设成效显著。

经过多年的建设,4 个国家级特色专业专任教师队伍不断发展壮大。例如,东南亚非通用语特色专业专任教师由 2007 年的 39 人发展到现在 45 人,副高以上职称教师由 9 人发展到现在 15 人,博士从原来的 1 人到现在的 4 人,在读博士 9 人,硕士研究生以上学历从原来的 13 人到现在的 28 人。所有年轻教师都到过语言对象国留学进修。现已拥有一批中青年骨干教师,形成了知识结构、年龄结构、职称结构较为合理的教师队伍。档案学专业教师队伍中,1 人荣获自治区级高校教学名师奖,1 人被选为中国档案学会理事,2 人晋升正高职称,1 人获博士学位,1 人成为在读博士生。

2. 教学条件得到有效改善,科学研究实力明显增强。

中国少数民族语言(壮语)国家级特色专业建设点在研科研立项项目 68 项,经费共计 220 万元。这些科研工作有力地支撑本校的少数民族语言文学博士点建设工作,对广西地方的经济文化建设、对中国跟东盟诸国的文化交往起到了有力的促进作用。深入挖掘本地丰富的民族语言文学、文化资源,把民族语言、文学研究与少数民族非物质文化遗产研究与保护有机结合,现已初步形成自己的学术高地,一定程度上提高了我区人文社科学术研究水准,为政府决策和建设"和谐广西"提供民族方面的理论支撑;进一步深化人才自主创新能力的培养理念,着力培养独具特色的中国少数民族语言文学专业高学历专门人才,为我国的经济文化建设及我国与东南亚各国的友好交往作出积极贡献。

3. 人才培养质量得到进一步提高。

近年来,学校 4 个国家级特色专业建设点的人才培养质量得到显著提高。4 个国家级特色专业建设点的本科生就业率一直保持 95% 以上。其中,2008 年、2009 年东南亚非通用语种群各专业本科生就业率均为 100%,排在全区前列。首届印尼语和缅甸语专业毕业生就业率也是 100%。档案学专业为广西培养了一批相关领域的人才。许多在校生和毕业生,或成为学校三好学生、优秀学生干部,或成为档案部门及其他行业的领导、骨干。中国少数民族语言(壮语)国家级特色专业点的 2009 年毕业本科生就业率到达 100%,有 1 人考上中央民族大学硕士研究生。

(三)基本经验

1. 深化改革,不断完善适应社会发展需要的人才培养方案。
2. 不断探索和完善新的人才培养模式。
3. 加强教学改革,培养学生的实践和创新能力。
4. 加强教师队伍建设。
5. 建立有效的激励机制,激发广大教师积极参与"质量工程"建设。

三、存在问题及原因分析

1. 教师队伍的梯队结构不够合理。例如:国家级特色专业"档案学"、国家级精品课程"档案管理学"的教师队伍中具有博士学位的比例偏少,青年教师数量偏少。而国家级特色专业建设点"东南亚非通用语种群"的教师队伍中,年轻教师占到很大的比重。主要原因在于:由于专业性质不一样,造成教师的年龄、性别的构成存在一定的差异。

2. 特色专业点和精品课程建设中的专业课程教学内容、方法和手段仍有待进一步的改进和完善。

3. 国家级特色专业建设中的专业网站建设进展缓慢。主要原因在于:缺乏网站建设的专业指导和管理。

四、进一步推进在建项目建设的建议

1. 转变教育观念,改革高校现行的教育管理体制。

2. 加强对国家级"质量工程"项目的全程监控,实行年度检查制度,实行红牌警示制。

3. 加大经费投入力度。通过加大经费投入使各项目建设纳入到"质量工程"项目建设的长效机制之中。

4. 加强国家级"质量工程"项目的研究与交流。

5. 要集思广益,广泛听取社会、教师、学生各方面意见,把项目建设与社会发展对人才的需求紧密联系起来,采取一切有效办法与措施,使项目建设真正成为一项对学生有利、对学校有利、对社会有贡献的多赢工程。

桂林电子科技大学实施国家级"质量工程"工作总结

一、项目实施基本情况

(一)整体规划,全面部署

2007 年教育部、财政部联合印发《关于实施高等学校本科教学质量与教学改革工程的意见》(教高[2007]1 号)和教育部《关于进一步深化本科教学改革全面提高教学质量的若干意见》(教高[2007]2 号),全面实施本科教学"质量工程"。在教育部 1 号与 2 号文件出台后,学校十分重视"质量工程"的实施,出台了《关于学校贯彻落实教育部财政部〈关于实施高等学校本科教学质量与改革工程的意见〉的办法》,对学校"质量工程"建设目标与步骤、工作要求、实施办法等作了具体部署,正式启动了学校"质量工程"。文件明确学校"质量工程"的建设目标为:一是实施本科教学团队建设,强化教育教学改革;二是进一步优化学科专业结构;三是形成国家级、自治区级、校级三级精品课程体系;四是实施国家、自治区、学校三级教学名师工程;五是加强教学管理制度建设,完善学校的内部质量监控和评价体系;六是坚持"以人为本"的教育理念,促进学生德智体美全面发展。"质量工程"的建设内容包括:教学团队建设,优化学科专业结构,形成国家级、自治区级、校级三级精品课程体系,实施教学名师遴选与培养工程,完善学校内部的质量监控与评价体系,坚持"以人为本"的教育理念,促进学生综合素质全面发展。

2009 年全校教学工作会议报告指出学校今后一个时期要全力实施本科教学质量改革工程,培育和争取更多的国家级"质量工程"项目,使之在国内同类高校产生影响,有效地提高学校竞争力。在今后的教学工作中要加强本科专业建设,科学地确定人才培养目标;全面推进课程建设工作,促进课程建设水平不断提高;进一步加强教学团队建设;加强实验教学示范中心建设,进一步推进大学英语教学改革。

(二)建立完善的保障制度

以桂电教[2007]37 号为总体方针和指导,学校印发了一系列"质量工程"单项项目的建设与管理文件,包括《在校大学生创新性实验项目经费管理办法》、《教学名师评选办法》、《教学团队建设管理办法》、《精品课程评审与管理办法》等。为了保证“质量工程”建设工作顺利推进，学校成立了以校党委书记为组长，校长、副校长为副组长的本科教学质量与教学改革工程领导小组。此外，为了加强对大学生创新性实验计划工作的领导，学校根据教育部大学生创新性实验计划总体要求，成立了以校长为组长的大学生创新性实验计划领导小组、以副校长为组长的创新性实验计划专家委员会。从政策制度、组织机构以及人员配备上给予“质量工程”项目全面保障。

（三）广泛宣传，积极动员

学校积极通过各种宣传手段扩大国家级“质量工程”项目在教职工中的影响。学校在校园网上设立了“质量工程”专项栏目，及时发布学校“质量工程”项目进展情况。学校借助2008年、2009年全校教学工作会议的机会，广泛宣传学校“质量工程”的政策与方针，在2009年会议上，还邀请了国家级特色专业——通信工程负责人、大学生创新实验计划负责单位介绍项目开展情况。

（四）国家级“质量工程”建设基本情况

在学校领导对“质量工程”的高度重视和广大教师在教学实践工作的努力下，学校的“质量工程”建设取得了丰硕成果，共获得国家级“质量工程”项目15项，详见下表。

桂林电子科技大学国家级“质量工程”项目一览表（截至2010年）

国家级项目名称	成果名称	获得时间
国家级特色专业建设点	通信工程	2007年
	测控技术与仪器	2008年
	机械设计制造与自动化	2009年
	信息与计算科学	2010年
	计算机科学与技术	2010年
国家级精品课程	计算机科学导论	2009年
	电子电路实验	2009年
	离散数学	2010年
教育部实验教学示范中心	电子电路实验教学中心	2007年
	机电综合工程训练中心	2009年
国家级教学团队	电子电路实验教学团队	2008年
	计算机核心基础课程教学团队	2009年
国家级大学生创新性实验计划	国家级大学生创新性实验计划项目实施单位	2008年
国家级人才培养模式创新实验区	电子信息类工程应用型人才培养模式创新实验区	2009年
双语教学示范课	计算机网络	2010年

二、成效与基本经验

(一)项目建设成效

1. 强化本科教学的中心地位。

通过实施国家级“质量工程”项目,强化了本科教学的中心地位,充分体现以人才培养为中心的建设目标。通过培育国家级“质量工程”,学校各级领导、教师强化了教学中心意识,一部分科研型教师也开始关注“质量工程”项目,将科研成果与教学工作相结合,积极开展国家级“质量工程”项目的申报与建设工作。

2. 巩固学校办学定位与办学特色。

学校作为一所电子信息类学科优势突出的理工科院校,在“质量工程”项目建设中充分体现出学校的办学定位、办学特色。如学校作为一所地方工科院校,主要任务是培养工程应用型人才,在这一人才培养定位的基础上,学校成功申报了国家级电子信息类工程应用型人才培养模式创新实验区,以此进一步明确了学校的办学定位。同时,学校成功申报为国家级大学生创新性实验计划项目实施单位,这实际上是与学校长期以来培养“务实创新”人才的办学特色紧密结合的。而通过大学生创新实验计划的实施,又为学校进一步开展大学生创新活动,提高学生综合素质提供了新的发展良机。

3. 对本科教学进行系统、全面的改革。

学校所取得的国家级“质量工程”的6个项目都是带有基础性、引导性的项目,在提高高等学校本科教学质量方面起着龙头作用:人才培养模式创新实验区是对本科人才培养工作改革的全局性部署;特色专业点与精品课程建设是提高教育质量的关键环节;示范中心与教学团队建设是提高教学质量的重要保证;课外创新性实验计划是对课内教学的有效补充,有利于提高学生的综合素质。因此,开展国家级“质量工程”项目建设实际上是对学校整个本科教学与人才培养工作进行全面、系统、深化的改革。3年来,学校国家级“质量工程”取得的主要成效有:

(1)深化人才培养模式改革工作。学校获准成为教育部人才培养模式创新实验区后,以此为契机,进一步深化人才培养模式改革工作。学校教务处组织修订了2009级本科人才培养方案,凸显了时代性、专业性,体现了高等工程教育改革的核心精神;兴趣学分被正式纳入本科人才培养方案,并制定印发了《兴趣学分实施办法(试行)》等文件。在新的人才培养方案修订原则指导下,学校分别于2010年1月、3月组织了2009级本科人才培养方案评审答辩会议,包括国家级特色专业、自治区优质专业、新专业等20个专业的人才培养方案接受了专家现场评审,为学校人才培养方案的完善起到很好的指导作用。2010年3月,为了进一步推动人才培养模式的综合改革,扩大校内影响,学校启动了人才培养模式校级教改专项项目的申报工作,鼓励教学管理部门、教学单位积极探索人才培养模式、管理机制的创新,共批准14项人才培养模式改革研究项目立项,成功地激发了学校各级教学管理人员、教师探索人才培养模式改革的积极性。

(2)优化学科专业结构,打造专业优势与特色。学校按照“优势突出、特色鲜明、新兴交叉、社会急需”的原则,努力打造特色专业,建设一批特色专业并发挥其示范效应和辐射作用。经过长期建设,学校在电子信息类专业建设中具备了一定的优势,形成了一批特色与品牌专业。各特色专业负责人充分利用立项建设的大好时机,加强专业建设力度。首先,修订专业培养方案,将专业知识进行合理的融合和扩展,删减一些陈旧落后的内容,增加专业最新技术和科研成果,强化理论知识和实践的联系,适应人才市场的需求。通信工程专业在制订 2008、2009 年人才培养方案时,还吸收了华为、金宏威、中兴、讯方等用人单位共同参与进来,体现了“面向工程实践”的高等工程教育改革新理念。其次,各专业加大教学和科研设备的投入,提高学生的动手实践能力。通信工程专业自主研发的通信原理实验平台获得广西科技进步三等奖和广西计算机推广应用二等奖,测控技术与仪器专业以实验教学示范中心为平台,积极开展学生课外科技活动,连续开展了两届“梦想起航”科技活动,累计参与学生人数达 1400 余人,占年级总人数的 78%。活动中涌现出大量优秀作品,大部分学生的动手实践能力得到了有效地加强,普遍提高了学生的科学文化素质和实践动手能力。再次,各专业加强课程建设与教学改革,将特色专业建设与精品课程建设相结合,深化教学内容、教学方法与手段的改革。专业基础课程通信原理、自动测试系统和信号与系统分析被评为自治区级精品课程。此外,各专业充分利用自己的学科与科研优势,将科研与教学结合,培养学生的创新能力。通信工程 2008 年共有 140 余个本科毕业生参与教师的科研项目,7 个开放实验室长期参与教师科研项目,测控技术与仪器专业学生获得国家级大学生创新性实验计划项目 3 项,校级项目 3 项。和 2008 年相比,师生各项学科竞赛的参与人数从原来的不足 20% 提高到 40%,获得的各种奖项和成果翻了一番。

(3)精品课程建设取得重大突破,充分发挥辐射作用。2009 年,学校在精品课程建设工作中取得重大突破,由董荣胜教授负责的计算机科学导论以及由景新幸教授负责的电子电路实验获准成为国家级精品课程,使学校课程建设工作迈上了一个新台阶,实现了校级—自治区级—国家级三个层面的精品课程建设目标。这两门国家级精品课程严格按照国家级精品课程内涵要求开展建设工作,不仅取得了优异的成绩,还体现出了各自的课程特色。计算机科学导论是学校计算机科学与技术等相关专业基础必修课,该课程建设过程中十分注重体现精品课程的教学内容先进性,及时反映本学科领域的最新科技成果,注重跟踪国际动态,根据 ACM 和 IEEE-CS 对计算机科学导论课程的要求,讲授学科本质,以学生计算思维能力培养为核心,在构建学科认知模型基础上,精心组织先进的教学内容。该课程出版两部导论教材,重印 14 次,被全国 30 多所高校采用。2009 年,《计算机科学导论(第 2 版)》又被列为广西高等学校重点教材建设立项项目。电子电路实验课程是学校电子信息类专业的重要技术基础必修课,面向学校 25 个理工科专业,每年约 1.2 万名本科生开展实验教学。该课程组注重在建设过程中以电子信息优势学科为依托、以教学团队为支撑、以示范中心为载体,建立了“三个结合、四个层次、五个单元、七个模块”的课程体系,构建了宽口径、开放式、跨专业共享的优质实验教学资源,实现了学生可跨专业、分课程档次,依照培养方案,自主选课程、选时间、选教师的实验教学模式,建立了以实验室为主,实践基地为辅的课内外结合开展创新实践活动的模式。课程组对各项教学资源的整合利用与优化设置取得了良好的效果,课程组承担的“融‘课程 · 团队 · 中心’为一体的优质实验教学资源的建设与实践”教改项目获2009年广西高等教育自治区教学成果奖特等奖，电子电路实验中心被评为国家级实验教学示范中心，电子电路实验中心教学团队被评为国家级教学团队。

学校国家级精品课程在建设过程中，不仅注重提高课程内涵，还充分体现了国家级精品课程的辐射作用。围绕计算机科学导论课程的研究成果，全国高等学校计算机教育研究会在桂林召开了两次全国性研讨会议，课程负责人也应邀多次在全国性会议上作专题报告，广泛宣传课程的建设成果。电子电路实验课程组在近两年连续多次承办或主办全国性与全区性的教学经验交流研讨会，如“2009电子高等教育学术研讨会”、“广西地区电子技术课程改革经验交流座谈会”，课程组老师就实验室建设、创新性实验教学等问题介绍了经验与成果，起到了很好地宣传辐射作用。

（4）教学团队建设成效显著，充分发挥示范作用。学校国家级电子电路实验教学团队以学校电子电路实验中心为依托，面向学校电气信息类以及其他大部分理工共22个专业的教学，开设相应课程的年实验人时数超过40万。计算机核心基础课程教学团队所教授的核心课程体系用于支撑学校计算机科学与技术、软件工程、网络工程、信息安全、数字媒体技术等5个计算机科学相关专业的教学。团队在建设过程中，将师资队伍建设、课程建设紧密结合，在教学实践中促进团队的发展。

团队带头人积极发挥示范作用，精心培养，锻炼团队师资队伍。团队积极开展教学研讨和教学经验交流活动，推进教学工作的老中青相结合。以学校制定的政策和规定为导向，在加大“双高”人才引进力度的同时，不断加强对青年教师的培养。通过指导教师制，以“结对”或“一帮一”的形式，发挥经验丰富教师的传帮带作用；通过集体备课、模拟课堂试讲、教学基本功竞赛等活动提高青年教师的教学水平。此外，团队还充分注重教改项目对青年教师成长的促进作用，有针对性地引导青年教师参加教学改革项目、教育规划课题和科研课题研究，以及提高学历和学位的进修，促使青年教师快速成长。团队积极组织发动团队成员参加国家、自治区和学校的教学改革和研究项目，高校本科教学“质量工程”项目，通过立项申请、开展项目研究和成果申报，提高了教师的教学教研水平。

团队在建设过程中，将团队发展与课程建设相结合，通过开展教学内容、教学方法与手段的改革以及编写教材等方式促进教师教学水平的提高。电子电路实验团队有意识的经常给年轻教师“挑担子，加压力”，在计划“十一五”期间完成的电子电路实验系列教材编写工作中，有目的地选择培养骨干教师，让其承担主要编写工作。《信号与系统分析实验·设计·仿真》、《电路分析基础实验·设计·仿真》、《模拟电子技术实验·设计·仿真》，先后在2008年8月至2010年3月由电子科技大学出版社正式出版。计算机核心基础课程教学团队制作的多媒体课件连续两年在全国多媒体课件大赛中获得一等奖。数据结构、算法设计与分析等课程教学网站建设进一步完善，更新了课程实验项目、教学电子资源和网络教学视频，课程习题资源等。

学校的国家级教学团队还充分发挥了示范带头作用，在对口支援本地区高等学校如玉林师范学院、贺州学院的帮扶活动中发挥了表率作用。2010年3月，两个团队的带头人带领团队教师和教务处相关人员赴玉林师范学院进行对口交流以及上示范课，受到对口支援学校师生的好评。同时,这些学校也专门组团到学校学习观摩、进修访问。经过相互交流、取长补短,优质教学资源得到共享,团队的示范作用得以体现。

(5)示范中心软硬件建设取得成效,不断推进实验教学改革与创新。通过不断探索实践,学校国家级实验教学示范中心软硬件建设水平进一步提高。随着面积6000平方米的尧山新校区工程训练大楼竣工并逐步投入使用,2个国家级示范中心逐步由原东校区迁移到尧山校区,教学场地得到极大改善。凭借中央与地方共建项目的支持和学校在实验设备的投入,2009年度示范中心共规划、询价、招标采购了近700万元的设备,使得示范中心的硬件环境得到根本性改观。另外,鼓励中心教师将科研成果转化为实验设备,通过自主设计、逐步完善,精心制作了“液晶电视实习调试平台”、“数字电视实验教学平台”和“新型高频实验系统”等设备投入实验教学,并获得了很好的教学效果。

示范中心经过不断建设,在网上教学资源、教学视频建设等软件方面取得较大进展。进一步完善了电子电路实验示范中心网站、机电综合工程训练中心网站的架构与内容,建立了电子电路实验教学资源库,更新、开发了模拟电路虚拟实验、工程训练基础、冲压工艺及模具设计等一批课件,其中晶体振荡——混频实验CAI教学课件获第二届广西高校教育技术应用大赛一等奖;冲压工艺及模具设计课件在第七届广西高校教育教学软件大赛初审中获一等奖。中心及时更新网上实验项目课件,包括正在探索的创新性实验项目20个;在视频资源建设方面,补充购置了专用服务器,进一步完善网站的视频播放系统,力争为学生提供完整的上课视频。

为进一步进行实验教学改革与创新,示范中心积极制定激励措施,鼓励教师开展实验教学改革工作。电子电路实验教学中心共分批资助16个创新实验改革项目立项,共计8万元,主要用于更新数字逻辑电路、模拟电子电路、电路分析基础的实验课程内容,加大学生创新意识和能力的培养。此外,该中心还先后资助示范中心实验教学改革项目24项,鼓励青年教师开展实验教学改革,提高教学水平。

(6)大学生创新性实验计划顺利推进,学生创新精神与实践能力不断提高,各项竞赛取得优异成绩。2008年学校获准成为国家级大学生创新实验计划单位,是学校在“质量工程”建设中取得的又一项国家级标志性成果。2008年10月,学校正式启动了大学生创新性实验计划,经学校组织专家评审确定“医用充气式保温毯的开发”等20个项目为我校2008年度国家级大学生创新性实验立项项目,并上报教育部备案。2009年9月,“基于视觉原理的非接触式空间方位测量系统研制”等2项国家级创新性实验项目入选第二届全国大学生创新论坛,研制成果充分体现了学校的电子信息学科特色,引起了参会师生和专家的关注。2009年学校新增国家级大学生创新性实验计划30项。

学校遵循“理论实践结合,课内课外结合,以教育引导人,实践锻炼人,环境熏陶人,机制激励人”的理念,依照“创新以人为本,创新之根在实践,创新因交流而迸发”的规律,通过不断地探索和实践,将创新性实验计划融入原有的创新能力训练体系中,学生的自主创新能力与综合实践能力得到了较好的提高,近3年来在各级各类学术科技竞赛中获全国一等奖(含特等奖)38项,二等奖61项,三等奖119项;其中,在2009年全国大学生电子设计竞赛中获一等奖5项,二等奖2项,一等奖获奖数在全国各大院校中名列第三。学生公开发表学术论文多篇，其中 EI 收录 3 篇；“汽车起步手刹报警装置”等 5 项发明获国家实用新型专利。

（二）基本经验

1. 领导高度重视，提前规划。

在“质量工程”项目开展伊始，学校就通过制定政策文件对“质量工程”项目的建设制订了全盘的规划，并借助全校性教学工作的时机广泛动员。同时，学校还根据本校的实际情况，对每一个分项进行精心的布置。例如为了成功申报国家级精品课程，学校连续于 2007 年与 2008 年年底召开了精品课程建设工作会议，向自治区级课程负责人分析介绍当前国家级精品课程建设的现状，要求具备申报条件的自治区级精品课程提前准备。2009 年 4 月，学校还专门针对当年申报国家级精品课程的 3 门课程召开了申报前的预备会议，邀请校内资深教授检查课程申报网站、审查课程申报书并提出建设意见，同时给每门课程追加 5000 元的网站建设经费。

2. 严格评审程序，层层选拔。

学校要求精品课程、教学团队等“质量工程”项目要建立起校级、自治区级、国家级三个层面的项目，以校级项目培育自治区级项目，以自治区级项目培育国家级项目，从而使每一个项目都能够经过一定的建设周期，切实促进项目的建设水平。在推荐申报国家级项目过程中，学校聘请资深教学管理人员、教授以及“质量工程”的负责人组成专家组，严格评审程序，采用无记名投票方式选出推荐申报的项目。

3. 做好已有国家级“质量工程”项目的后续建设与管理工作。

项目申报成功后并不意味着建设工作的结束，而是新的建设起点。学校严格监管各项国家级“质量工程”项目，实施项目负责人制，学校与项目所在学院严格履行监管职责，对项目进行定期的评估、检查，促进项目的建设工作。2009 年底，学校就针对在建的所有教学团队开展了年度检查，由负责人汇报上一年度建设进展以及下一年度建设计划，再由评审小组对每一个团队的建设计划提出修改意见与建议。

三、存在问题及原因分析

（一）项目的学科专业分布不均衡

目前学校的“质量工程”主要是集中在优势学科与专业中，非理工科专业还没有能够获得国家级“质量工程”项目。这主要是由于学校是一所以工为主、电子信息类学科优势突出的学校，因此在“质量工程”建设的第一阶段，能够获得国家级“质量工程”项目的学科、专业都是学校的亮点、特色项目。而学校的建设目标是成为一所多学科性大学，因此，在下一阶段中应重点培育非理工类学科中的“质量工程”项目，扩大“质量工程”的影响，全面推动学校教学水平的提高。

（二）项目建设发展水平不均衡

从第一阶段申报成功的 15 项国家级“质量工程”项目建设水平来看，各个项目的发展提高水平不均衡。大部分项目在建设过程中取得了相当大的进展,但也有个别项目进展缓慢。其主要原因在于有个别项目负责人平时承担了较为繁重的科研与行政任务,对申报成功的项目建设带头作用不强。因此,要进一步提高项目负责人的重视程度以及整个团队的凝聚力,加大项目建设力度。

四、进一步推进在建项目建设的建议

(一)继续加大教学投入

首先是加大精力投入。各个项目的负责人、团队教师应把主要精力投入到项目建设的教学工作中,提高质量意识,建设高水平的项目。其次是加大经费投入。教育部、教育厅应进一步提高“质量工程”、教学改革研究项目的经费资助额度。

(二)加大优质资源的全国共享

目前除了国家级精品课程、教学团队、示范中心建有自己的网站与博客,其他的一些“质量工程”尚没有全国交流与共享的平台。尤其对于西部高校而言,能够学习发达地区以及重点大学的先进经验,是提高教育教学水平的重要途径。因此,建议教育部、教育厅能够加大“质量工程”的共享平台建设,重点院校每年都应该与西部地方院校开展一定数量的经验交流活动,并作为对重点大学国家级“质量工程”建设的考核要求之一。

(三)继续强化教学管理

建立健全包括学校、学院以及项目负责在内的三级质量监控和评价机制,完善学校内部质量监控和评价体系,各级管理干部应对工程建设情况进行定期检查,并及时研究建设中的问题,切实保证“质量工程”项目在建设过程中取得实际成效。

桂林理工大学实施国家级“质量工程”工作总结

桂林理工大学于2003年启动国家级“质量工程”项目建设工作,其实施情况如下:

一、项目实施基本情况

(一)组织机构建设

1. 学校成立了桂林工学院“质量工程”建设工作指导委员会,确立了学校、学院、教研室三级组织领导机构制度,对于各项目实施项目负责人制度。

2. 实行责任人负责制。学校主管教学副校长、教务处处长、学院分管教学负责人、项目负责人共同作为“质量工程”项目申报与建设的责任人。

3. 教务处、人事处负责所有“质量工程”项目的申报与建设管理。

（二）配套政策文件

为保障“质量工程”项目建设工作的顺利实施，学校在原有相关制度的基础上制定并实施了《本科重点课程与精品课程建设工程实施方案》、《2006—2008 年精品课程建设工作实施细则》、《关于开展“双语教学”的暂行规定》、《“双语教学”工作建设与发展规划》、《重点专业与精品专业建设实施办法（试行）》、《教材建设基金管理条例》、《教学工作奖励条例》、《实验教学示范中心建设实施办法》等文件和制度。

为了进一步落实教育部、财政部［2007］1 号、2 号文件精神，学校又于 2007 年印发了《关于进一步深化教学改革，全面提高教学质量的实施意见》，对进一步加强学校“质量工程”项目建设、全面提高学校本科教学质量起到了规范和指导作用。

2009 年，学校更名为桂林理工大学后，学校对相应管理文件进行了修订和整合，出台了新的《教学工作管理条例》、《教学工作奖励条例》、《教学专项资金管理办法》、《专业建设管理办法》、《课程建设管理办法》、《校级教学团队建设管理办法》、《关于组织学生参加各类科技竞赛管理办法》、《实验教学管理条例》、《教材工作管理办法》等文件。这些文件对学校各级、各类“质量工程”项目建设进行了制度上的规定，对于学校各项“质量工程”项目起到了很大的支持、激励和促进作用。

（三）建设经费支持保障

加大对教学工作经费投入。在管好用好国家、自治区对“质量工程”项目所投入的建设经费的同时，学校建立了“质量工程”项目年度教学建设和改革专项经费预算制度，实行专款专用。2006—2009 年累计投入专项经费 4840.75 万元，有力地为教学建设和改革提供了经费支持。除投入“质量工程”项目实验室硬件建设专项经费 4092 万元外，投入各项软件专项经费包括：专业建设费 159.86 万元，课程建设费 164.83 万元，教材建设费 30 万元，多媒体课件建设费 32 万元，教学团队建设经费 120 万元，教研教改专项经费 49.4 万元，实验教学中心软件建设费 36 万元，大学生科技竞赛专项经费 64 万元，人才培养模式创新实验区软件建设经费 10 万元，教学名师培育经费 20 万元，教学工作奖励经费 132.66 万元。

（四）技术支持保障

为迅速而灵活地适应教学手段的发展变化，学校重视现代教育技术和管理技术在教学建设和改革工作中的开发与应用，成立了现代教育技术中心和多媒体软件开发与应用研究所，通过开展计算机管理软件开发、教学网站建设与管理、多媒体课件研制与应用等，为“质量工程”项目建设工作的现代化建设提供技术支持平台。

（五）实施程序

1. 确定“质量工程”项目分级建设、申报计划，在政策上予以支持。
2. 筛选、组织申报省级、国家级“质量工程”项目。
3. 对已取得的“质量工程”项目配套建设经费，并进行奖励。
4. 开展中期检查，督促“质量工程”项目建设。

二、成效与基本经验

（一）建设成效

自开展“质量工程”项目建设以来，学校基础地质学于2006年在广西壮族自治区本科院校中率先获得国家级精品课程。经过多年建设，到2009年，学校共取得国家级“质量工程”项目15项（见附表），其中包括国家级精品课程4门，国家级教学团队2个，国家级特色专业建设点5个，国家级实验教学示范中心2个，国家级双语教学示范课程1门，国家级人才培养模式创新实验区1个。

（二）基本经验

1. 学校始终以本科教学为中心，狠抓教学质量，强调教学立校。

2. 学校各级领导高度重视，从确定建设项目到建设工作，各级领导全过程予以领导和参与。

3. 目标明确，注重检查，措施得力，务求实效。

4. 注重特色建设，以点带面，所获得的国家级项目全部出自学校有特色、优势的学科。

5. 通过国家级“质量工程”项目建设，促进教学改革与建设，推进教学质量的不断提高。

三、存在问题及原因分析

“质量工程”项目的改革和创新的力度有待进一步加大，困扰提高教学质量的一些问题依然存在。

四、进一步推进在建项目建设的建议

加大经费资助力度，有些项目如特色专业建设点资助经费太少；另外，在资助经费上，应考虑向西部倾斜。经费不必一步到位，可分期给付，视建设情况下拨，委托省级行政部门开展评估检查。

附表　桂林理工大学国家级“质量工程”项目一览表

项目类别	项目名称	负责单位	项目负责人	确认时间
精品课程	基础地质学	地球科学学院	钱建平	2006年
	测量学	土木与建筑工程学院	文鸿雁	2007年
	水污染控制工程	环境科学与工程学院	张学洪	2007年
	普通化学	化学与生物工程学院	刘长久	2008年
实验教学示范中心	基础地质学实验中心	地球科学学院	钱建平	2007年
	水污染控制实验教学中心	环境科学与工程学院	张学洪	2008年

续表

项目类别	项目名称	负责单位	项目负责人	确认时间
教学团队	资源勘察工程教学团队	地球科学学院	阮百尧	2008 年
	水污染控制工程教学团队	环境科学与工程学院	张学洪	2009 年
双语教学示范课程	管理学	管理学院	李隽波	2009 年
人才培养模式创新试验区	资源勘察工程应用型人才培养模式创新实验区	地球科学学院	阮百尧	2009 年
特色专业建设点	资源勘察工程	地球科学学院	冯佐海	2007 年
	旅游管理	旅游学院	程道品	2007 年
	化学工程与工艺	化学与生物工程学院	刘长久	2008 年
	勘察技术与工程	地球科学学院	阮百尧	2009 年
	环境工程	环境科学与工程学院	张学洪	2010 年

广西中医学院实施国家级“质量工程”工作总结

一、项目实施基本情况

目前学校的特色专业仅一个分项目获得国家级“质量工程”立项建设。分别是 2007 年国家级特色专业建设点——中药学和 2009 年国家级特色专业建设点——中医学。

二、成效与基本经验

(一)学校高度重视,是项目建设保质保量的关键

特色专业建设是一项系统工程,学校的特色专业建设得到学校的领导高度重视与支持,学校专门成立了“质量工程”领导小组,成立了由校长任组长、主管教学的副校长任副组长的“质量工程”领导小组。特色专业建设点所在的院系建立由特色专业建设负责人、校内外学术专家和行业专家构成的工作小组,制定并组织实施特色专业建设规划,先后对两个特色专业的教育目标、师资队伍、课程体系、教学条件和培养质量、实践教学等方面进行了全面规划,设计建设实施方案,研究和解决特色专业建设中的重大问题。此外,学校教务管理部门切实加强对特色专业建设工作的领导与管理,加强监督、考核和评估,并按年度对建设工作和经费使用情况进行检查,保证建设工作的顺利进行。

(二)特色专业示范带动,整体推进学校专业建设

中医学与中药学作为学校建设最早和最好的专业,学校加强对这两个特色专业建设、强化专业建设实践成果的积累和有效经验的总结,主动宣传推广建设成果,发挥示范和带动作用。如中药学专业的专业建设成果对我校的药学、制药工程、药物制剂、中药资源开发与利用等专业起到带动作用。中医学的专业建设成果亦对中医学类相关专业和方向等具有很好的辐射与示范作用,促进这些专业(方向)的建设。

(三)以教学科研课题研究促进特色专业的发展

我们在政策上对国家级特色专业的相关教学研究课题给予适度的倾斜,用教研来促进教学、用教研来促进教师专业发展,加强特色专业的教学研究。目前,在中医学、中药学特色专业分别立项广西"十一"教改课题和规划课题20项,院级教改课题分别为4项和5项,其中,2008年由辛宁主持的新世纪广西高等教育教学改革工程项目"面向东盟广西中医药品牌专业特色专业建设的研究与实践"获A类课题立项。

(四)充分发挥地域及自身资源优势,打造专业特色

学校立足于广西,面向东南亚国家日益增长的中医药需求,充分运用现代化的科技成果,努力把中医学、中药学专业建设成为具有鲜明广西民族医药特色、在东盟国家中具有优势和特色的产学研结合的本科专业。目前,我们已经取得了一定的成绩。例如:成功举办了中国—东盟传统医药高峰论坛,成功举办了中泰传统医药和天然药物研究学术研讨会(共3届),与泰国孔敬大学共同申请了科技部的"中泰抗病毒天然药物药效筛选研究及人才培养基地建设"长期项目及"中泰特产天然药物抗病毒药效筛选研究"短期项目,正在编写中泰越三国文字的《中药简易手册》,以帮助东盟留学生的专业学习。

此外,广西作为西部民族地区,壮医药、瑶医药有着悠久的历史,因此,我们积极发挥壮医药、瑶医药的学科优势,将民族医药教学渗透到相关专业建设中,极大地丰富了学生的知识和能力结构。在发挥民族医药优势促进教学质量方面也取得了一定的成绩:例如,"壮医药学科构建与人才培养"、"《壮药资源学》教材的完善及教学实践研究"分获2009年广西高等教育自治级教学成果奖一等奖及三等奖。我们还组织编写了具有广西民族特色的教材,如《壮药资源学》、《中国壮药志(第一卷)》、《中国壮药原色图谱》、《常用壮药生药学质量标准研究》、《壮医基础理论》、《壮医诊断学》、《壮医方药学》、《壮族医学史》、《壮医外科学》、《壮医内科学》、《壮医妇科学》、《壮医伤科学》、《壮医药线点灸学》、《壮医药概论》,将特产药材和民族药(壮药)知识融入教学过程中,丰富教学内容,获得学生的好评。

(五)积极推动大学生竞赛活动

开展大学生竞赛活动能积极推动大学生参与校外学习、创新和实践活动,让大学生在活动中开发学习和研究的兴趣和潜能,增加大学生与社会接触的机会,培养学生团队协作意识和创新精神。我们在学分制管理的修订中,将学生公开发表论文、参加省级以上各类竞赛获奖均可获得创新学分列入其中,积极推动了大学生参与各项竞赛的积极性,也获得

显著成效。如中药学专业的学生积极参加“高教社杯”全国大学生数学建模竞赛，多次荣获全国二等奖，近3年获广西二等奖2项、三等奖5项。该专业毕业生的毕业论文多次荣获广西高校化学化工论文及设计竞赛一、二、三等奖。中药学近3届应届毕业生计算机等级考试通过率为98%，毕业论文的降档率为0，升硕率达到16%，毕业生的就业率90%左右；中医学专业毕业生的就业率达到86%左右。目前学校的中医学、中药学的毕业生已经成为我区各医药单位、中医院的技术骨干，收到了较好的社会效益。

三、存在问题及原因分析

（一）获得国家级“质量工程”建设立项数少

国家级“质量工程”的建设旨在通过各高校立项项目的建设，推动学校整体教学水平的提升。但由于每年参与申报的高校多、申报项目多，加上教育部给予立项的名额有限制，因此，学校只在建设面最广的“特色专业”上拿到了立项。而精品课程建设、实验教学示范中心等项目的申报，虽然在申报的过程中对项目的建设有所促进提高，但均未获立项。这其中有我们的建设有待进一步提高的原因，也有诸如与上级部门建立良好沟通的原因。

（二）建设经费不足

在特色专业建设过程中，存在的问题主要是建设经费问题。自实施本科教学“质量工程”建设项目以来，省级主管部门对学校的教学建设给予的众多支持，学校领导也多次召开专题会议，专项解决本科教学建设项目的经费投入与管理问题。但就目前情况而言，经费的下拨与匹配仍不能满足本科专业、课程、教材、实验教学中心等项目的建设发展需要。

四、进一步推进在建项目建设的建议

（一）加大政策扶持力度

目前我区在“质量工程”立项项目上获国家级的建设项目并不多，主要集中在特色专业建设方面。因此，希望上级部门给予国家级”质量工程”项目建设政策上更多的支持。“质量工程”既然为一个系统工程，在不同分项目上获得立项建设将从面上整体带动。

（二）建立西部地区少数民族地区沿海沿边地区建设专项

广西位于西部地区，又属于少数民族地区，国家历来在教育方面的投入与支持较为薄弱。因此让我们的项目与发达地区高校的项目用同一指标去衡量存在一定的不合理性。但越是落后就更应该加大建设的力度，这样才能从整体上真正提高高等教育的质量。因此，我们建议设立民族地区专项建设基金，让更多的民族地区高校有机会参与到“质量工程”建设的潮流中，此外，加大对少数民族地区的政策指导工作，提高少数民族地区项目建设积极性。

(三)加大资金投入

自获得国家级“特色专业”项目建设以来,我们就获得了财政部下拨的专项建设经费。但支撑专业建设的除了合理的人才培养方案外,还涉及精品课程、教材、师资培训、实验教学中心等诸多方面的建设,可以说专业建设是一项大的系统工程。由于学校财力有限,未能给予建设项目一定的配套支持。所以,仅仅靠财政部的拨款很难满足特色专业建设需要。因此,我们建议加大对立项项目的建设力度,通过国家级、省级、校级财政拨款解决资金缺口问题。

广西师范学院实施国家级“质量工程”工作总结

自教育部、财政部启动实施高等学校本科教学质量与教学改革工程以来,学校认真贯彻落实《教育部财政部关于实施高等学校本科教学质量与教学改革工程的意见》(教高[2007]1号)、《教育部关于进一步深化本科教学改革全面提高教学质量的若干意见》(教高[2007]2号)等重要文件精神,采取了一系列有力措施,教学工作的中心地位得到保障,高等教育质量稳步提高。

一、实施基本情况

(一)健全组织机构,规范管理

学校成立了由主管副校长为组长、各相关职能部门负责人参加的“质量工程”领导小组,全面负责“质量工程”实施,负责制订学校“质量工程”的重大方针政策、总体规划、实施方案,并对项目建设过程中出现的重大问题进行决策及拟立项的“质量工程”项目和资助资金进行最终审批。

实行项目负责人负责制,按责、权、利一致的原则赋予项目负责人的人、财、物支配管理权,开展项目建设的自评考核以及日常建设管理工作,确保项目建设的连续性和实效性。

(二)完善规章制度,严格实行

2007年以来,学校围绕贯彻和执行教育部2007年1号、2号等文件精神,先后召开了第三、第四次教学工作大会,印发了《关于进一步加强本科教学工作的若干意见》、《“本科教学质量与教学改革工程”实施意见》、《关于进一步深化教学改革,提高教学质量的若干意见》、《教学工作奖励暂行办法》等文件,对“质量工程”建设的指导思想、建设目标、建设内容及要求和组织管理等均做了明确具体的规定,进一步强化质量意识,确立教学工作的中心地位。学校设立了“质量工程”建设专项经费及教学工作奖励经费,实施项目建设招标管理,对学校遴选培育的“质量工程”建设项目给予启动经费,对获立项建设项目严格按照教育部规定予以配套,此外,学校还根据各获立项项目的类型及级别给予项目组一定的奖励,进一步调动广大教师参与“质量工程”的积极性和主动性,扩大“质量工程”项目的影响和辐射带动作用。

(三)实施程序

1. 实施专业结构调整与建设计划。

学校制定了《“十一五”专业建设规划》、《2009—2011 年专业建设发展规划》、《专业建设管理办法》、《专业建设评估方案》、《关于进一步加强新专业建设的意见》等文件,对专业建设的目标、建设内容、立项程序、过程组织、经费管理、评估验收等均做了明确具体的规定,切实加强学校专业建设,确保专业建设水平和质量。此外,学校设立了特色专业建设专项经费,对获得国家级立项的专业严格按照教育部要求给予经费 1∶1 的比例配套,并给予一次性奖励经费 2 万元/个。2007—2010 年,学校先后组织推荐地理科学、土地资源管理、数学与应用数学、地理信息系统、思想政治教育等专业申报教育部高等学校特色专业建设点,并给予特色专业建设点配套经费共达 80 万元,奖励金额达 6 万元。

2. 实施课程与教材建设计划。

学校印发了《关于启动院级精品课程建设的若干意见》、《“十五”课程建设规划》、《“十一五”课程建设规划》等一系列关于精品课程管理和奖励制度文件,对精品课程的建设目的、建设内容、基本要求、项目申报程序、评审程序和组织管理都做了明确具体的规定。此外,学校设立了精品课程专项建设经费,承诺对获立项项目严格按照教育部规定予以配套。同时,学校对精品课程教师在进修、培训、外出开会、出国进修等方面给予政策倾斜,并对精品课程教材及网站等教学资源建设给予经费保障。2003—2010 年,学校先后组织推荐人文地理学、自然地理学、代数学、数字化教学设计与开发、思想道德修养与法律基础、土地规划学等课程申报国家级精品课程。

3. 实施人才培养模式改革与创新计划。

以学生创新精神和实践能力的养成为主线,围绕学生创新创业能力培养,学校印发了《关于加强大学生实践能力、创造能力、就业能力和创业能力培养的意见》、《学生创新实践奖励学分管理办法》等一系列文件,积极推进人才培养创新模式的改革与研究。配合教育部人才培养模式创新实验区建设项目的实施,开展学校人才培养模式创新实验区立项建设工作,以人才培养模式创新实验区为试点,深入开展教学内容、课程体系、实践环节等方面的综合改革。2008—2009 年,学校先后组织“面向中国—东盟自由贸易区的管理类专业人才创业能力培养实验区”和“地方院校资源与环境科学类人才培养创新实验区”申报国家级人才培养模式创新实验区。

不断深化实践教学改革,积极推进实验教学内容、方法、手段、队伍、管理及实验教学模式的改革与创新。启动实验教学示范中心项目建设工作,制定了《实验教学示范中心建设实施办法》等文件,对实验教学示范中心的建设目标、建设内容、申报与评审程序做了明确具体的规定。2009 年,学校组织推荐教师教育综合训练中心申报国家级实验教学示范中心。

4. 实施教学名师和教学团队建设计划。

开展教学名师建设工程,努力打造一批教学理论功底深厚、实践经验丰富、协作精神强、富有创新精神的高水平教师队伍,切实发挥名师在教学改革中的示范带动作用,更好地调动广大教师从事本科教学建设与改革的积极性。学校制定了《教学名师建设工程实施办法》,对教学名师的培育、申报与评选、表彰与奖励、责任与义务等方面均做了具体明确的规定。

开展优秀教学团队建设工程,建立有效的团队合作机制,推动教学内容和方法改革研究,促进教学研讨和经验交流,切实提高学校的教学质量和办学水平,增强学校的核心竞争力。学校制定了《优秀教学团队遴选与资助办法》,对教学团队的建设目的、建设内容、基本要求、教学团队建设项目申报程序、评审程序和组织管理都做了明确具体的规定。学校设立了教学团队专项建设经费,承诺对获立项项目严格按照教育部规定予以配套。2010 年,学校组织推荐自然地理系列课程教学团队申报国家级教学团队。

二、成效与基本经验

(一)工作成效

教育部"质量工程"建设内容涵盖高等学校教学工作的全部内容,渗透学校教学各个环节,是一项全民工程,惠及全校师生。自实施"质量工程"项目建设以来,学校教学工作的中心地位得到保障,教学质量稳步提高,学校核心竞争力得到增强。特别是学校地理科学、土地资源管理、地理信息系统这三个特色专业的建成,标志着学校资源与环境科学类优势学科专业群已基本形成,凸显了学校在全国相关领域的特色地位,切实为同类型高校相关专业和本校的专业建设和改革起到示范和带动作用,赢得了社会各界的广泛赞誉。近 3 年来,学校毕业生就业率均在 92% 以上,位居广西高校前列;学校在区内外的录取分数线均在当地的第二批录取最低控制分数线之上,报考本校考生第一志愿录取率 100%。2008 年,学校接受了教育部本科教学工作水平评估,成绩优秀。

(二)基本经验

学校在特色专业建设方面的基本经验有:

1. 以优势学科为依托,以科学研究为支撑,打造学科特色,促进特色专业建设。地理学是地理科学专业、地理信息系统专业的主干学科,也是土地资源管理专业和环境科学专业的基础学科。而地理学中的自然地理学、地理信息系统和土地科学是广西师范学院的优势学科,也是广西高等学校中的优势学科,这些优势学科,是打造特色专业的重要保障。比如,资源与环境信息系统是广西高校同类学科中成立最早、师资力量最雄厚、研究成果最突出的优势学科,该学科依托 3S 技术支持,面向广西重大的社会需求,开展县级资源与环境等应用示范系统的研究和应用,为建设数字广西与生态广西提供理论依据和技术支持。又比如,自然地理学是广西高校重点建设学科,该学科运用野外考察、实验技术和现代信息技术手段,研究广西地理环境问题,特别是南亚热带喀斯特资源环境问题。资源与环境信息系统、自然地理学等优势学科的学术团队已经成为教学团队的核心力量,这些优势学科的科研成果渗进专业的教学内容,有力地促进特色专业建设。

2. 以课程建设为核心,通过特色课程与精品课程建设,促进特色专业建设。课程是专业组成的核心要素,课程建设是专业建设的灵魂。资源与环境科学学院成立自然地理学、人文地理学、地理信息与技术、地理教育与技术、地理应用等教学小组,构建本学院 4 个专业的专业课程群,按功能分为 4 个模块:理论课平台、技术课平台、拓展课平台、应用课平台,构建"学科—专业—课程"协调发展的模式,加强特色课程、本土教材、精品课程、重点教材、专业实验室、专业实习基地和学科网站建设。目前,拥有自治区级精品课程 3 门、获奖教材 2 部,自治区级实验教学示范基地 1 个,地理学科网站 1 个。课程群建设、特色课程建设、精品课程建设,有力地促进特色专业的建设。

3. 以实践教学为平台,走产学研的发展道路,打造地方特色,促进特色专业建设。实践教学是培养学生创新精神、创新能力与创业能力的重要教学环节。在校内,资源与环境科学学院的实验室建设,已基本形成了三大实验教学平台:主干课程实验平台,个性化实验平台,重点实验室开放平台。这些实验教学平台拥有预习实验系统、演示实验系统、虚拟实验系统等现代化的实验手段。学生通过课程实验教学,可以得到综合运用理论知识的能力;通过大类课程中的基本实验教学可以得到综合能力的培养;通过项目形式进入个性化实验平台、重点实验室开放平台,可以在教师引导下,进行更深层次的研究,提高创新能力。

4. 以学术团队与教学团队建设为中心,建设一支"集人才培养、科学研究与服务社会为一体"的优秀教师队伍,成为特色专业建设的主力军。特色专业的建设者是教师。资源与环境科学学院,大力实施人才战略,构建师资队伍建设长效机制,形成了喀斯特资源环境信息与灾害防治研究、土地规划与 3S 技术与应用研究、资源利用和环境污染与恢复研究、城乡规划与区域发展等学术团队,人文地理、自然地理、地理教育及技术、地理信息与技术、遥感测绘与地图、土地资源管理、房地产经营与管理、环境工程与监测和生态环境与评价等方向的教学团队,而学术团队的成员是教学团队中的骨干。在学术团队、教学团队的基础上,组成资源与环境科学创新团队。创新团队"集人才培养、科学研究与服务社会为一体",是建设特色专业的主力军。资源与环境科学创新团队,被评为广西高校人才小高地创新团队。

三、存在问题及原因分析

学校各国家级"质量工程"项目建设水平不平衡,除特色专业外,截至目前,其他建设项目尚未获得国家级立项。各学院参与项目建设力度不均衡,高级别项目主要集中在于某个学院,优势资源过于集中,共享度不够,广大教师参与教学改革、教学建设的积极性没有得到调动和引导。此外,在建设的过程中,对项目缺乏科学合理的考核和评估标准,监督和管理的力度还不够,建设效益没有充分发挥。

四、进一步推进在建项目建设的建议

制定科学、合理的项目评价标准和考核要求。加强"质量工程"建设过程管理监控力度,着实提高建设质量,确保建设成效。加强师资队伍建设,尤其是在年轻教师、年轻学者中加强对学科领军人物的培养。进一步加大"质量工程"宣传力度和资源共享平台建设,扩大师生受益面,充分发挥"质量工程"项目在推进教育教学改革和提高本科教学质量中的基础性、全局性和引导性作用,带动高等学校教育教学改革的不断深入,切实提高人才培养质量。

广西艺术学院实施国家级“质量工程”工作总结

自2007年教育部启动“质量工程”以来,学院按照教育部、财政部和自治区教育厅的有关部署,以本科教学为中心,动员全院力量,狠抓教学基本建设,加强教学管理,深化教育教学改革,制定相关措施,全面贯彻落实“质量工程”。在校级、自治区级“质量工程”建设基础上,按照教育部的相关要求,先后在特色专业、精品课程、实验教学示范中心、人才培养模式创新实验区、教学团队、教学名师和大学生竞赛活动等方面开展了国家级“质量工程”项目建设,在全院形成了提高人才培养质量的良好氛围,本科教学质量不断提高。现将具体实施情况报告如下:

一、国家级“质量工程”实施基本情况

自启动“质量工程”建设以来,学院开展了校级、自治区级和国家级“质量工程”项目建设,在特色专业、精品课程、实验教学示范中心、人才培养模式创新实验区、教学团队、教学名师和大学生竞赛活动等7个专项上开展建设。目前,已立项建设国家级“质量工程”项目9个(详见下表),下发有关配套文件72个,投入专项建设经费232万元,所建项目参与教师人数331名,占全院教师人数的70%,项目布点覆盖现有16个专业,6351名本科学生均不同程度获益。

广西艺术学院国家级“质量工程”项目一览表

序号	项目类别	项目名称	项目负责人	经费投入(万元)	立项时间
1	特色专业	绘画	黄格胜	20	2007年
2		广告学	柒万里	20	2008年
3		艺术设计	柒万里	20	2009年
4	精品课程	山水画写生	黄格胜	10	2007年
5	实验教学示范中心	音乐实验教学中心	林贵雄	80	2009年
6	人才培养模式创新实验区	创新型实践型艺术人才培养实验区	雷务武	50	2009年
7	教学团队	中国山水画教学团队	黄格胜	30	2008年
8	教学名师奖	黄格胜	—	2	2008年
9	大学生竞赛活动	全国大学生广告艺术设计大赛	—	3	2009年

(一)研究编制文件,做好"质量工程"项目建设的规划与管理

为全面贯彻落实教育部、财政部《关于实施高等学校本科教学质量与教学改革工程的意见》(教高[2007]1号)和教育部《关于进一步加强高等学校本科教学工作的若干意见》(教高[2007]2号)精神,学院2007年编制印发了《关于进一步深化本科教学改革实施"质量工程",全面提高教学质量的若干意见》,对启动校级"质量工程"建设提出指导意见和总体规划。同时,编制了《本科教学质量与教学改革工程项目管理暂行办法》和《本科教学质量与教学改革工程专项资金管理暂行办法》两个管理办法,对在建"质量工程"项目进行规范化管理。

(二)加大投入力度,为"质量工程"项目建设提供经费保障

学院重视"质量工程"项目建设,以专项活动经费、项目资助经费、单项追加经费等多种方式对"质量工程"项目建设给予经费支持。在特色专业、精品课程、实验教学示范中心、人才培养模式创新实验区、教学团队与教学名师等6个专项建设中共计投入经费564.7万元(含国家财政拨款),为项目建设提供了资金保障。

(三)开展专项活动,为"质量工程"项目建设搭建平台

为进一步推进"质量工程"建设,将项目建设与学院发展相结合,学院以本科专业建设与教学改革为切入点,将2008、2009、2010年分别定为我院专业建设年、优质专业建设年和本科教学质量建设年。配套印发了《专业建设年活动实施方案》、《优质专业建设年活动实施方案》、《2010本科教学质量建设年活动实施方案》等系列文件,以专项活动建设的方式有力促进本科教学质量提高。

(四)国家级"质量工程"建设内容与建设情况

国家级"质量工程"建设内容包括特色专业、精品课程、实验教学示范中心、人才培养模式创新实验区、教学团队、教学名师、大学生竞赛活动等7个专项,共计9个分项目。建设情况如下:

1. 特色专业专项:按照教育部、自治区教育厅项目文件要求组织申报,对学院现有的16个专业进行评估,在校级、自治区级优质专业建设基础上,立项建设了绘画、广告学和艺术设计等3个国家级特色专业。以上3个专业已按照项目建设任务书完成了人才培养模式改革、专业方向布局、核心竞争力、教师队伍、对外交流、质量监控等方面的第一阶段建设工作。

2. 精品课程专项:2003年启动"质量工程"实施各项建设。以组织校内教师申报、专家评审推荐、申报立项的方式进行。在现有校级、自治区级精品课程的建设基础上,立项建设了山水画写生国家级精品课程。同时按照教育部相关标准,在"广西艺术学院精品课程网"上搭建了山水画写生课程网站,将课程教案、大纲、授课录像、习题、实习实践、教学文件及参考资料等教学资源上传并逐年更新,逐步实现优质课程资源共享。

3. 实验教学中心专项:校级、自治区级实验教学示范中心——音乐实验教学中心2009

年获得国家级实验教学示范中心立项。该中心下设9个实验室,配备实验教学人员161人,中心所辖设备总值达1244万元。获立项后,新投入286.7万元,购置了斯坦威钢琴等一批实验教学设备,加强了录音艺术实验室、乐团、双排键电子琴实验室等实验室的建设;认真研究实验教学改革,加大实验教学比例,在音乐学、音乐表演、作曲与作曲技术理论、录音艺术等本科专业教学中试点,并取得一定成效。

4. 人才培养模式创新实验区专项:学院在现有2个自治区级人才培养模式创新实验区的建设基础上,整合各专业资源,2009年“创新型实践型艺术人才培养实验区”获得国家级人才培养模式创新实验区立项,对绘画、雕塑、艺术设计、动画、美术学、作曲与作曲技术理论、音乐学、音乐表演、录音艺术、舞蹈学、舞蹈编导、表演、广告学、播音与主持艺术、广播电视编导和戏剧影视、美术设计等专业的人才培养模式创新实践研究开展进一步探索。

5. 教学团队专项:中国山水画教学团队获得国家级教学团队立项。目前该团队建设以学院的二级学院中国画学院为建设依托,在教学内容、课程、教师梯队、教材编写及绘画创作等方面开展了一系列建设工作,并取得一定成效。

6. 教学名师专项:学院一名教授荣获国家级教学名师奖。获奖后,他以身作则,在履行好广西艺术学院院长这一岗位职责的基础上,全心投入教学,深入教学创作第一线,取得了较为丰硕的教学与创作成果。3年多来,承担了山水画写生等本科课程的教学任务,多次带队外出开展实践教学,并举办各类教学、创作师生画展。

7. 大学生竞赛活动专项:学院在2009年首次承担了全国大学生广告艺术大赛广西赛区的承办任务,策划并组织实施了各项竞赛工作,圆满完成竞赛活动,并在竞赛中取得好成绩。

二、国家级“质量工程”实施的成效与基本经验

“质量工程”实施3年多来,取得了阶段性成效。学院的专业设置和结构逐步完善,学生的实践能力和创新精神得到加强,教师队伍整体素质不断提升,人才培养模式、教学内容和方法的创新改革与实践进一步深化,本科教学质量显著提高。

(一)建设成效

1. 本科专业特色更为鲜明。

依托学院传统优势专业,通过建设,逐步完善了本科专业布局,专业特色进一步凸现。在现有16个本科专业中,学院投入经费重点建设了绘画、艺术设计、广告学、音乐表演、作曲与作曲技术理论、雕塑、舞蹈编导等7个校级优质专业,其中,绘画、广告学和艺术设计被教育部认定为国家级特色专业。学院在原有专业(方向)基础上,根据办学定位与社会经济文化发展需要,继承传统,凝练优势,新设置了绘画(中国画与水墨动画设计)、广告学(网络广告设计)、艺术设计(装帧艺术设计)、音乐表演(民族音乐表演)等19个专业方向,进一步满足社会对新兴专业人才的需要。

2. 优质课程资源共享初显成效。

学院继续推进精品课程建设,以国家级精品课程山水画写生建设带动其他专业课程

建设,新立项建设了25门校级精品课程,6门自治区级精品课程,校级、自治区级、国家级三层精品课程建设机制初步形成。建立学院优质课程资源平台,在建精品课程已有18门实现了网上资源共享,课程教案、大纲、授课录像、习题、实习实践、教学文件及参考资料等教学资源均可在“广西艺术学院精品课程网”上实时查阅。该平台面向全院师生24小时开放,社会人士也可通过互联网浏览学习。暂未实现资源上网的其余课程,学院通过开展“精品课程课堂教学示范”等活动,在校内推广。共享优质课程资源,提升了师生参与度,也极大地推动了本科专业的课程建设。

3. 实验教学条件不断改善。

学院注意传统艺术教育和现代技术的融合,采取各种方法和措施加强各类实验室的建设。2007年以来,学校共投入1672.72万元用于教学科研仪器设备建设,实验教学条件不断改善。音乐实验教学中心获得国家级实验教学示范中心立项后,学院认真研究建设规划,进一步加大了对该中心的经费投入力度,2009年新增投入286.7万元,继续完善中心实验室建设,同时在实验教学改革、实验教学队伍建设、实验室功能完善等方面进行了专题研究,不断提升实验教学水平,服务广大师生。

4. 人才培养模式创新研究取得突破。

学院以教育教学改革研究与实践项目立项为载体,由教务处牵头,自下而上开展艺术类各专业的人才培养模式创新实践研究,组织校内外专家及经验丰富的一线教师对中国画人才培养模式、绘画创作人才培养模式、艺术设计人才培养模式、民族音乐表演人才培养模式、广告学人才培养模式、雕塑人才培养模式、书法人才培养模式、现代舞人才培养模式等进行理论研究与实践探索,并取得了新的突破。2009年,在原有项目引入课堂艺术设计人才培养模式创新实验区等5个校级人才培养模式创新实验区、2个自治区级人才培养模式创新实验区基础上,建成“创新型实践型艺术人才培养实验区”国家级人才培养模式创新实验区,成立了实验区工作领导小组,组织相关专家开展人才培养模式研究与实践,并在本科生中逐步展开实验试点。

5. 教师团队形成合力。

学院从传统优势特色学科与专业着眼,以提升教师团队整体实力为目标,发扬传、帮、带的作用,积极探索教师团队合作机制的建立与实践,培育教学名师,培养青年教师,建设取得一定成效。目前,已在美术、中国画、设计、音乐、舞蹈、影视与传媒、人文等7个二级学院布点立项建设了中国山水画、中国花鸟画、绘画创作、雕塑、艺术设计、环境艺术设计、声乐、作曲、音乐教育、广告、中国舞、时尚造型与影视形象设计、文化艺术管理和思想政治理论课等14个校级教学团队,授予设计学院、中国画学院、美术学院、音乐学院的5名教授以校级教学名师奖。其中,绘画创作教学团队等4个团队获得自治区级教学团队,中国山水画教学团队获得国家级教学团队,一名教授获得国家级教学名师奖。

(二)基本经验

1. 广泛布点,以点带面,逐步铺开“质量工程”建设。

学院现有本科专业16个,分布在美术、中国画、设计、音乐、舞蹈、影视与传媒和人文等7个二级学院。在推进“质量工程”建设过程中,学院充分考虑项目建设效益,兼顾各个专业,扩大项目建设的覆盖面,分阶段在各个二级学院进行布点,以点带面,逐步铺开。从目前建设情况来看,先期立项的项目,对后续项目产生了良好的辐射带动作用,各个“质量工程”项目之间也形成了相辅相成的关系,项目建设以名师带动教学团队建设、以精品课程带动课程建设、以特色优质专业带动专业建设,进入了良性循环阶段。

2. 设置主线,搭建平台,提高“质量工程”受益面与师生参与度。

为了发挥“质量工程”各专项建设的最大合力,学院自2008年以来,每年都设置一个主题,以专题活动的形式,为“质量工程”项目建设搭建平台。学院教务、人事等多个部门联合研制和启动了多种形式的教学建设活动,将全院师生都纳入项目建设中,有效地提高了师生参与度,扩大了师生受益面。2008年专业建设年活动,把学院本科专业的基本建设进行了全面梳理;2009年优质专业建设年活动,重点建设了绘画等7个校级优质专业,以及录音艺术等6个新专业;2010年本科教学质量建设年活动,将工作重点放在项目的规范管理、示范交流和质量监控上,继续将“质量工程”建设推向深入。

3. 建章立制,规范管理,把握好规划建设与自主研究之间的关系。

在“质量工程”建设过程中,我们不仅通过设置管理机构、制定管理办法、监控资金效益等方式来进行规范管理,同时还注意处理好规划建设与自主研究之间的关系。学院在适度管理的基础上,给予项目承担单位和个人充分的自由度,多渠道调动项目主持人及成员们的研究积极性,为积淀建设成果打下良好的基础。

三、存在问题与原因分析

在学院“质量工程”实施过程中,存在以下问题:“重立项、轻建设”的问题,项目建设初衷与实际项目运行存在一定程度的脱节。项目建设存在交叉重叠,合作建设机制仍需进一步探讨。部分项目建设周期长、见效慢,建设成果难以物化。

造成以上问题的主要原因:项目立项时间较为密集,间隔时间短,布点有一定程度重叠,对推进项目的具体实施产生了一定影响。不同教学单位共同建设的项目,由于日常管理分家,导致信息沟通不畅,加上项目组成员多为一线教师,需兼顾日常教学,共同开展项目建设的机制还尚未形成。部分项目需要较长的建设周期,在较短周期内的建设成效难以评价,尤其是人才培养模式创新实践研究的成效,往往需要至少一届以上学生的实践检验,在短短一两年内很难对项目建设成效予以评价。

四、进一步推进在建项目建设的建议

建议在“十二五”期间继续加大对地方普通本科高校本科教学建设的投入;在项目立项方面加大对地方艺术类高校建设项目的倾斜力度;简化项目申报程序和管理层级,继续加强项目申报、评审及经费划拨等程序的公开透明;对高校的在建项目给予更为具体的分类指导,适时组织同类高校开展项目建设交流,推广成功经验,查找存在问题,及时调整有关政策;给予项目承担高校适度宽松的建设环境和政策支持,对部分项目延长建设周期,改变评价方式,使其更符合高校办学实际。

广西工学院实施国家级“质量工程”工作总结

一、项目实施情况

2007年3月以来，学校积极贯彻落实《教育部财政部关于实施高等学校本科教学质量与教学改革工程的意见》(教高[2007]1号)、《教育部关于进一步深化本科教学改革全面提高教学质量的若干意见》(教高[2007]2号)文件精神，并配套出台了《教学质量与教学改革工程实施意见》和《教学质量与教学改革工程实施方案》。其中，《教学质量与教学改革工程实施意见》提出了本校“质量工程”的总体规划和建设目标，《教学质量与教学改革工程实施方案》中明确学校的党政领导作为“质量工程”的第一负责人，成立由学校党政一把手牵头，宣传部、院长办公室、教务处、人事处、条件装备处、学工处、团委、科技处、财务处等职能部门和各教学单位参加的“质量工程”领导小组，协商决定“质量工程”的重大方针政策和总体规划。领导小组下设办公室，具体负责“质量工程”的日常工作。各系(部)主任、书记是其职责范围内保证教学质量和水平的第一责任人。

在实施国家级“质量工程”项目建设过程中，在主管教学副院长的直接领导下，教务处负责组织和协调有关教学单位积极申报国家级项目；获得立项之后，学校提供配套经费用于项目建设，教务处与教学单位一起商讨建设办法，积极促进国家级项目的建设与改革。

二、建设成效与基本经验

(一)建设成效

在全校上下的努力下，学校机械工程及自动化、土木工程、自动化等三个专业先后被批准为国家级特色专业建设点，3年来取得的主要成效如下：

1. 人才培养质量明显提高。特色专业建设致力于培养和增强学生的实践能力与创新能力，学生参加“全国大学生电子设计竞赛”、“全国大学生机械创新设计大赛”等重大赛事屡获佳绩；在就业形势极为严峻的情况下，以上3个专业的毕业生就业率仍比较高。

2. 人才培养特色更加明显。如土木工程专业学生提炼出“一轴两翼”的培养特色。“一轴两翼”的培养方案是指以学生的专业素质为主轴、以学生人文素质和科技素质为两翼的学生综合实力培养方案。通过第一课堂的教学，实现学生专业素质的提升，通过本项目的建设，强化学生第二课堂的参与成效，实现增强学生的人文素质和科技素质、提高学生的综合实力和就业竞争力。

3. 教学改革成果比较丰富。以上3个特色专业建设点为突出人才培养特色，积极开展教学改革，完成了人才培养方案修订工作，并开设试点班。出版了相关教材，针对特色专业建设点进行的教学改革项目获得校级和自治区级立项，部分教学改革成果还获得了校级和自治区级教学成果奖。

4. 师资队伍水平逐步提高。由于以上专业是国家级特色专业建设点，也是本校的优势专业和品牌专业，学校对特色专业的师资队伍建设高度重视，选派拔尖人才出国深造，并积极鼓励教师提高学历和职称，同时积极引进高层次人才。

(二)基本经验

1. 领导高度重视。学校党政领导第一把手是“质量工程”项目建设的第一负责人,各系党政领导第一把手是本单位“质量工程”建设项目的第一责任人。

2. 注重突出人才培养。由于地方院校的硬件环境与软件环境无法与重点院校相比,注意突出人才培养是地方院校的生存之道,也是建设国家级“质量工程”项目的必由之路。

3. 注重充分发挥学校优势。本校的三个特色专业建设均是来自本校的优势专业,即办学历史相对较长、师资队伍力量相对雄厚、人才培养质量相对较高的一些工科类专业。

4. 注重充分利用外部资源。学校本着“校市相融、校企合作”的办学思路和特色,充分利用董事单位等各种有效的外部资源,为培育和建设国家级“质量工程”项目服务。

三、存在问题及原因分析

学校在实施国家级“质量工程”建设工作的过程中,存在的主要问题有两个:

1. 获得国家级的立项项目数量较少。到目前为止,只有机械工程及自动化、土木工程、自动化等三个专业被批准为国家级特色专业建设点,其他方面的项目仍未有任何收获。主要原因除了学校自身的条件与实力不足不外,我们认为还因为在国家级项目评审过程中,地方院校与重点院校共用同一指标,结果自然处于劣势。

2. 学校投入的资金有限。主要是因为学校的收入来源比较单一,而且各专业的收费大都低于区内同类院校。虽然政策上给了极大的支持,但由于经费不足使学校对国家级“质量工程”项目的投入仍无法满足要求。

四、进一步推进在建项目建设的建议

及时做好年度建设计划,合理安排各项进程。对特色专业建设点的培养特色多加研究,制定切实可行的培养方案。注意发挥本建设点的辐射作用,扩大学生受益面。

广西财经学院实施国家级“质量工程”工作总结

一、项目实施基本情况

学校拥有国家级“质量工程”两项,一项是2007年所申报的东盟国际会计人才培养创新实验区建设,另一项是国际经济与贸易特色专业。

(一)组织机构建设

为确保实验区建设取得成功,学校在管理上成立了项目领导小组,由学校党委书记、校长任组长;副校长、教务处长和项目负责人任副组长,学校各职能部门全力配合,在组织领导和部门的协调上确保国家级“质量工程”方案的审定、重大问题的决策、经费的拨付及使用报销等顺利实施。

项目的具体设计、实施等过程采用项目负责人负责制。

(二)配套政策文件

教育教学管理方面,学校有全校性的管理制度。此外,为了适应国家级“质量工程”建设的特殊性要求。如对“东盟国际会计人才创新实验区”项目,批准了专门的教学计划,专门的选修方法,不实行学分制等。

此外,学校针对项目的具体情况制定了政策文件,如《东盟国际会计人才创新实验区学员选拔办法》、《东盟国际会计人才创新实验区导师制》、《东盟国际会计人才培养模式创新实验区课题项目计划》、《东盟国际会计人才培养模式创新实验区实习实践教学计划》、《提高东盟会计人才科研及应用写作能力的培养方案》、《国家级东盟国际会计人才培养创新实验区优秀学生的奖励办法》、《实验区导师遴选与管理规定》、《东盟国际会计人才培养方案》(分别有2007级、2008级和2009级三个年级的培养方案)、《国家级东盟国际会计人才培养创新实验区建设方案》。

(三)实施程序

从学校的层次面上,主要由学校主管领导及教务处、学生工作处等职能部门原则管理和指导,组织协调重大活动,监督检查实施情况,审查经费开支情况等。各项具体实施由项目负责人完成。

建设初期,均由学校组织专家审核论证了各项目的“项目实施计划”、“项目设计实施方案”等关键性文件;组织、指导了各项目的启动、实施过程检查、小结等,参加了重大的对外交流活动。如特色专业项目在2009年召开的全国特色专业建设交流会。

每一个项目均有其独具特色的实施程序。如东盟国际会计人才培养创新实验区项目:采用的基本程序为“1+3”选拔提升教学模式,“1”是第一年实行平台基础教育,该课程在原有班级学习,然后择优选拔进入实验班;“3”指选拔后的3年时间,用于东盟国际会计人才培养的提升式教育,形成具有双外语、双专业、高适应度的综合素质高的国际化会计管理人才。具体又包括有:

1. 确定了该项目人才培养的目标。

2. 探讨、改革与创新各项运行机制。围绕对学生“四种能力”培养、提高学生综合素质的最终目标,在学生选拔、学习管理、课堂教学、实践教学、毕业分配等环节的运行进行改革与创新。具体有:①择优选拔机制;②学习激励及淘汰机制;③课堂教学方法创新机制;④实践方法创新机制;⑤促进学生个性化发展创新机制;⑥毕业推介创新机制。

3. 探讨、改革与创新各项管理模式和运行措施。具体有:①导师制;②两长一短的学期制。

4. 将实践改革与理论研究相结合。将改革的实践活动与申报课题、进行科学研究结合,还积极推行校企合作,完善改革。

国际经济与贸易特色专业,采用了两种培养模式:即“3+1校际交流教学”模式①和“中

① “‘3+1’校际交流教学”模式,是学生先在学院进行3年本科阶段的学习,第4年到泰国东亚大学访学1年,学习结束,成绩合格者,可取得本校的本科文凭和学士学位。

泰‘4+1’本升硕校际交流”模式①。

为高质量地实施“质量工程”,项目负责人提出了提升竞争意识,将“质量工程”作为一项学习实践科学发展观活动,将学习活动与学院、部门的发展相结合。提出要重点解决4个方面的问题:一是国贸系核心竞争力提升工程,提高国贸系的凝聚力、创造力和创新力;二是国贸系和谐文化的塑造,处理好学科、干群、师生、教师、校系、系部、教研室等关系;三是国贸系产学研一体结合工程,将科学研究与服务地方经济相结合;四是国贸系风气建设工程,包括系风、教风、学风、工作作风等方面的建设。

二、成效与基本经验

经过两年的培养,“质量工程”成效显著,主要表现在:

(一)培养特色鲜明

在人才培养上,两个项目都能将高校教育为地方区域经济发展服务放在首位,符合国家对急需人才的需要,解决广西经济发展中对经济人才的需求,特别是在解决东盟国际经济与贸易的会计及营销管理人才方面,特色鲜明。

(二)学生综合素质提高

我们始终坚持“教学以学生为本”。为了加强学生4种能力(创新能力、创业能力、实践能力、就业能力)的培养,两个项目均设置了较为适合人才成长的培养方案,使学生的德、智、体、美及其实践方面均得到较大的提升,同时,通过开设第二课堂、组织各种相关的活动等方式,培养提高了学生的素质。如第一届东盟国际会计人才培养实践班的60人中,第三年初,英语过6级的学生有25人,达到41.66%,英语过4级的学生56人,达到93.33%;有8人次获国家奖学金,获得国家级奖项7项,其中全国大学生英语C类一等奖2人,二等奖2人,三等奖1人;获得全国数学建模比赛二等奖1人,广西数学建模比赛优胜奖2人,二等奖1人。职业证书获得率为100%。

三、存在问题及原因分析

(一)学生学习压力过大

如东盟国际会计人才培养创新实验区项目,由于要学两门外语,特别是英语至少要过4级,越语或泰语的学习时间又非常集中,学习密度大,学生的学习压力非常大。在2008级,就有2人因小语种的学习压力过大而提出退班。

---

① “中泰‘4+1’本升硕校际交流”模式,是学生先在学院进行4年本科阶段的学习,取得本科文凭(经济学学士)后,到泰国东亚大学留学1年攻读硕士学位,毕业后取得东亚大学的泰语学习证书和硕士学位。

(二)课程设计仍存在不合理之处

如东盟国际会计人才培养创新实验区项目,课程的知识构成既包括会计课程,还有部分东盟财经和中国财经比较类的课程,特别在比较类课程方面,设计上还存在一些不足。

(三)教师素质仍有待提高

如东盟国际会计人才培养创新实验区项目,教师包括承担导师任务的教师,也包括承担教学课程的教师。学院的教师大多没有带过研究生,如何做导师的工作经验少,还有的是缺乏工作责任心;有的是工作忙,难以顾及。教学课程的教师承担的主要是一些比较类的课程,教学要求较高。

(四)出国访学受制条件过多

出国访学首先要有出访国的邀请,虽然东盟与学校合作办学的高校很多,但也受到当时政治因素的影响;出国访学的费用多的虽然只是6000元左右,但对于家庭困难的学生来说,仍是难以解决。我们通过企业的捐助解决了一部分,但还有部分学生觉得难以承受。如东盟国际会计人才培养创新实验区项目,在2008级,就有1人考虑到出国费用问题而提出退班。

(五)定单式培养难以实现

按原设想,我们与企业签订定单培养合同,既可解决学生的就业,也可解决部分学生经济问题。但经与企业领导交流后,企业并不愿意,有部分学生也不愿意。

四、进一步推进在建项目建设的建议

1. 召开由专家、企业会计、会计师事务所注册会计师、学生代表等人员会议,探讨修改完善培养方案,特别是完善课程体系。

2. 召开相关教师座谈会,统一思想提高认识,交流经验,目的在于提高工作责任心,改进工作方法。

3. 进一步推行产学研、校企合作,解决学生的就业、创业、访学、实践等问题。

桂林旅游高等专科学校实施国家级“质量工程”工作总结

自教育部正式启动“质量工程”以来,学校坚持以科学发展观为指导,以教学工作为中心,以培养学生的综合素质、创新精神、实践能力为重点,以提高教学质量为生命线,紧紧围绕学校教学“质量工程”,开展专业建设、课程建设、教学队伍建设、教材建设、实践教学基地建设以及教学管理制度建设,不断增加教学投入、深化教学改革、改进实践教学、强化教学管理。通过各项措施的落实,学校教学工作得到了进一步重视和加强,教师的教学水平和学生的学习积极性得到了进一步提高,“质量工程”建设工作取得了一定的成效,同时也存在不足之处,现就本校关于国家级“质量工程”实施情况总结如下:

一、项目实施基本情况

（一）领导重视，精心部署

学校成立了由校长和主管教学的副校长担任组长的“质量工程”建设工作领导小组，组建了校内“质量工程”项目评审专家组，建立健全了组织机构。在长期的探索和实践过程中，逐步形成了由教务处督导、系部制订方案、项目建设小组负责全面实施的“质量工程”建设系统，这种集督导、计划、实施三方面完备的建设系统，使“质量工程”项目建设质量得到可靠的保证。

（二）政策配套，经费扶持

学校制订了《精品课程建设与评选办法》、《教学名师评选及培养实施办法》、《精品课程建设工作经费资助、奖励与管理办法》、《教学团队建设工作经费资助与管理办法》、《国家级教改项目申报和评奖经费资助管理办法》、《学生竞赛项目经费资助与组织、指导奖励办法》等制度，对“质量工程”各项目的建设内容、评选条件、评选办法与程序等作了规定。另外，学校设立“质量工程”专项经费，加大了对各级“质量工程”项目的扶持力度，如对获得国家级精品课程的项目，除给予课程配套建设经费外，学校另给予课题组奖励经费 5 万元。

（三）组织严密，实施有序

学校的“质量工程”建设组织工作严格按照学校相关文件制度规定执行，一般分为全校动员、系部制订方案、项目组申报、专家评审等阶段，其中专家评审阶段，学校“质量工程”项目评审专家组的相关专家按照“公平、公正、公开”的原则对各申报项目进行评审，评审包括负责人汇报、现场答辩等环节，整个评审过程严密有序，确保了“质量工程”各项目的建设质量，专家的评审既是对项目建设程度的检查和评定，更是为项目进一步完善和发展提供宝贵的经验和意见，是对项目建设的促进。另外，学校每年还会对已立项项目的建设情况进行检查，确保各项目建设的顺利开展，对未通过中期检查者，学校将停止资助经费。对于各大学生竞赛活动项目，由相关系部组织实施，选拔、培训、集训三个阶段有条不紊，确保了参赛选手和作品的质量。

二、建设成效与基本经验

（一）师生收获大，教育教学效益明显

通过精品课程项目建设，取得了对青年教师培养的成效。课程建设中的教学探索和改革，成为了青年教师提高学历层次的重要学习项目，也成为他们提高教学与科研能力的主要途径。开放式的精品课程网站，为学生提供了一个 24 小时的学习平台，扩大了学生的受益面，促进了教学质量和学生能力的提高。

通过大学生竞赛活动项目建设，不仅提高了学校指导教师的水平，而且锤炼了学生，

提高了学生的创新能力，培养了学生团队合作精神。

（二）提高知名度，社会影响力日益扩大

学校有两门课程获得国家级精品课程，是全区高职高专院校中首批获得国家级精品课程称号的学校之一，同时，学校的学生多次在全国大学生英语竞赛、英语演讲比赛以及全国大学生广告艺术大赛中获奖，提高了学校在全区的知名度，扩大了学校对外的影响。

（三）示范作用明显，推动教学改革

国家级精品课程建设项目通过课程体系和教学内容、方法和手段等方面改革的示范和带动作用，推动了学校其他课程全面启动课程改革，提高了学校教学质量。学生在各类全国性大学生竞赛活动中取得的成绩，对全校师生也起到了激励、示范和促进作用。

（四）总结经验，不断提高

回顾学校国家级"质量工程"项目建设工作，我们总结出了以下三点经验：一是不断完善的"质量工程"建设系统；二是不断健全的"质量工程"建设管理体制；三是不断增强的"质量工程"建设意识。

三、存在问题及原因分析

校级项目建设虽然取得了不少成绩，但是，还存在着不少问题，如学校在国家级教学团队建设项目和国家级教学名师奖建设项目方面还是空白，另外，在2008年"旅游礼宾礼仪"获国家级精品课程之后，尽管学校在课程建设方面也付出了很大的努力，但一直难以为继。此外，各项目在教育教学方面的作用没有得到最大限度的发挥。其原因在于建设缺乏统筹规划，平时投入精力不足，经费和技术跟不上等。

四、进一步推进在建项目建设的建议

1. 突出特色，科学制定规划。突出学校办学特色；整合人力资源；根据各系、部的专业特点，选择急需而又有条件的项目进行重点建设。

2. 大力扶持，加大经费投入。继续加大对项目经费投入的力度，在人力、物力、财力上给予大力扶持，加快建设步伐。

3. 科学管理，优先配置资源。以项目的方式进行管理，对人员引进、师资培训、技术设备等各类资源优先配置，确保建设质量。

4. 校企合作，加快建设步伐。与社会、行业全面合作，开发、设计和建设各类"质量工程"项目，合理利用企业设备、实训场所等，推进工学结合，培养适应市场需要的人才。

总之，学校在国家级"质量工程"建设项目中取得了一定的成绩，学校教学质量得到了显著提高，学校将在实践中不断总结经验，提高人才培养质量，同时争取在"十二五""质量工程"建设中取得更好的成绩。

南宁职业技术学院实施国家级“质量工程”工作总结

由教育部、财政部于2007年联合启动的“质量工程”是提高高等教育质量,促进我国高等教育规模、结构、质量和效益全面协调可持续发展的重大举措。南宁职业技术学院作为全国首批28所示范性高职院校之一,在这几年来积极顺应形势,抓住机遇,进一步提高学校教育教学质量,学校整体办学水平迈上了一个新的台阶,获得了多项国家级“质量工程”建设项目并取得了一定的成效。现将学校的国家级“质量工程”实施情况汇报如下:

一、项目实施基本情况

2007年以来,学校国家级“质量工程”项目申报取得多项突破,具体项目分别是:2007年艺术工程学院一名教授获得第三届国家级高等学校教学名师奖;2008年艺术工程学院室内设计专业教学团队获国家级教学团队;2007—2009年学校共获得6门国家级精品课程,即旅游学院“导游服务与技巧”、外国语学院的“旅游泰语”、商学院的“证券投资分析”、外国语学院的“旅游越南语听说”、信息工程学院的“.NETWeb应用程序设计”、商学院的“策划创意”。此外,学校积极组织在校学生参加全国大学生职业技能竞赛,通过竞赛提高学生的职业能力和动手能力。2009年,学校在全国职业院校技能大赛中屡创佳绩,分别获得高职组电子产品设计及制作技能比赛二等奖、市场营销大赛二等奖、企业管理沙盘模拟技能大赛三等奖。

以上项目获准承担之后,学校牢固树立质量是学校生命线的意识,紧紧抓住质量主线,全面规划,科学部署,深入实施“质量工程”。在学校党政的正确领导下,在各部处和各二级学院的大力配合下,学校以组织校内外有关专家评审立项建设和择优推荐的方式开展“质量工程”建设,形成了国家、省、校级建设的体系,有条不紊地逐步推进“质量工程”建设。各项目负责人组织相关人员组建建设团队,对建设项目进行认真深入研究,仔细分析,并明确团队的具体分工及实施流程,全面提出建设目标、建设内容和保障措施,为项目的顺利实施做好各项准备。

学校以“质量工程”为抓手,带动学校特色专业、精品课程、教学团队、实训基地、人才培养模式、教学质量监控体系等的全面建设。在“质量工程”开展期间,学校紧紧围绕人才培养这个根本,坚持“质量工程”的各项工作始终以提高人才培养质量这个宗旨,做到教学资源建设保证人才培养质量,教学团队建设提高人才培养质量,精品课程建设促进人才培养质量,人才培养模式改革服务人才培养质量。

二、建设成效与基本经验

(一)建设成效

1.“双师型”结构的教师队伍水平极大提升。

学校以“质量工程”建设为平台,以教学名师培养和教学团队建设为目标,走校企合作道路,创新教师培养、使用和激励机制,依托富士康科技集团、广西德天旅游发展有限公司、建林装饰工程有限责任公司、广西运德集团等多家行业龙头企业，通过兼职、引进、送培等途径，优化专业带头人和骨干教师结构。目前，已经形成由行业专家领军的专业群，由“双师型”教师和行业企业知名专家共同领衔建设重点专业，由专业群领军人物、校企结合专业带头人和高水平“双师型”骨干教师组成专业教学团队的新体制。目前，学校拥有一支由国家级教学名师和国家级优秀教学团队为领军人物的专兼职“双师型”素质教学团队。其中，国家级优秀教学团队1个，国家级教学名师1人，自治区级教学名师1人，自治区优秀教学团队3个。

2. 课程与教学改革成果显著。

学校按照国家精品课程建设指标体系标准，以职业能力培养为重点，以真实工作任务及工作过程为依据整合、序化教学内容，科学设计学习性工作任务，建设60门充分体现职业教育职业性、实践性、开放性要求的优质专业核心课程。核心课程建设强调教学过程与工作过程一致的设计理念，针对岗位职业行动能力设计教学内容，按照“做中学”的学习规律，创设工作情境的教学条件，实施行动导向的教学方法，拓展信息技术和网络教学的课程资源，建设成效显著。

3. 人才培养质量稳步提升。

实施“质量工程”极大地促进学校人才培养的质量，学生就业竞争力和可持续发展能力增强，深受用人单位欢迎。近年来，学校毕业生的年均就业率都在92%以上。2009年经历金融危机后，学校的毕业生就业率在区内同类院校中依旧名列前茅。社会用人单位对毕业生的总体满意率及工作称职率大于90%。毕业生就业质量的提高也提升了学校的美誉度。

（二）基本经验

1. 各级领导重视是前提条件。

学校各项“质量工程”项目从申报到建设，得到了地方政府大力支持、教育主管部门精心指导，有力地保证了学院示范建设的顺利进行。

2. 全员参与是坚实基础。

通过广泛宣传、深入培训、落实责任，让学校全体教师都了解“质量工程”实施的重要意义，并鼓励教师们积极参与“质量工程”的申报和建设，充分调动全体师生员工积极性，极大地促进“质量工程”建设。

3. 经费是项目实施的前提条件。

“质量工程”项目的实施离不开经费的支持。各项目应对专项经费实施多层面、多维度的管理与监控，规范了专项资金的使用和审批流程，确保资金管理的效能及使用效益。

4. 建立和完善工作机构和机制是有效保证。

在学校相关主管部门的统一领导下，已申报成功的“质量工程”以项目的形式开展工作，发挥团队的作用，保证工作落到实处。

5. 严格要求、及时推进是项目开展的重要手段。针对“质量工程”的各项任务，各项目团队制订了科学可行的实施方案并及时推进、有效监控项目建设的进程，确保项目顺利地按时按质按量完成。

三、存在问题与原因分析

(一)高校管理部门监管力度不够

学校行政管理部门是支撑高等学校有效运行“质量工程”、实现教学目标的关键。从高校的实际情况看,一方面教育管理部门人手不够,导致部分工作因此而无法开展。另一方面管理部门体系不够完善,管理比较混乱,使得“质量工程”实施的效果不理想。另外,管理部门人员忙于日常事务性工作,对于教学内涵建设的监管缺乏持久学习和创新精神。工作热情不高也是导致管理部门工作效率低下,监管力度不够的一个重要原因。

(二)专项经费有待进一步落实

专项经费是制约“质量工程”建设发展的一大瓶颈。各项目如何充分合理利用建设经费,做好经费使用规划,充分利用好每一笔钱是项目开展时必须要认真处理的问题。

四、推进在建项目的建议

1. 校企合作、工学结合作为高职专任教师提升自身市场、行业融入度和影响力的有效途径,形式是可以多种多样的,特别是艺术设计类专业,包括智能化、数字化的新兴专业,只有成为行家,才能成为能师,建议相关部门和院校,探究这里面蕴涵的校企互补双赢、师生互补双赢、教学互补双赢的关系,正确引导,规范管理,使之成为一种可推广的高职教育的示范模式。

2. 进一步加强专业的师资队伍建设,以团队建设为契机和载体,强化团队教师理论素养和科研能力的培训,进一步提高课程设计创新和执行能力。同时重点提高“双师型”教师的学历层次和教学科研水平。解放思想,开阔思路,创新机制,灵活引进多层次高技能人才。

3. 加大学校国家级教学团队对其他非国家级教学团队的指导、拉动力度,做出成效。对团队项目建设进一步规范管理,重点研究实践教学环节特别是顶岗实习教学环节的质量监控体系和方法,规范监控措施,提高实践教学质量。

柳州职业技术学院实施国家级“质量工程”工作总结

“质量工程”是直接针对提高高等教育质量而采取的具有深远的战略意义的重要举措,与学院当前“由规模扩大转向内涵发展”的改革需求正好吻合。因此,学院对“质量工程”给予高度重视,利用各类会议、网络、培训、教学检查交流等多种形式向教师与管理人员等宣传“质量工程”,提高管理人员和教师对教改的重视程度,引导广大教师参与“质量工程”建设工作。

一、实施的基本情况

学院共参加国家级“质量工程”项目有精品课程、教学名师评比、教学团队建设三个方面，现有国家级精品课程6门（零件数控铣削加工、汽车发动机检修、设备管理与预防维护、汽车传动系统维修、声乐、就业与创业），国家级教学名师1名，国家级教学团队1个（数控技术专业教学团队）。与自治区级、院级的“质量工程”项目形成了金字塔形三级梯队。

（一）明确机构职责，推进“质量工程”

成立了在教工委领导下的院系二级管理机构，明确相应的职责。各部门根据“质量工程”项目的要求，相互配合，相互支持，通力合作。

学院教学工作委员会是“质量工程”的决策机构。审议决定“质量工程”的总体规划和整体措施，审议立项建议方案，提出评审意见。由院务会批准项目立项。

“质量工程”办公室与教务处合署办公，教务处是教学管理部门，部署与监督项目的实施。具体负责“质量工程”的具体组织管理和日常事务，主要的职责有：执行学院教工委有关“质量工程”的决定；制订“质量工程”项目指南；根据系（部）推荐，受理“质量工程”项目的申报；提出项目立项建议方案，组织教工委进行评审；组织项目的中期检查与验收评价；与相关部门协作，宣传并推广项目建设成果；遴选推荐自治区级、国家级教学改革项目。

教学系（部）是“质量工程”的实施基层机构，其工作状态与质量，直接关系“质量工程”的成效。建设中的主要职责有：对项目申请进行审核，提出推荐意见；创造良好环境和条件，支持项目的实施；协助财务部门对项目资金进行管理；协调解决项目实施过程中出现的问题。项目负责人主要职责有：负责项目的立项和验收申请，接受项目中期检查；依据项目的有关要求和规定，制订项目建设计划；组织项目实施工作，完成预期目标；按规定合理安排、使用项目经费；宣传、展示项目建设成果，推进项目建设成果应用。

（二）制订了系列文件，保障“质量工程”的推进

学院结合教育部和广西教育厅“质量工程”的建设内容，制订了《关于“十一五”期间实施教学质量与教学改革工程的意见》，按照快捷反应、突出重点、权力下移、深化改革的原则，明确了学院实施“质量工程”的指导思想、目标要求和主要内容。把“质量工程”项目与“国家示范校”项目结合起来，重点建设以下内容：

1. 专业结构优化与专业群建设，建立以重点专业为龙头、相关专业为支撑的专业群，促进专业群协调发展。

2. 人才培养模式创新，深化“校企深度交融，工学有机结合”人才培养模式改革，建立具有各自专业特色的人才培养模式。

3. 课程建设与改革，建成以培养高水平职业素质和专业能力为核心的以工作过程为导向的课程体系，更新、重组、序化教学内容，推进教学方法和手段改革。做好学院、省、国家三级精品课程建设工作，与行业企业共同开发立体化教材。

4. 教师队伍建设。实施“双师型”结构的教师队伍建设，评选和表彰在教学和人才培

养工作中有突出贡献的教学名师。

5.教学条件建设。与课程的实践教学密切结合，校企合作，共建、共管、共享实训基地。加快开放式实训室建设和实训室内涵建设工作。积极组织大学生参加各种大学生技能竞赛。

6.社会服务能力建设。积极为社会提供技术开发与服务，大力开展职业技能培训和技能鉴定工作。积极与兄弟院校进行对口支援、对口交流和国际交流。

为保证院级“质量工程”的实施，学院制订了《教学质量与教学改革项目暂行管理办法》。按照“快捷反应，简化手续；突出重点，联系实际”的工作原则，明确了“质量工程”项目的组织管理、工作流程、经费管理等内容。加强对项目的申报、评审、中期检查与验收推广的管理。设立“质量工程”专项资金，实行项目管理，按照“分步划拨，分级管理；单独核算，专款专用”的原则，项目负责人对项目资金的使用管理负责。项目经费分为两类经费（“项目实施经费”与“项目奖励经费”，比例为1∶1），分两步划拨。项目经费以部门经费的形式，实行二级管理。教学系（部）对项目实施经费的使用进行独立核算，项目奖励经费按照学院对系（部）经费的有关规定进行管理。

制订了《精品课程建设实施办法》（试行），规定了精品课程建设的建设原则与基本思想、建设规模与评审范围、评审条件、评选程序与办法、精品课程的建设管理等内容。

制订了《关于开展教学名师奖评选表彰工作的决定》，以“强化名师意识，增强名师效应，发挥名师作用，落实教学工作的中心地位，持续推动教学改革，推广先进的教育理念和教学方法，促进教学水平和人才培养质量的提高”为建设指导思想，明确了教学名师评选的基本原则、评选时间及名额、评选基本条件、评选程序、表彰奖励办法与工作机构及人员等内容。

制订了《教学团队建设与管理暂行办法》。通过建立团队合作的良好机制，推进教学工作的老中青结合，专兼结合，发扬传、帮、带的作用，培养可持续发展的教学队伍。文件要求：学院以专业（群）或系列课程为建设平台组建教学团队，所有的教师（含在行政部门工作、承担教学任务的教师）必须根据本人专业或所授课程参与到相应教学团队，教学团队项目建设由团队负责人负责。一名教师只能担任一个教学团队的负责人，在一个建设期内一名教师最多参加两个教学团队。各系（部）可在专业（群）或系列课程教学团队的基础上建立课程教学团队。文件明确了教学团队的职责（含团队建设、团队负责人能力提升、专业建设、课程及教学资源建设、实验实训条件建设、教育教学研究、社会服务能力建设等）。并对教学团队岗位设置、教学团队成员岗位任职条件及职责、教学团队的考核与管理等做了规定。

（三）院级、自治区级、国家级三级立项，规范管理

学院充分利用文件学习、指导建设、项目申报、评审的机会，促进“质量工程”各项目的有效推进。结合“质量工程”的总体目标、学校教学实践中面临的问题开展项目申报与建设。通过院级立项，引导教师开展先期建设，更新教育观念，鼓励教育创新，开展改革实践。在院级的基础上，由学院教学工作委员会评审推荐申报自治区级、国家级的“质量工

程”项目。

院级项目分 A、B、C 三个等级，分别给予不同的资助经费（不含设备购置费，购买设备另外资助），所有的自治区级、国家级项目，学校按照上级文件要求配套，至少给予不低于1∶1的配套经费。

二、主要成效与基本经验

（一）主要成效

1. 更新职业教育理念。在建设国家级“质量工程”项目的过程中，我们深深体会到，更新了职业教育理念成为最关键的因素。理解文件，吃透标准，首先必须更新职业教育理念，否则就会“形像而神不像”。不能照搬套用别人的东西，不能等着上级教你怎么做，首先用新的理念去指导实践，根据自己的定位、条件、特点，创出自己的特色。可以说，每一个承担了国家级“质量工程”项目的教师都在不知不觉中成为了“教育家”，改变了过去认为专业能力强就万事大吉的想法。

2. 增强质量意识。“质量工程”的目标就是要提高教学质量，所有项目的建设指标，都是围绕着如何提高教学质量这个目标来设计的。高职教育的质量问题，在高等教育中，显得更为突出。让企业满意、让学生与家长满意，成为了建设“质量工程”项目的指导思想。在建设国家级“质量工程”中，通过层层带动（如国家级精品课程带动了一大批的自治区级、院级精品课程；国家级教学名师与国家级教学团队带动了自治区级、院级的教学团队与教学名师建设），引发了大范围的质量观的讨论、思考。现在学院已经建立了较为完善的教学质量监控系统，教师课堂教学质量评定取得了阶段性的成果。可以说，从理论到实践，高职教学质量观已经深入人心。

3. 推进教学改革。高职开展的国家级“质量工程”项目仅有精品课程、教学名师与教学团队三个方面的内容，因为课程、教师是教学改革的核心，牵一发而动全身，这三个内容对教学改革带来的影响是全方位的。自从开展国家级“质量工程”项目以来，学院分别启动了“校企深度交融，工学有机结合”的人才培养模式改革、工作过程系统化课程体系的改革、百门网络课程工程、以过程性考核为重点的考核方式改革、实践教学基地的“5S”管理、教师课堂教学质量评定等内容。教学改革已经成为了教学活动的主旋律。

4. 提高教学质量。通过国家级精品课程、国家级教学名师与教学团队建设，使得课程的师资队伍、教学内容、教学条件、教学方法发生了巨大的变化，教学质量得到了较大的改变。特别是我们配套实施的一系列教学改革活动，给学院的所有教师形成一种无形的压力与动力，使得教师更加关注课程、关注教学，加大了在教学中的投入。如，各级精品课程参与的教师超过80%，学院的教育技术评比有超过60%的教师参与，学院的教师课堂教学质量评定超过50%的教师参与。一些教师为了能上好一节课，所有教学团队的成员共同研究，反复修改教学设计，不断调整教学内容。从课堂质量评定上看，2009 年共有 20 多名教师的课被评为精品课（课酬提高 50%），40 多名教师的课被评为优质课（课酬提高20%），没有出现不合格课。从学生的评教中可以得知，学生对教学的满意度不断提高（据麦可思的调查,学院2009届毕业生对母校的总体满意度达到75%)。在2009年获得了自治区级教学成果奖6项、国家级教学成果奖1项。

(二)基本经验

1. 重点立项与整体推进并重。教学改革工作是分步骤推进的,在不能所有的工作都列入"质量工程"的情况,必须处理好重点立项与整体推进的关系。每个学校都有自己的优势专业,也有一些条件相对较弱的专业,在立项"质量工程"项目时(尤其是自治区级、国家级的项目),往往是向优势专业倾斜。如果认为"质量工程"仅仅是优势专业的事情,与其他专业无关,那就背离了实施"质量工程"的目的了。我们的做法是尽量分散项目立项的分布,如果实在不行,就在下一级立项,使得所有的专业、教学团队均有机会分享实施"质量工程"带来的经验成果与经验。

2. 要有相应的研究与培训。企业对学校的要求不断变化,高职学生在入学基础与学习特征上也与过去有很大的不同,作为教育新类型的高职教育面临着越来越多新事物新问题。唯有在实践中不断学习、深入研究,才能在探索中少走弯路错路。例如学院教师主持教改课题,仅2008、2009年就立项院级教改课题150多项,自治区级教改课题36项,远远超过了过去10年的总和。邀请国内外教育专家进行培训与指导就有近20次,院内的主题沙龙、培训班、研讨会更是不计其数。可以说,针对性的研究与培训已蔚然成风,学院也提出了要建设能迅速应对环境变化的、具有学习力的学习型学院。

3. 要有有力的保障机制。"质量工程"项目是一项长期的工作,要保证其正常开展,实现既定的目标,发挥应有的作用,需要建立相应的保障机制。首先,建立组织机制。我们成立了"质量工程"项目的领导机构——学院教学工作委员会,负责总体规划和评审等工作。并在教工委的授权下成立了各种评审委员会,负责对项目的立项评审、中期检查与评估等工作。设立了组织机构——教务处,负责部署与监督项目的实施。具体负责"质量工程"的具体组织管理和日常事务。其次,完善运行机制。在学院制定的《教学质量与教学改革项目暂行管理办法》中,规定了有关部门的分工协作关系。各部门之间目标是一致的,各部门各司其职,密切合作,及时发现工作的问题,提出整改意见,并及时处理。特别要做好教务处的工作,做到不越位、不懈怠。再次,健全激励机制。把"质量工程"的建设效果与部门、个人的利益挂钩,充分调动推进项目的积极性与主动性。如"质量工程"项目与课酬直接挂钩;与教师年终的工作量挂钩;与教学成果奖挂钩;与教学团队的奖励等级挂钩。

三、存在问题及原因分析

(一)"质量工程"的项目评审指标存在局限

统一与个性的问题。各级的"质量工程"项目均有统一的评审方案,对评审指标体系、评审等级标准、评审程序等进行了明确的规定。但是有些"质量工程"项目(如精品课程、教学名师、教学团队)涉及不同的类别,如精品课程在评审时,既有公共课与专业课的差别,又有理工类与文科类的差别,教学名师与团队也有类似的情况。如果不考虑他们之间的差别,而均采用统一的评审标准,则会一些项目在申报时削足适履,扼杀了其原有的个性与特色。如果国家级、自治区级、院级均采用同一套标准,这样的问题更加突出。

"说的"与"做的"不一致的问题。每个"质量工程"项目均有申报书,但是申报书中"说的"与实际"做的"不对应。一种情况是项目开展得很好,但是不善于总结、不善于积累,"说的"不如"做的",这也影响了成功的推广。另一种情况是项目平时没有怎么开展,到要申报的时候脱离实际、主观拔高,甚至有弄虚作假的情况。因评审人员不能全部现场考察,所以如何在制度上、运行程序上保障"说的"与"做的"一致,是值得关注的。

(二)精品课程的利用率不高,部分建设内容进展缓慢

"为教"与"为学"的问题。这个问题在精品课程建设中比较突出。精品课程建设的初衷,既"为教"也"为学",但是在实际中,存在着"为教"、"为学"都没有实现的情况。不能很好地"为教",是因为高职的课程各地区的差异比较大(包括内容的差异、学生的差异、条件的差异),相互的借鉴受到较大的影响。不能很好地"为学",是因为现在精品课程的大部分教学资源不是为学生设计的,没有教师的帮助,学生很难在精品课程中自学。因此,造成了精品课程的教学资源利用率不高,很多精品课程成为了摆设。

教学视频等进展缓慢。精品课程往往是在申报的时候很积极,申报成功了就懈怠了,致使很多精品课程的建设内容不能按计划进程完成。特别是精品课程的教学视频,因为建设难度较大,进展尤为缓慢。其实教学视频是最能体现教师的教育教学观以及教学能力的,离开了最真实的课堂,很多材料在另一个人看来很难理解与借鉴。

(三)教学名师的宣传不够到位,没能充分发挥示范和辐射效应

"质量工程"设立教学名师奖,是抓住了提高教育质量的关键,体现了人力资源是第一资源的思想,是尊重知识、尊重教学、尊重教师的具体表现,对形成尊师重教的社会氛围有着积极的意义。但是社会上对教学名师知之甚少,即便是教育同行也不甚了解。不知人名还不是最重要的,最要紧的是不知道教学名师的理念是什么,他又是如何去实践他的理念的。教师离开教育理念、不把理念落实在教学实践中(如教学名师的课堂教学),名师就失去了精神与灵魂。教学名师不应该仅仅是一种荣誉称号,他应该成为教育创新、教学改革的楷模,而不是一个符号。

四、进一步推进在建项目的建议

(一)增加高职的"质量工程"项目

目前,"质量工程"项目共设立了11个国家级的项目,即精品课程、精品教材、双语教学示范课程、教学团队、教学名师、特色专业、大学生创新性实验计划、人才培养模式创新实验区、实验教学示范中心、专业认证(评估)、大学生竞赛资助项目等,然而涉及高职的仅有精品课程、教学团队、教学名师三种,自治区级"质量工程"项目也是本科远多于高职的,与高职教育的学校数、在校生数均不相符。因为高职是刚刚出现不久的新事物,在经历高

速规模扩大后,更加需要指导如何提高质量、如何进行教学改革。建议增加适合高职参与的"质量工程"项目。

(二)加强建设过程的指导与监控

一方面是急于求成,为了申报"质量工程"项目,把没有充分得到实践检验的教学方案作为了教学成果。建议加强对项目建设过程的指导,如果能进校指导效果更佳。现在指导与培训主要以研讨会、培训班的形式,缺乏针对性,容易流于形式。另一方面是进展缓慢,这个情况在精品课程建设中显得尤为突出,申报时往往是突击建设,申报成功后又进入停滞状态。

广西交通职业技术学院实施国家级"质量工程"工作总结

近年来,学院认真贯彻落实《教育部关于全面提高高等职业教育教学质量的若干意见》(教高[2006]16号)和《关于实施广西高等学校教学质量与教学改革工程的意见》(桂教[2008]6号)精神,以及学院"十一五"发展规划中有关教学质量与教学改革建设目标,以内涵建设为重点,以提高教学质量为中心,积极推行各项教学"质量工程"建设,成效显著。2008年,汽车发动机构造与维修课程获国家级精品课程称号,2009年,一名教授获国家级教学名师称号。现将学院国家级"质量工程"项目实施情况总结如下:

一、国家级"质量工程"项目实施基本情况

(一)国家级"质量工程"建设项目

1. 国家级精品课程。2008年,"汽车发动机构造与维修"课程获国家级精品课程称号。

2. 国家级教学名师奖。2008年,学院从首批院级教学名师中择优推荐汽车工程系一名教授参评广西第二届高等学校教学名师奖并当选;2009年,由自治区教育厅推荐,该教授作为当年广西高职高专院校唯一候选人参评第五届高等学校教学名师奖并当选。

(二)建立完善的"质量工程"领导机构

学院书记、院长亲自挂帅抓"质量工程",分管教学副院长主要负责"质量工程"项目建设的组织和协调,对项目建设定标准,提要求,对实施情况进行监控。2007年下发了《关于调整广西交通职业技术学院教学质量与教学改革工程领导机构成员的通知》,对学院的教学质量与教学改革工程领导机构成员进行了调整。

(三)制订并实施"质量工程"配套政策及文件

学院为认真贯彻落实《教育部关于全面提高高等职业教育教学质量的若干意见》(教高[2006]16号)和《关于实施广西高等学校教学质量与教学改革工程的意见》(桂教[2008]6号)精神,全面实施教学"质量工程",学院先后制定了《贯彻落实〈教育部关于全面提高高等职业教育教学质量的若干意见〉的实施方案》、《教学质量与教学改革工程实施

方案》、《院级重点、精品课程建设管理及实施办法》(修订)、《课程考核奖惩办法》、《教学成果奖励办法》(修订)、《专业带头人选拔与管理办法》(试行)等21个关于教学质量监控、精品课程建设、师资队伍建设以及大学生科技创新大赛方面的配套文件。

(四)国家级"质量工程"实施情况

1. 国家级精品课实施情况。

学院领导高度重视"汽车发动机构造与维修"的课程建设,认真执行教育部和自治区教育厅有关文件,制定了切实可行的政策措施,大力支持和推动课程建设。进一步加强了学院精品课程网站的建设,对网络进行优化,保证网络24小时顺畅运行;同时为了促进已建立了课程网站的各级精品课程在日常教学中的应用,学院又投资150万元,在教学楼一至三楼装备了20个网络教室,所有师生均可利用校园网络平台,远程利用该课程网站开展教与学活动。

在学院领导的高度重视下,"汽车发动机构造与维修"精品课程重点建设内容是:师资队伍建设、教学条件建设、教学改革等方面。学院将继续加大对汽车发动机构造与维修精品课程建设的力度,并将该课程作为全院课程改革的领头羊,要求课程负责人或课程主讲教师将课程建设所取得的成功经验向全院推广。为此,学院还将投入50万元经费用于汽车发动机构造与维修课程资源的完善和课程主讲教师的培训。

2. 国家级教学名师项目实施情况。

学院对教学名师的培养,是通过鼓励普通教师参与实训基地建设,把一大批普通教师培养成为了"双师型"骨干教师。再以课程建设为抓手,通过积极构建专业教学团队(或课程教学团队)共同参与课程建设,培养了专业带头人,锻炼了教学团队。通过激励专业带头人带领教学团队主动为行业、企业提供技术支持与服务项目,进一步扩大专业带头人在行业、企业的融入度与影响力,有重点地打造和培育各级教学名师。

二、建设成效与基本经验

1. 领导高度重视,实施一把手工程。学院领导高度重视"质量工程"建设工作,明确院领导和各部门一把手亲自抓实施工作。学院党委、行政部门、"质量工程"领导小组多次开会专题研究工作,负责教学的副院长亲自主持研究和制定"质量工程"方案和计划,亲自动员部署和检查督导,学院领导班子成员分工负责专项工作,从而保证了学院对"质量工程"建设的强有力领导。

2. 项目评估管理模式是"质量工程"建设的手段。精品课程的建设实施项目评估管理模式,落实责任制,明确责权利,建设任务落实到"质量工程"负责人,根据国家级精品课程、教学名师的评价指标进行检查与评估。

3. 校企深度合作,使"质量工程"建设进一步深化与提高。从2006年开始,学院本着互惠互利、合作共赢的原则与多家汽车4S企业开展全方位的合作,先后与丰田公司、机电公司、博士公司等签订了合作办学协议,学校为企业开展订单式人才培养,提供产品研发、技术推广和员工培训等服务,使教学模式创新、课程体系改革与师资队伍等教学"质量工程”建设进一步深化与提高。

三、存在问题及原因分析

1. 教学质量项目过分集中在少数教师手中。目前国家级“质量工程”项目建设正处于探索过程中，项目相对较少，对一些有能力教师缺少参与机会，如上级主管部门限定项目申报数。

2. 国家财政对教学“质量工程”的资金投入有待进一步加大。在各项教学“质量工程”建设中，存在着设备不足、经费紧张的问题。

3. 项目管理模式和激励机制有待进一步完善。在实施教学“质量工程”建设过程中，由于在实施教学质量工程建设中会不断出现新情况和新问题，有关协调人员、物质调配以及人员的奖惩等方面，存在一定难度。

4. 评审机制有待进一步完善。目前教学“质量工程”评审基本上是由主管部门组织各院校专家进行评审，会存在着由参与评审的专家对项目立项在各院校之间进行人为平衡的可能，使得一些院校申报的项目年年落选，影响其参与的积极性。

四、进一步推进“质量工程”建设的建议

进行进一步调研，在可行的前提下，多开设一些国家级的“质量工程”项目；加大国家财政资金的投入；完善项目管理模式和激励机制；评审机制应引入行业与企业方面的专家参与，确保公正性。

第二节　自治区级高等学校教学质量与教学改革工程实施工作总结

广西师范大学实施自治区级“质量工程”工作总结

广西师范大学在实施自治区级“质量工程”建设的过程中，注重深化教育教学改革，以课堂教学改革为抓手，全面提高教学质量，逐步深入实施“质量工程”项目，现将学校自治区级“质量工程”实施情况总结如下：

一、实施基本情况

为贯彻落实《教育部关于加强高等学校本科教学工作，提高教学质量的若干意见》（教高［2001］4 号）、《教育部财政部关于实施高等学校本科教学质量与教学改革工程的意见》（教高［2007］1 号）和《教育部关于进一步深化本科教学改革全面提高教学质量的若干意见》（教高［2007］2 号）等文件精神，学校先后召开了第四次、第五次教学工作大会，对如何进一步贯彻落实教育部下发的有关文件精神、深化教学改革、提高教学质量等问题进行了深入的讨论研究，先后于 2003 年制订并实施了《本科教学质量与教学改革工程建设实施

纲要》(第一期),重点开展了"十项任务",包括:院系本科教学工作水平评估、精品课程建设、教学名师奖励计划、大学外语教学改革、专业结构调整与优化、教学成果建设、学分制教学管理制度完善、教师教育人才培养模式改革、教育实践和教学实验改革和教学信息化建设;2007 制订并实施了《本科教学质量与教学改革工程建设纲要》(第二期),通过实施以"五大子工程十五项任务"为主要内容的第二期"质量工程"建设,促进学校本科人才培养,质量实现新的跨越。"五大子工程十五项任务"即:(1)人才培养模式改革工程,包括培养方案修订、文化素质教育、教研教改互动三项任务;(2)教学内容、方法改革工程,包括教学内容更新、实践教学强化、研究性教学探索三项任务;(3)教学资源优化共享工程,包括专业建设优化、精品课程[教材]建设两项任务;(4)优秀教学队伍建设工程,包括教学名师培养、青年教师成长、教授上本科课三项任务;(5)质量保障体系完善工程,包括制度体系完善、组织体系完善、评价体系完善、反馈机制完善四项任务。此外,学校为还制订并发布了推荐自治区级"质量工程"项目建设的相关配套文件,包括《精品课程建设及管理暂行办法》、《优秀团队评选与资助奖励办法》(试行)、《教学名师奖评选与奖励办法》、《本科教学工作奖励办法》(试行)等管理文件。上述文件实施效果好,成效显著。

目前,学校在建的自治区级"质量工程"项目内容包括:精品课程、人才培养模式创新实验区、实验教学示范中心、教学团队、教学名师奖等。

二、建设成效与基本经验

经过多年来两期"质量工程"项目的建设,学校现已获得自治区级"质量工程"项目 54 项,主要包括:

1. 自治区级精品课程 30 门,其中包括广西高校思政精品课程 2 门、广西教师教育精品课程 7 门。学校加大精品课程建设力度,重点建设内容包括:切实加强教学队伍建设、重视教学内容和课程体系改革、注重使用先进的教学方法和手段、重视教材建设、理论教学与实践教学并重、建立切实有效的激励和评价机制等方面。学校按自治区文件要求给予精品课程按 1∶2 比例配套建设经费,确保了精品课程建设经费。学校自治区级精品课程均进行了网络课程建设,通过课程网站使得学生课外自主学习的资源得以扩展,受到学生的普遍欢迎和肯定。目前参与精品课程的教师达 500 余人,学生受益面广,尤其是一些公共课程的精品课程。

如教育学(公共课)精品课程,教学效果优良,教学的骨干教师屡获校级优秀教学奖和优秀教师奖,学生评教优秀,课程改革富有成效,获同行认可度高,其教材建设在广西区内、国内都具有一定的知名度,该门课程于 2009 年获准立项为国家级精品课程。又如中国古代文学这门自治区级精品课程,根据课程的特点,采取以课程教学为主、自学为辅的教学模式,在课堂教学中注意运用多媒体课件及启发式、研究性教学等多种教学方法,使学生对该课程产生了浓厚的兴趣,培养了学生初步的科研能力和独立学习能力;以课题的形式,尝试多媒体教学实践改革取得成果,现代化教学手段已经覆盖本学科各层次的全部课程;在教学手段现代化方面,走在了全国中文学科教学的前列,产生了良好的社会影响。

2. 自治区级人才培养模式创新实验区 3 个,即:应用型法律人才培养模式创新实验区、西部民族地区教师教育人才培养模式创新实验区、地方师范院校电子信息类人才培养模式创新实验区。学校历来重视人才培养模式的创新改革,主要的做法有:一是实施学分制教学管理制度。学校首先提高认识,更新观念,统一思想,为学分制的推行打下基础;其次是建立健全了学分制教学管理制度,包括实行选课制、导师制、弹性学分制、学分绩点制、灵活多样的考试管理制度、信息化网络化教学管理和"双师制"学生管理模式。二是改革人才培养模式。学校首先定期修订学分制管理模式下的人才培养方案,整合优化课程体系,建立模块化课程,加强人文科学素质融合教育,加强实践教学,突出学生创新精神和实践能力的培育。其次是完善创新人才培养的机制,包括实施按学科大类招生和培养的试点改革,进一步拓宽专业口径;实行主辅修制、双学位制及创新学分制,培养跨学科人才;开展应用性本科人才的试点培养,培养复合型、创新型人才。再次是以国家大学生文化素质教育基地为平台,培养学生人文科学素养。通过一系列人才培养模式的创新与改革措施,学校于2009年获准立项了3个自治区级人才培养模式实验区,学校为其配备了启动建设费2万/项,又按照教育厅下拨的实验区建设经费落实了10万元/项的配套经费,进一步扩大了实验区的教师参与度和学生受益面。如:地方师范院校电子信息类人才培养模式创新实验区,自立项以来,进一步优化了本实验区的人才培养方案、教学计划和实践课程体系。通过精心组织、加强训练、积极指导,该实验区学生在2009年全国大学生学科竞赛中取得优异成绩,共获得全国二等奖2项,广西一等奖3项,广西二等奖12项;广西高校大学生创新设计与制作大赛二等奖1项,三等奖1项。

3. 自治区级实验教学示范中心9个,其中,物理学实验教学示范中心已建成为国家级实验教学示范中心。学校对实验教学十分重视,针对教学体系中的实验课程教学,在发展规划、教学计划制订、教学设施改造和教学改革等方面均予以优先考虑。学校先后印发了《实验教学中心管理办法》、《实验室建设项目管理办法》,重新修订了《教学科研仪器设备管理办法》、《实验室人员劳动保护用品发放管理办法》、《实验室化学危险品管理办法》和《实验室放射性同位素与射线装置防护管理办法》等文件。这些文件对保证实验中心的高效运行,提高实验教学质量发挥了重要作用。为了建设高水平的实验教学平台,完善实验教学设施与环境,学校投入了大量经费用于实验教学示范中心建设,对实验设施和环境进行了全面改造,如:2007年投入到化学实验教学示范中心的教学设施与环境改造专项经费142万元,普通仪器设备改造经费124万元,购买大型仪器费用694万元,2008—2009年又对仪器设备进行了补充和完善。

又如电子信息工程实验教学示范中心,从四个方面加强专项项目的建设:一是教学团队建设。2009年新引进的实验教学人员3名具有硕士学历,2名具有博士学历,都具有良好的工科实践背景。二是工程综合训练开放实验室体系探索与完善。工程综合训练开放实验室(C类实验室)吸引了更多的教师参与了C类实验室项目和对学生的研究工作的指导,本年度广西师范大学实验室开放基金项目资助16项,获大学生创新性实验计划项目资助8项,与企业横向合作的项目6项。三是大学生科技创新基地建设。大学生科技创新基地从2004年建设以来,在2008年至2009年得到了学院、学校大力支持。目前基地面积达到了700多平方米,实验设备达到了60多万元。建立完善管理制度,增加指导教师,加大训练内容，进行了运行机制方面的探索，现实行5—10人学生为一个团队进行团队学习，定期进行交流，团队学习这种方式取得了良好的效果。四是大学生创新团队的建设。目前已经成立了网页设计大学生创新团队、家用电器维修和教学仪器设备修护大学生创新团队，学院网络中心维护和管理大学生创新团队，计算机机房维护和管理大学生创新团队。其中网页设计团队参与多个项目开发研究，并取得良好成果。计算机机房维护和管理大学生创新团队为学院计算机机房的开放作出了贡献，学生在得到专业知识的学习和专业训练的过程中，同时也为学院的教师和学生提供更多、更完善的服务。

4. 自治区级教学团队6个，其中，汉语言文学文科基地教学团队已建设成为国家级教学团队。学校大力实施"人才强校"战略，积极推进高层次人才引进工程、拔尖人才培养工程、青年教师成长工程、人才团队建设工程等"四大工程"。通过采取一系列行之有效的措施，培养和引进高层次人才，打造骨干教师队伍。在人才团队建设工程尤其是自治区级教学团队建设方面，学校强调学科是师资成长和发展的载体，强调紧紧依托重点学科、重点实验室、重点研究基地、博士点、博士后科研流动站的建设培育团队，先后获准立项了汉语言文学国家文科基地教学团队、代数几何系列课程教学团队、大学英语教学团队、中国古代文学教学团队、物理课程与教学论教学团队、哲学教学团队。学校给予每个团队3万元启动建设经费，并按照自治区教育厅的要求配套10万元的建设经费。通过团队建设，凝聚和稳定了一大批优秀人才，提升了教学质量和办学水平。团队自身在教学工作、教学研究、教材建设、团队运行机制与管理机制等方面都取得了很好的成绩。如：代数几何系列课程教学团队自立项以来，学院的领导和教师非常重视，积极参与。团队充分利用高级职称教师资源，积极贯彻教育部4号文件提出的"教授为本科生上课"的精神，教授、副教授全部给本科生授课，特别重视代数基础课和高等代数与解析几何主干课教学，安排教授、副教授到基础课和主干课教学第一线。团队以广西师范大学数学科学学院的基础数学学科建设、数学与应用数学优质专业建设、师资队伍建设为基础和依托，以教学成果奖、青年教师讲课比赛奖等活动为激励机制，以教学各环节质量标准、听课制度、教学督导员制度、定期教学检查制度、学生评教制度等行之有效的质量监督体系为保证，以提高教学质量和人才培养质量为最终目标，全方位、多层次地开展课程建设和教学改革工作。团队教师主编、参编的2部教材在广西5所高校得到推广使用，发表了系列教学研究论文，其中6篇论文发表在核心期刊上。实施了青年教师助教制度，开展优秀教师示范性教学活动。利用大学生创新基地数学建模实验室，培养学生利用代数几何知识解决问题的能力和创新能力。团队教师指导学生参加全国大学生数学建模竞赛，获得多项全国一、二等奖。团队教师以科研促进教学，现主持国家自然科学基金项目1项，广西自然科学基金5项。在培养青年教师工作方面，本团队建立青年教师培养计划，加强对青年教师的培养，侧重他们教案的编写能力，教学内容的选择处理能力，经常检查教案，帮助备课，努力提高青年教师对教材的处理能力、教学情境的设置能力、课堂教学调控能力。受益学生包括采用我们编写的《高等代数与解析几何》新教材的广西5所高校及北京科技大学等区外高校的学生。

5. 自治区级教学名师奖获得者6人，其中，一名教授于2009年获得国家级教学名师奖。教学名师是既具有较高的学术造诣，又能长期从事基础课教学，教学水平高，教学效果好的教授。教学名师的培育不是一朝一夕的事情。学校在重视优秀教学队伍的培育过程中,着力建立健全制度机制,提高本科主讲教师教学水平。一是实行主讲教师资格制度,把好主讲教师准入资格,实行青年教师助教制度,开展"传、帮、带"活动,确保了主讲教师符合教育部关于高校主讲教师岗位资格要求。二是实行教授、副教授为本科生授课制度。学校重视并要求教授、副教授为本科生授课,从教学考核、职务考聘和晋升、岗位津贴发放等方面做出了明确要求,使得为本科生授课成为学校教授、副教授们的自觉行为,保证了一大批科研能力强、学术水平和教学水平高的教授、副教授坚定地走向了本科教学第一线。三是建立主讲教师教学水平提高的保障机制,以规范的奖惩管理激励教师高水平的教学,设立了校级教学名师奖、教学能手奖、教学新秀奖和青年教师教学优秀奖,建立校级、自治区级、国家级教学名师奖评审和申报机制;以优质的师资队伍保障高水平的教学;以显著的教改成果引领高水平的教学;以创新的科研成果促进高水平的教学。四是加强师德师风建设,树立良好教师风范。当然,学校主要是为教学名师的成长创造良好的外部条件和客观环境,教学名师自身长期潜心教学工作,教学水平高,教学效果好,在教学建设、教学改革、教学创新等方面做出了突出成绩,全校上下有目共睹。教学名师不仅对大学教师重视教学、投身教学起到了积极的引领和示范作用,同时以言传身教、严谨学风和高尚师德影响学生,成为学生健康成长的指导者和引路人。如:自治区第二届教学名师奖获得者始终坚持改革开放与创新开拓的理念和思维,积极进行教学改革与教学研究,曾主持教育部教改项目1项,参与1项;主持自治区教改项目3项;主持项目获得国家级教学成果奖二等奖1项,自治区级教学成果奖一等奖2项;参与项目获自治区级教学成果奖一等奖1项。他认为,被授予"教学名师"称号既是荣誉,也是压力,感到身上的担子重、压力大,挑战性和危机感并存。他在本科教学中主要承担文学概论必修课和文学批评选修课教学任务;在研究生教学中主要承担文学研究方法论、中国古代文论和文学批评学教学任务,每年工作量饱满,年均200节课。鉴于教学与科研等方面综合成绩,他获得了国务院政府津贴、广西优秀专家、广西教学名师等称号。

三、存在问题及原因分析

在开展自治区级"质量工程"项目的过程中,发现了一些存在的问题,主要表现在以下方面:

(一)项目建设经费不足

项目负责人认为尤其是自治区级精品课程建设经费不足。因为课程网站建设需投入大量的人力、物力,需要进一步支持课程团队一线教师开展课程教学改革、教学调研、教学论文发表、教学研讨活动等,但碍于经费,投入有限。目前自治区级精品课程的自治区下拨经费1万,学校配套2万;自治区级教师教育精品课程和广西高校思政类精品课程经费则更少,自治区级精品课程的建设经费额度甚至不及一项自治区级教改重点资助项目建设经费。

(二)优质资源共享平台欠缺

目前自治区级“质量工程”项目并没有得以有效地实现资源共享,一是缺乏共享平台,二是除精品课程以外项目自身没有建设网站。

(三)普遍存在“重申报、轻建设”的现象

“质量工程”项目在一定程度上已成为各高校比拼本科教学实力的重要指标之一,因此,部分高校过于强调申报所获项目数量,而忽视了项目立项后的建设与管理。

四、进一步推进“质量工程”的建议

通过“质量工程”建设,带动和提高了学校办学水平,推动了课程体系的建设与发展。针对“十一五”期间,“质量工程”实施过程中出现的问题,特提出如下建议:

(一)勿将“质量工程”政绩化与指标化

毫无疑问,各级教育部门对实施“质量工程”的初衷是好的,完全是为了促进本科教学的发展与办学质量,引导教师加强教学研究。但在具体实施中,却出现了一种倾向,有多少门课程成为衡量一个学校、一个学院办学的指标。一些单位在这样的气氛驱动下,只是出于强化政绩而加以推动申报,不可避免地出现重申报、轻建设的倾向。因此建议在考察一个单位办学时,不要以表面上的数目作为衡量指标,而应以更科学的学生创新力、人才培养等作为考核指标。

(二)增加经费投入

“质量工程”是一项系统工程,也是一项长期的工程。这需要全体教师、学生共同努力,双向互动,才能产生积极效果。但投入的经费过少,大部分经费用于网站建设、网络课堂建设后,所剩无几,其他活动难以开展,影响了广大教师参加建设的积极性。而与科研相比,投入明显要多得多。因此不可避免地出现教师重科研、轻教学的现象,面对10多万元、20多万元的科研经费,教师更愿意将精力放在科研申报上,而不愿意放在课程建设上。往往导致“质量工程”有名无实,建设也只是应付,流于形式。

(三)改革管理方式

“质量工程”是一项长期的建设任务,产生的效果也是长期的,不能有急功近利的思想。但现在的管理方式却过于简单,检查过多;有的课程项目经费下拨缓慢;这个总结,那个填表,虚拟数据,应付检查。因此,建议以表率的形式,抽取建设较好的、有实效的项目,加以推广,真正发挥“质量工程”的作用。检查以两年为一个阶段,延长时限。频繁的检查,不仅没有促进教学,相反却严重地影响了教学的开展,增加了基层教师的厌恶心理,最终影响“质量工程”本身的效果。

在今后工作中,学校要继续加强自治区级“质量工程”项目建设与管理。通过反复论证,整合优质资源,提炼优势项目,促进学校在自治区级“质量工程”建设中再获突破。此

外,学校还要继续以"质量工程"建设项目申报为切入点,以建设、宣传已获批项目为示范,加强已获批项目的建设工作,促进学校本科人才培养质量的全面提高。

广西民族大学实施自治区级"质量工程"工作总结

教育厅实施自治区级"质量工程"项目建设以来,广西民族大学实施了自治区级精品课程、人才培养模式创新实验区、教学名师奖等6个项目的建设。经过几年的建设,学校围绕自治区级"质量工程"项目开展了一系列富有成效的工作,现将自治区级"质量工程"实施情况总结如下:

一、自治区级"质量工程"项目实施基本情况

(一)建设专项名称

学校拥有自治区级"质量工程"项目31个,项目涵盖了所有6个分项目,立项数居全区高校前列。学校自治区级"质量工程"项目建设的专项有:自治区级精品课程16门;人才培养模式创新实验区2个;实验教学示范中心5个;教学团队4个;教学名师4名;自治区级大学生竞赛获奖735项。

(二)总体规划

在制订学校发展规划中,提出"十一五"期间,学校自治区级"质量工程"建设总体目标:每年都获得自治区级"质量工程"项目建设,争取所获项目数涵盖所有自治区级"质量工程"项目,力争所获项目数居全区高校前列;在此基础上,力争每年获得1项以上国家级"质量工程"项目。在自治区级"质量工程"建设的基础上,逐步实现学校在双语教学示范课程、教学名师奖等项目上零的突破。

(三)配套文件

为配合自治区级"质量工程"项目的开展,学校制订了《关于认真落实"质量工程",全面提高本科教学质量的意见》、《教学奖励办法》和《教学奖励分级认定办法》等一系列文件。其中教学奖励文件规定了对获得自治区级"质量工程"的项目各奖励1万元。

(四)自治区财政投入情况

2007年至2009年自治区财政厅共投入79.5万元支持学校自治区级"质量工程"项目建设。学校也根据教育厅的要求,及时给各项目进行了配套经费支持,累计配套经费107万元。

(五)项目建设内容

1. 积极进行课程教学内容、教学方法和教学手段改革。
2. 加强精品课程教材建设。

3. 强化各项目师资队伍建设。

4. 加强精品课程网站建设。

5. 加强教师师德和教学研究能力等方面的建设。

6. 创新实践教学，培养大学生的实践能力和创新能力。

（六）进展情况

经过建设，学校自治区级“质量工程”项目建设整体情况良好。体现在：

1. 自治区级精品课程建设质量显著提高。目前共建设有自治区级精品课程 16 门，获得自治区级精品课程数量居全区高校的前列。自治区精品课程的建设不仅使学校的专业课程的基础性、适应性以及延伸性得到极大的加强，而且这一批自治区级精品课程还在在全区范围内，甚至在全国范围内都起到了很好的示范辐射作用。自治区级精品课程建设推动了教学改革，产生了一批教学研究成果。教学内容、教学方法和教学手段改革成效显著，构建了一些新的教学模式，提高了课程教学质量。

2. 人才培养模式创新实验区探索适合培养学生实践和创新能力的人才培养模式。例如：创新的导师制和“3+1”人才培养模式在实验区建设中获得了成功。

3. 实验教学示范中心初步建成一支以实验教师为主体、以实验技术人员为支撑、以管理人员为保障、专业知识结构合理的实验教学队伍，建设了开放式的创新实验平台，为学生的自主创新实验提供条件，形成一个课内课外互补共享、能满足学生创新能力培养和自主训练要求的实验环境。

4. 教学团队建设围绕团队的师资队伍建设、团队教学研究、科研能力、团队成员教学研究成果的推广等几个方面进行建设。通过自治区级教学团队的建设，培育出了两名自治区级教学名师，产生了一批高质量的教学研究成果。

5. 教学名师的培育主要是围绕教师教学水平的提高，教学研究能力的培养、教师师德水平的提高等方面进行建设。目前，学校共拥有 4 名自治区级教学名师，这 4 名教学名师在教学岗位上真正展示出名师的风范，使授课学生真正接受到了高质量的教学。

6. 大学生竞赛活动项目主要是鼓励学生积极参加各种竞赛，通过参加竞赛提高和培养学生的实践能力和创新能力。

二、建设成效

学校自治区级“质量工程”建设取得了很大的成效。主要体现在：

1. 强化了教学工作的中心地位。以人才培养为中心、重视本科教育，切实把重点放在内涵建设上。

2. 明确了教学改革的重点。在专业建设、课程体系、实验教学、教师队伍以及质量监控等本科教学和人才培养的诸多关键环节中深化了改革，全面提升了本科教学水平和人才培养质量。

3. 对办学定位进行了重新思考。在实施“质量工程”过程中，促使学校确立了个性化发展目标，合理定位，形成了自己的办学特色。

4. 教师和学生广泛参与到自治区级“质量工程”项目建设中来，教师教学积极性得到极大的提高，学生学习兴趣增强。学校90%以上的教师都参与到“质量工程”项目的建设，学生受益面达到100%。

三、基本经验

1. 学校领导重视，统筹规划各项目的发展目标。

2. 重视队伍建设，使“质量工程”项目建设拥有雄厚的人才资源。

3. 加大对“质量工程”项目的投入，对经费项目进行合理的管理。

4. 建立了有效的激励机制。由于学校出台了一系列教学奖励办法，极大地激发广大教师参与“质量工程”建设的热情，使学校教师都自觉树立起教学质量意识，满怀激情地投入到教学工作中。

四、存在问题及原因分析

1. 同一项目负责人承担多项“质量工程”项目，造成项目管理不到位。主要原因在于：项目负责人多是学科带头人，大多承担有繁重的教学、科研、教研室、学科建设等各方面的工作，直接影响了项目的建设。

2. 学生对自治区级“质量工程”认识不够深入。主要原因在于：教育厅和学校的宣传力度不够，以及自治区“质量工程”项目在实际建设过程中还不能深入推进。

3. 一些项目的建设经费偏少，造成项目建设运行受到一定的影响。例如：精品课程建设中十分重视课程网站的建设，而课程网站建设就需要购置较多的硬件设备。

4. 项目管理体制不健全。自治区教育厅缺乏对项目建设的必要指导。

5. 一些自治区级“质量工程”分项目缺乏相应的管理细则，管理机制和制度不健全。

桂林电子科技大学实施自治区级“质量工程”工作总结

一、项目实施基本情况

2007年教育部、财政部联合下发《关于实施高等学校本科教学质量与教学改革工程的意见》（教高[2007]1号）和教育部《关于进一步深化本科教学改革全面提高教学质量的若干意见》（教高[2007]2号），全面推动本科教学“质量工程”。“质量工程”是继“211工程”、“985工程”之后，我国在高等教育领域实施的又一项重要工程。根据教育部有关文件的精神，在教育部1号与2号文件出台后，学校党委和行政十分重视“质量工程”的实施，出台了《关于贯彻教育部〈关于进一步深化本科教学改革，全面提高教学质量的若干意见〉的决定》、《关于学校贯彻落实教育部财政部〈关于实施高等学校本科教学质量与改革工程的意见〉的办法》两个文件，对学校“质量工程”建设目标与步骤、工作要求、实施办法等作了具体部署，正式启动了学校“质量工程”。

在2008年学校教学工作会议上，副校长做了《加强本科教学内涵建设 切实落实本科教学质量与改革工程》的主题报告，正式确立"质量工程"实施基本思路为：以教学团队建设为龙头、特色专业建设为抓手、人才培养体系改革为切入点，全面实施"质量工程"，加强教学内涵建设，主要从以下六个方面入手：一是强化教学质量意识，以质量求生存；二是建设优秀教师队伍，提升教师教学能力；三是调整学科专业结构，重视专业内涵建设；四是以课程建设为基础，优化人才培养体系；五是加强实践教学，构建科学的创新人才培养体系；六是推进二级教学管理，完善教学质量保障机制。

以桂电教[2007]37号以及2008教学工作会议为总体方针和指导，学校印发了一系列"质量工程"单项项目的建设与管理文件，包括《在校大学生创新性实验项目经费管理办法》、《教学名师评选办法》、《教学团队建设管理办法》、《精品课程评审与管理办法》等。

通过学校领导对"质量工程"的高度重视以及广大教师在教学实践工作中的努力，学校在"质量工程"建设方面取得了丰硕的成果，共获得自治区级"质量工程"项目45项，其中区级精品课程21门(2003年起算)，区级教学团队7个，区级人才培养模式创新实验区3个，区级示范中心8个(含示范中心建设单位1个)，获得区级教学名师奖6个。学校按照文件规定，对每个项目给予一定比例的配套经费。与此同时，学校加大了"质量工程"教学奖励力度，给予区级精品课程、区级实验教学示范中心每个1万元教学奖励；区级教学团队、人才培养模式创新实验区、区级教学名师每个2万元教学奖励。

二、建设成效与基本经验

(一)项目建设成效

截至2010年，"质量工程"的实施在学校取得了较好的成效，强化了教学工作的中心地位，有力地引导和促使学校以人才培养为中心、重视本科教育，切实把重点放在内涵建设上。

1. 精品课程总量逐年增加，网络教学资源建设力度不断加强，精品课程辐射作用不断扩大。

经过近几年的努力，学校的课程建设已形成国家级精品课程、自治区级精品程、校级精品课程3个层次的课程体系。目前，学校共有21门自治区级精品课程，覆盖理学、工学、管理学、法学4个学科门类。

以精品课程建设为契机，加强教师队伍建设，提高教学水平。21门精品课程负责人中，6人为自治区级教学名师，2人为校级教学名师，充分体现出了精品课程负责人在师德、学术造诣及教学能力方面的示范带头作用。精品课程的建设也带动了团队成员素质的提高。由精品课程负责人带头的2个教学团队被评为国家级教学团队，2个教学团队被评为自治区级教学团队，体现出精品课程以点带面的作用。精品课程负责人的学生评教分数近3年来都在85分以上。

深化教学改革，提升课程建设内涵。各门自治区级精品课程在建设过程中积极开展教学改革研究，优化教学体系。经过多年的努力，精品课程在教学内容改革方面取得了丰硕的成果，获2009年广西高等教育自治区级教学成果奖特等奖1个，一等奖1个，二等奖

2 个。精品课程在建设过程中积极关注教学方法与教学手段的改革并取得了良好的成效。在近两年的全国多媒体课件大赛和广西高校教育技术教学应用大赛、广西高校教育教学软件大赛中均取得了良好的成绩。

加强教学网络资源共享。在教学条件方面,学校高度重视网络教学资源的建设和完善,加强课程网站的辅助教学功能。学校 21 门自治区级精品课程都建立了课程网站,将教师资料、教学大纲、电子教案、网络课件、习题解答、参考文献等资料上网,不断更新网络资源,改进教学手段,提高网络利用率。通过建设精品课程网络资源,精品课程的辐射作用在全校上万名学生的学习中得到体现。

2. 推进人才培养模式和机制改革,提升学生的创新精神和实践能力。

截至 2010 年,学校共建设有电子信息类人才培养模式创新实验区、微电子制造复合型人才培养模式创新实验区以及工业设计人才培养模式创新实验区 3 个自治区级人才培养模式创新实验区。

改革人才培养方案。学校的自治区级人才培养模式创新实验区通过开展学习调研,重新调整修订了人才培养模式的专业设置与课程。微电子制造复合型人才培养模式创新实验区完善了人才培养计划,优化课程体系和教学内容,构建大类基础平台与模块化微电子制造专业的学科基础平台;工业设计人才培养模式创新实验区在实践中不断进行调整、优化人才培养方案,重点提高学生的理论水平和设计实践能力;电子信息类人才培养模式创新实验区通过优化理论课程体系,理顺课程之间关系,强调基础课在人才培养中的桥梁作用,形成"3+6+X"课程教育体系。

重点培育大学生创新实践能力。实验区在建设过程中,加强实践教学建设,如重点加强实验室与实验教师队伍建设,加强工程实践学时,强化课程设计,以学科竞赛和课程科技活动为载体,引导学生发展创新精神与实践能力。鼓励学生参与、协助教师开展科研项目,鼓励学生参与到大学生创新性实验项目中,每个实验区都有学生承担国家级或校级大学生创新实践项目。

完善实践教学条件,加强产、学、研合作。完善和发展实验室、实习基地和产学研基地建设,推进人才培养与生产劳动和社会实践相结合,在实践中培养学生的创新能力和动手能力。充分利用校内外各种优势资源,与国内一些中型工业企业、研究院(所)等签订实习基地协议。基地设备先进,设施完善,能很好满足实验区各专业因材施教的实习和实训需要。

3. 实验教学示范中心建设成效显著,改善了实验教学条件,促进了实验教学改革。

目前,学校有电子电路实验教学中心、机电综合工程训练中心、通信实验中心、测控技术与仪器实验中心、自动化实验中心、计算机基础实验教学中心、机械电子基础实验教学中心共 7 个实验教学示范中心,有一个自治区级实验教学示范建设中心——动画创作实验中心。

改革实验内容设置。示范中心通过调整总体的实验课程设置,及时更新教学内容,形成适应 21 世纪要求的科学的实验课程体系。将实验教学与创新精神的培养有机结合起来,适当增加了实践教学学时。根据学校新的培养方案,理工类专业各实践教学环节累计学时至少占课内教学总学时的 25%,管理学、文学、法学、经济学类等专业则不少于课内教学总学时的 15%。在实验教学内容的设置上,注意及时更新,减少验证性实验,加大综合性、设计性、创新性实验比例，注重学生综合实验技能的培养。对于有条件的实验进行单独设课，独立进行考核。

加强实验教师队伍建设。示范中心通过制定激励措施，鼓励教师开展实验教学改革与创新，更新实验课程内容，加大综合性、设计性、创新性实验设置比例；鼓励并组织实验教师通过撰写教改论文、申报专利、申报教改项目、指导学生课外科技活动等方式来提高自身的业务素质及学术水平，实验教师队伍的职称、年龄、学缘结构等更趋于合理。示范中心获得自治区级教学成果奖 3 项，校级教学成果奖 4 项，完成了多项教育教学改革研究课题，出版教材 2 本，发表教学研究论文 31 篇。冲压工艺及模具设计课件荣获 2009 年第七届广西高校教育教学软件大赛一等奖。

加强软、硬件平台建设。凭借中央与地方共建、校企合作等项目的支持和学校在实验设备的投入，加快实现新老设备的更替，使得示范中心的硬件环境得到根本性改观。通过示范中心建设，加大了学校实验教学资源的整合力度，进一步加强了教学实验中心建设与管理，提高了教学实验中心的综合能力与效益，于 2008 年批准了机械基础实验中心等 34 个教学实验中心建制。示范中心教师通过自主设计，将科研成果开发、制作的部分仪器运用到了课程的实验教学中。在教学网站上，教学资源、教学视频建设等方面取得较大进展，建设了一批教学网站；完善了一大批网上实验项目课件；补充购置了专用服务器，进一步完善网站的视频播放系统。

推进开放实验室制度。以开放实验方式提供具有一定应用性及综合性的实验项目供有兴趣的学生选做，要求学生自主完成系统设计、仿真、制作、调试、参数测量、撰写实验报告等环节的工作。实验项目设置多层次难度选择，兼顾趣味性，在此过程中学生得到理论结合实践、综合分析、团体协作方面的锻炼，培养学生的创新思维，提高动手能力。同时开放实验室还为学生的课程设计、课题研究及创新项目研究提供设备和技术支持。

4. 打造教学团队，培育教学名师，提高了师资队伍整体水平。

学校积极打造国家级—自治区级—校级三级教学团队。截至 2010 年，学校共建有 7 支自治区级教学团队。学校以教学团队为平台，促进教师之间的交流，提高教师教学水平。教学团队一方面采用青年教师与老教授的拜师结对方式，签订相关培养协议，定期检查考核，搞好老教授的传、帮、带，将一帮一落到实处；另一方面坚持教学督导听课和教师之间互相听课以及开展青年教师讲课比赛等得力的措施，促使青年教师专业发展。通过建设教学团队，研究和改革教学内容，开发教学资源，开展启发式教学、讨论式教学和案例教学等教学方法改革，促进教学研讨、教学经验交流。

以团队建设促进科研水平。团队鼓励青年教师参加科研工作，承担和参与项目研究，通过科研工作了解学科前沿，通过实践应用积累教学案例，使自身素质得以迅速提高。教学团队还积极参与全国和国际学术活动，如 2008 年 11 月，在桂林召开了全国计算思维与计算机导论专题学术研讨会，有近百名专家出席了会议，团队负责人作大会主题报告，介绍了团队的研究成果，报告受到与会代表的广泛好评。

以团队建设促进课程建设。各个教学团队在建设过程中将教师专业发展与课程建设、教学改革工作相结合，在教学实践中促进教师成长。如，管理类核心课程群教学团队每年为管理学院各个管理类专业近2000 名本科生开出管理学、市场营销等核心课程，在设置核心课程内容时，不仅参阅了大量的中外文献资料，而且掌握了大量的第一手实践资料，尝试开设小型企业管理课程，对于提高管理类学生的创业能力等有一定的促进作用；工科数学教学团队承担的是全校的工科数学基础课程，课时多，学生人数多，影响面大，高等数学的学时达到176课时，也是各工科大学生最先接触的大学课程。团队尝试建立数学创新性实验平台，向全校和全区的学生开放，除了数学专业的学生参加实验外，亦有许多工科学生通过网络平台参加数学创新性实验。

学校积极培育教学名师，以教学名师的推荐和评选为契机，引导一部分热爱教学、善于教学的教师明确自己的发展方向，帮助其坚定以教学为重点的工作决心。截至2010年，学校共有6位教师荣获自治区级教学名师荣誉称号。学校注重教学名师的示范和带头作用，以教学名师为核心或学科带头人，开展了教学团队、实验教学示范中心、精品课程的建设，组织了拜师结对、课堂观摩、校内讲座等活动。在名师示范带头的辐射作用下，学校教师中形成了浓厚的关心教学、热爱教学的氛围，青年教师的授课水平得到了较为显著的提高，全校教师教学水平在学生评教当中得到了肯定。

5. 课外科技文化活动和竞赛蓬勃开展，学生的创新精神与实践能力进一步提高。

学校采取以竞赛促创新基地建设，以基地带动学生创新实践活动的做法，取得了良好效果。大学生竞赛活动由学校创新基地负责。学校于2006年成立了10个创新实践基地，每个基地负责相关的国家级和自治区级学科竞赛的学生组队参赛和培训任务。创新基地以教学改革项目的形式进行立项，学校每年对基地建设和运行情况进行验收，根据验收情况划拨基地建设经费。创新基地实施申请进入制度对全校学生开放，2008年还建立了元器件免费领用制度，学生持设计方案可进行元器件领用。

学校成立了桂林大学生创业园。创业园以提高就业能力和创业能力为主要目的，对学生优秀成果、优秀产品进行转化。

积极鼓励和支持丰富多彩的课外科技文化活动，主办多种形式和级别的科技竞赛。广大学生通过参与各类学科竞赛和课外科研活动，综合素质和实践能力不断提高。学校把各类国家级、自治区级的大学生课外实践技能竞赛纳入学校实践教学环节管理，设立实践竞赛专项经费，并制定了奖励办法。近3年，学校学生在参加各类科技竞赛中获得较好的成绩，获得全国大学生电子设计竞赛一等奖7个，二等奖4个；获得第二届全国大学生"飞思卡尔杯"智能汽车竞赛一等奖1个，华南区二等奖1个；获得"挑战杯"飞利浦全国大学生课外学术科技作品竞赛二等奖1个；获得第三届全国大学生机械创新设计大赛慧鱼组竞赛三等奖1个；获得全国大学生广告艺术大赛一等奖1个，二等奖1个，三等奖3个；获得全国大学生数学建模竞赛二等奖5个；获得全国大学生英语竞赛全国总决赛演讲比赛一等奖、辩论赛二等奖及辩论赛最佳辩手。在各项自治区级竞赛活动中，也取得了很好的成绩，近3年，本校学生共获得各类自治区级竞赛一等奖40多项，二等奖100多项。

（二）基本经验

1. 加强学习，提高对"质量工程"建设的认识。

自从"质量工程"实施以来，学校积极推进"质量工程"建设。通过校园网、全校性教学工作会议等渠道广泛宣传"质量工程"，提高教师对"质量工程"内涵的认识，把一切认识都统一在“质量工程”建设、提高人才培养质量这一核心问题上来。为加强专业、课程建设,邀请了校外专家来校进行专业建设、精品课程建设等专题报告及交流活动,为学校教师开展“质量工程”建设开阔了思路、提供了技术支持。

2. 集思广益,认真做好各项“质量工程”项目建设。

在各项“质量工程”建设项目申报、实施过程中,学校各级管理人员及项目组认真学习领会文件精神,合理组织团队,对关系到“质量工程”实施的瓶颈问题,开展深入的调查研究。

3. 以校级“质量工程”项目培育自治区级“质量工程”项目。

学校要求精品课程、教学团队等“质量工程”项目要建立起校级、自治区级、国家级三个层面的项目,从而使各个项目能够经过一定的建设周期,提高实力。

4. 严格开展“质量工程”项目管理。

“质量工程”建设期间,学校严格监管各项国家级“质量工程”项目,实施项目负责人制,学校与项目所在学院严格履行监管职责,对项目进行定期的评估、检查,促进项目的建设工作。

三、存在问题及原因分析

部分学院领导对“质量工程”项目的管理力度不大。虽然学校在管理制度中明确要求建立学校、学院以及项目负责人三级管理制度,但是仍有部分学院领导对“质量工程”不够重视,认为“质量工程”项目的管理工作是项目负责人与学校的事,没有很好地去思考“质量工程”项目建设与本学院教学工作相结合。

四、进一步推进在建项目建设的建议

1. 进一步推动优势教学资源共享。总体来看,目前学校优质教学资源总量仍显不够,同时,也存在现有优质资源共享不够的。建议进一步加大“质量工程”的宣传力度和资源共享平台建设,扩大优质教学资源的受益面。

2. 进一步调动广大教师参与“质量工程”的积极性和主动性。“质量工程”的主体在全校广大教师,应进一步推动一线教师的广泛参与,切实体现“质量工程”对教学建设的积极调动和引导作用。

3. 制定科学、合理的项目评价标准和考核要求。加大“质量工程”管理力度,尤其是二级学院对“质量工程”项目的监控作用,真正发挥“质量工程”的示范、辐射和引领作用,将广大教师、学校领导的注意力和精力引导到教育教学改革中来。

广西中医学院实施自治区级“质量工程”工作总结

一、项目实施基本情况

(一)指导文件与总体规划

为了深入贯彻落实《教育部财政部关于实施高等学校本科教学质量与教学改革工程

的意见》(教高[2007]1号)、《教育部关于进一步深化本科教学改革全面提高教学质量的若干意见》(教高[2007]2号)和自治区教育厅《关于实施广西高等学校教学质量与教学改革工程的意见》(桂教[2008]6号)文件精神,学校根据自身建设情况分别印发了《关于进一步深化我院教学改革,全面提高教学质量的意见》及《本科教学质量与教学改革工程实施方案》,作为学校“质量工程”的指导性文件。

我们计划通过“质量工程”的实施,进一步强化教学工作的中心地位和教学质量意识,使学校的人才培养模式改革不断深入,学生的实践能力和创新精神显著增强;教师队伍的整体素质有突破性的提高,科技创新和人才培养的结合更加紧密;学校的管理制度更加健全;使学校形成教育规模、结构、质量、效益协调发展和可持续发展的良性机制,为学校能跨入全国同类中医药院校先进行列打下坚实的基础。

(二)建设内容及建设情况

自治区“质量工程”自2007年开展立项建设以来,学校分别在精品课程、人才培养模式创新实验区、教学团队、实验教学示范中心、教学名师、大学生竞赛活动等6个分项目中获得资助立项。立项建设情况如下表:

广西中医学院自治区级“质量工程”立项建设情况表

序号	自治区级建设项目类别	年度立项名称	
1	精品课程	2003年	中医骨伤科学
		2004年	中医内科学
			中医基础理论
			药理学
		2006年	壮医药学概论
			中医诊断学
			针灸学
			中西医结合内科学
			中药学
		2007年	中国医学史
		2008年	药物分析
		2009年	生理学
			壮医药线点灸学
2	人才培养模式创新实验区	2009年	中药理论与现代技术一体化人才培养模式创新实验区

续表

序号	自治区级建设项目类别	年度立项名称	
3	教学团队	2008 年	中医基础课程教学团队
			中医内科学教学团队
		2009 年	壮医药教学团队
4	实验教学示范中心	2007 年	中药学实验教学中心
		2008 年	中西医基础实验教学中心
		2009 年	中医技能实验教学中心
			护理技能实验教学中心
5	教学名师	2006 年	刘燕平
		2009 年	唐农
6	大学生竞赛活动		

二、实施成效与基本经验

学校以“质量工程”为引领，以加强国家、自治区和校本“质量工程”三个梯度建设为主要内容，紧紧围绕本科教育内涵建设，积极有效地推进高等教育的改革和发展，不断巩固教学工作的中心地位，既提高了人才培养质量和办学水平，又增强了服务地方的能力。

（一）整体论证，统筹规划，设立专项基金，确保项目建设顺利进行

实施“质量工程”是一个系统而庞大的工程，是深化教育教学改革的重要组成部分，基本涵盖了本科教学的主要环节。“质量工程”的顺利实施，涉及学校众多教学单位和职能部门，为此，学校的教务管理部门组织相关学科专家从推进人才培养模式改革，强化专业建设，推进教材建设、课程建设，遴选教学名师和教学团队，加强实践教学环节等方面，从学校层面对全面实施“质量工程”进行科学、合理的规划和决策，制定了学校的《本科教学质量与教学改革工程实施方案》。实施方案制订后，为保证“质量工程”项目的全面推进及预订建设目标的实现，学校成立了由院长任组长、主管教学的副院长任副组长的“质量工程”领导小组，下设“质量工程”工作小组，由校教学工作委员会委员组成。此外，各二级学院也成立了由院长牵头的“质量工程”工作小组，院长为第一责任人，成员包括主管教学的副院长、教学办主任、教研室主任、教学秘书等。各二级学院根据学校“质量工程”的总体思路和规划，结合本单位的实际情况，组织本单位“质量工程”的实施。

此外，学校还从每年的经费预算中，建立“质量工程”专项建设经费，对获得自治区级立项建设的项目召开表彰大会给予表彰，并给予1∶1 的经费配套，从而有效地保证了“质量工程”的顺利开展。

(二)以特色专业、优质专业为龙头,优化专业结构与布局

学校紧密结合学校发展历史与地方建设需求,制定了《学科专业建设“十一五”规划》,依据规划的设计,在“十一五”期间,学校在本科的专业结构上将形成“三三三”格局,即开设专业的三分之一为医学类专业,三分之一为药学类专业,三分之一为与医药有关的其他类专业,使学校形成以中医药教育为主,医学、药学、护理、壮医壮药和医药卫生管理等多学科、多专业、多方向、多层次协调发展的办学实体。为此,我们确立了中医内科学、中药学、中医骨伤科学、药理学、中西医结合临床、针灸推拿学科为重点学科,建设与之配套的中医学、中药学、针灸推拿学、中医学(中医骨伤方向)、中西医结合临床学、护理学等优势专业。此外,我们立足广西、服务西部、面向全国,充分发挥壮族医药的优势,传承壮族灿烂的民族文化,在中医学专业建设的基础上,我们开办了中医学(壮医方向)专业,为我区少数民族地区及基层培养“下得去、留得住、用得上”的人才,为地方经济建设和社会发展服务。

目前学校的本科专业及方向数增至24个,涵盖了医学、管理学、理学、工学、农学等5大学科门类,在“质量工程”的建设中,学校的中医学、中药学两个专业获得了国家级特色专业建设点,使学校形成了以医学、药学为主体框架,特色鲜明、优势较强、其他各门类协调发展的专业结构与布局。

(三)以精品课程为引导,全面推进教学内容与课程体系改革,不断提高课程教学水平

学校积极探索教学内容与课程体系改革,在保持学校传统中医药特色的优势课程建设基础上,对各专业课程进行优化,在中医学专业改革和改造中注意将中医、西医重复内容较多的课程进行合并整合,增加了课程间的联系、综合,使课程内容得到深化提高,减少低水平的重复;在中药专业改革和改造中注重引进现代中药研究成果,在中药研究与开发方面,尤其在中药剂型、给药方法和途径、临床药理、药物营销、中草药资源开发等方面的课程与内容。此外,我们依据《关于进一步深化本科教学改革全面提高教学质量的若干意见》(教高[2007]2号)文件中“通过推进学分制、降低必修课比例、加大选修课比例、减少课堂讲授时数”的要求,在学校2010年人才培养方案的修订中压缩必修课时数,建立优化而精干的主要课程,扩大选修课,增加课程的灵活性和多样性;同时为了扩大学生的知识面,增加不同层次、不同个性学生的要求,因材施教地设置了拓展课程,以通过拓展课程的实施,增加了课程间的联系、综合,使课程内容得到深化提高,减少低水平的重复,也是使之成为中医药课程体系中的有益补充,从而学校形成了通识教育课程、学科基础课程、学科专业课程、实践教学课程、素质拓展课程等五大平台的课程建设体系。学校重点抓自治区级精品课程的建设,以精品课程建设为导向,开展包括教师队伍建设、教学内容建设、教学方法和手段建设、教材建设、实验建设等,通过精品课程的免费优质教学资源共享促进课堂教学水平的不断提升。自自治区级精品课程立项建设以来,学校共有13门课程列入自治区级精品课程建设范畴,这些课程涵盖了学校所有专业的必修课、选修课。学生的受

益面达到100%。精品课程的建设成为了学校特色专业、优质专业建设的有利支持。

优秀教材建设是精品课程建设的重要环节，经过多年的建设，我们取得了如下成绩：《中医院校医学生实践技能操作指导》、《中西医结合神经病学》、《中医中药基础》获广西高等学校"十一五"优秀教材建设立项；《壮医经筋治疗学》、《老年护理学》（中英文对照）获"十一五"期间第二批广西高等学校重点教材立项。其中《中医中药基础》的出版，填补了国内制药工程专业专业必修基础课无正式出版教材的空白，更是得到兄弟院校师生的好评。

（四）以实验教学示范中心为推手，推进实验教学模式的创新

实验教学中心是培养学生科学精神、创新能力和实践能力的重要环节，在培养学生综合素质等方面担负重要任务，学校在自治区级实验教学示范中心建设活动开展之初，就十分重视实验教学示范中心的创建工作，希望以此为契机，把全校实验室工作提升到新的水平。教务处积极组织学校重点建设学科的专家对相关文件进行认真学习和领会，结合学校学科建设及实验室建设的情况，以中医内科学、中药学等重点学科为依托，确定申报项目的特色和优势，目前学校的中药学实验教学中心、中医技能实验教学中心、中西医基础实验教学中心、护理技能实验教学中心等4个实验教学中心被列为自治区级实验教学示范中心。

为了加强学生实践能力和创新精神的培养，加快实验教学改革和实验室建设，促进优质资源整合和共享，学校构建了以基础实验、专业实验、专业实践、实习实训、创新活动为基本线索的实践教学体系。我们通过资源整合、制度规范等措施来推动实验室的开放。在目前学校的人才培养方案教学计划的制定中，医学、药学类专业、人文社科类专业列入教学计划的各实践教学环节累计学分占总学分超过50%，均大大的高于教育部关于"列入教学计划的各实践教学环节累计学分（学时），人文社会科学类专业一般不应少于总学分（学时）的15%，理工农医类专业一般不应少于总学分（学时）的25%"的要求。

（五）以教学团队建设为平台，打造高水平教师队伍建设

学校根据"以教学团队促进师资队伍建设，以教学名师引领教学团队的改革"的原则，通过建立团队合作机制，充分发挥教学名师及优秀教师的示范带头作用，改革教学内容和方法，开发教学资源，促进教学研讨和教学经验交流。我们以重点学科为建设依托，积极打造了一批教学质量高、结构合理的教学团队。目前学校有自治区级教学团队3个，分别为中医基础课程教学团队、中医内科学教学团队和壮医药教学团队。其中中医基础课程教学团队、中医内科学教学团队的带头人均为自治区级教学名师。教学名师在教学工作中发挥的领军作用，有效地促进了团队合作。

学校一直以建设一支学术水平高，教育教学理念新，教学方法灵，教学质量优，爱岗敬业，结构配置合理，能适应学校建设发展需要的师资队伍为目标。借自治区开展教学名师建设的东风，我们积极打造一批校级的十佳教师及教学名师。与此同时，为了全面提高教学名师的辐射带动作用，我们于2009年起在全校范围内组织开展了示范课堂活动。共开

示范课程16门计345节，邀请了校外教学名师以及校内骨干教师进行授课，有力地推进了学校师资队伍老、中、青结合，对于孵化、催生高水平师资，培育优秀师资后备力量，促进科技创新和人才培养的协调发展起到积极作用。

壮医药学科是我们的特色学科，为了将壮医药这一广西地域特色的民族文化传承下去，我们依托壮医药重点学科打造了自治区级教学团队——壮医药学教学团队，通过开展对壮医药基础理论的挖掘整理和壮医特色疗法的研究，极大地开发了教学资源，促进教学研讨，丰富了教学内容。这对于培养学术精深、业绩突出、教风严谨、师德高尚、潜心育人的教学名师起到了积极的推动作用。其中，壮医药教学团队带头人主编的《壮医经筋治疗学》获"十一五"期间第二批广西高等学校重点教材立项。

三、存在问题及原因分析

(一)取得了一定的成效，但发展不平衡

学校的"质量工程"建设虽取得一定的成效，但是建设项目主要围绕中医内科学、中药学这两个重点学科开展，发展面不够平衡。这主要与学校的办学定位、办学性质有关。此外，能获得"质量工程"立项建设项目不但关系到学校获得上级资助建设的经费增加、关系到学校教学资源平台、教学空间的进一步扩大，而且关系到学校的荣誉，因此，在限定名额的各项"质量工程"项目的申报中，在有限的教学资源的分配中，为了确保申报的成功，只能将重心倾向于特色学科、重点学科，而对于一些非重点建设的学科及非医非药类的管理学科尚缺足够的财力、物力、人力给予发展。

(二)涌现了一批学科带头人，但发动面仍然不够广

随着"质量工程"的深入开展，学校涌现了一批在教学、科研上勇于钻研、勇于改革的学科带头人，极大地带动了整个教师队伍在教学、科研等方面的建设。但由于重科研轻教学的思想在部分教师中仍普遍存在，就使得一些教师的"质量工程"意识淡薄，忽视"质量工程"的建设。此外，由于高校扩招，教师的教学工作大大地增加，没有多余的时间及精力开展"质量工程"建设。

(三)经费投入虽逐年增加，但仍存在较大资金缺口

学校安排专项建设资金对"质量工程"项目进行建设，从2009年共安排25万元用于项目启动建设，2010年共安排80万元用于项目建设，涨幅达220%。虽然学校高度重视"质量工程"的建设工作，尽最大努力筹集建设经费，但由于"质量工程"建设项目繁多，涉及教学的方方面面，加之广西高校的学费标准偏低，以现有的经费投入不足以满足所有的教学需求。以精品课程建设为例：每门精品课程的建设涉及教学队伍建设、教学内容建设、教学方法和手段建设、教材建设、实验建设等方面。单单是精品课程的网站制作、教学图片收集、课堂教学实录的录制、动漫课件的制作及课程网站内容不断更新、充实和完善等就是一笔不小的费用。但每门自治区级精品课程的上级投入最多仅为1万元，加上学校的1∶1配套经费，很难满足建设的需要。

广西师范学院实施自治区级“质量工程”工作总结

为深入贯彻落实《教育部财政部关于实施高等学校本科教学质量与教学改革工程的意见》（教高［2007］1 号）、《教育部关于进一步深化本科教学改革全面提高教学质量的若干意见》（教高［2007］2 号）及自治区教育厅《关于实施广西高等学校教学质量与教学改革工程的意见》（桂教［2008］6 号）精神，学校结合 2007 年年末召开的第三次教学工作会议，以“质量工程”为引导，以项目建设为平台，进一步加强本科教学工作，制定了《“本科教学质量与教学改革工程”实施意见》，对学校的“质量工程”项目建设工作的基本思路、主要措施进行了明确部署和总体规划。

一、项目实施基本情况

（一）加强领导，强化组织

学校成立以校长为第一责任人的广西师范学院本科教学质量和教学改革工程领导小组（以下简称“质量工程”领导小组），统筹领导全校“质量工程”的各项建设工作，引导全校各部门和全体教职员工把主要精力真正转移到本科教学工作上来，把质量意识落实到具体的工作之中，不断推进本科教育的观念创新、制度创新和工作创新，开创学校本科教育教学工作的新局面。

（二）加大投入，保障经费

学校设立了“质量工程”建设专项经费，对自治区级“质量工程”项目，学校根据自治区拨付的建设经费按照教育厅要求的比例予以配套。为鼓励教师开展“质量工程”项目建设的积极性，《广西师范学院教学工作奖励暂行办法》规定，对获得国家级、自治区级精品课程建设等“质量工程”项目立项的专业分别给予一定奖励，另外按要求给予经费配套。此外，学校对参与“质量工程”项目的教师在进修、培训、外出开会、出国进修等方面给予政策倾斜。学校设立“质量工程”项目建设专项资金按统一规划、专款专用的原则，实行项目管理，根据“质量工程”建设进度和实际需要划拨专项经费，为“质量工程”建设提供必要的经费保障，确保“质量工程”顺利实施。

（三）基层落实，强化管理

通过以教学单位为基础的学院、系（院）部、教研室三级管理体制和运行机制，建立健全“质量工程”实施监控管理长效机制。各教学单位要进一步强化教研室的职能，完善教研室的教学工作目标管理责任制，充分发挥教研室在教学管理与建设中的基层组织作用，确保“质量工程”建设取得实效。学校把“质量工程”实施成效作为教学单位和教研室考核评估的重要依据。

(四)建设内容及情况

1. 精品课程建设。

自2007年教育部、财政部正式启动高等学校“质量工程”建设工作以来,学校始终把精品课程建设作为学校实施“质量工程”的一项重要内容,采取了一系列积极有效的政策措施积极推进学校、自治区和国家三级精品课程建设,取得较为显著的成效。目前学校共有自治区级精品课程17门。学校为加强对精品课程建设的过程管理,实行签约制,各精品课程负责人、所在系部、教务处三方签订了课程建设协议书,确保课程建设质量。组织校内外专家对校级精品课程定期进行年度检查并不定期予以工作指导,对检查不合格的课程,学校停拨建设经费,对建设状况好的课程,适当加大支持力度。围绕精品课程“五个一流”的建设标准,经过几年的建设,各门课程不断更新教育思想观念,在教学内容和课程体系、教学方法和考试方法改革、师资队伍和教学条件建设、教学管理等方面跃上了一个新的台阶,课程建设成果丰硕,课程教学质量高,得到学生的肯定及校内外专家的好评。

2. 人才培养模式创新实验区建设。

以人才培养模式创新实验区为试点,对教学内容、课程体系、实践环节、教学运行和管理机制、教学组织形式等多方面进行人才培养模式的综合改革,形成一批独具特色的创新人才培养基地。开展自治区级人才培养模式创新实验区建设工作以来,学校认真贯彻落实自治区教育厅有关文件精神,采取一系列有力措施,开展人才培养模式创新实验区建设工作,切实推进我校在教学内容、课程体系、实践环节等方面进行人才培养模式的综合改革,并取得了一定成绩。2009年,学校面向中国—东盟自由贸易区的管理类人才培养创新实验区和资源与环境科学类人才培养创新实验区被确立为首批自治区级人才培养模式创新实验区。为了确保建设成效,学校制定了《“本科教学质量与教学改革工程”实施意见》等文件制度,对项目申报、项目实施、经费管理、检查验收等均做了明确具体的规定,切实加强创新实验区建设。项目申报时,学校划拨申报启动经费3万元,并投入该创新实验区的建设和科研工作之中,保证原有相关项目与申报项目建设的衔接。项目获立项后,学校严格按照1∶2的比例提供配套建设经费,项目经费单独设立账户,确保专款专用。学校人才培养模式创新实验区项目立项建设至今,进展顺利。

3. 实验教学示范中心建设。

学校2006—2009年根据实验教学发展的需要,多次进行实验室资源的整合,分期分批建设和成立了14个实验教学中心,同时制订了《校级实验教学示范中心建设实施办法》,在建设校级实验教学示范中心的基础上,根据自治区教育厅每年下发的推荐名额精心组织各实验教学中心进行重点建设和申报,经过4年的努力,获得了地理实验教学中心、教师教育综合训练中心、基础化学实验教学中心共3个自治区级实验教学示范中心和电子技术实验教学中心、科学计算与数学建模实验教学中心共2个自治区级实验教学示范建设中心。学校5个自治区级实验教学示范(建设)中心项目确立后,学校根据示范中心实施办法,严格执行制度,落实各项内容的建设,每年都开展年度检查,采用专家组实地考察、召开实验中心负责人汇报会、网络检查等多种形式推进和督促实验教学中心建设。在上级主管部门的支持和学校的大力推动下，学校自治区级实验教学示范（建设）中心积极创新，立足专业，结合实际，面向基础，教学内容和课程体系的改革成果已经应用到各相关学科的教学，带动了相关学科的教学改革。

4. 教学团队建设。

学校通过制订优秀教学团队遴选与资助办法，实施优秀教学团队建设工程，建立有效的团队合作机制。学校各学科专业已形成了由学科带头人、重点骨干教师和中青年教学、科研骨干组成的学术梯队，具有较强的实力和发展后劲。其中，资源与环境科学创新团队被自治区教育厅批准为广西高校人才小高地创新团队，思想政治教育专业教学团队、教育学教学团队、有机化学教学团队、自然地理学教学团队获自治区级教学团队建设立项。通过建立团队合作机制，改革教学内容和方法，开发教学资源，促进教改教研和教学经验交流，推进教学工作的传、帮、带，提高教师的整体教学水平和效能。

5. 教学名师工程建设。

学校大力实施教学名师工程，努力造就高水平的教学带头人，推动教师队伍结构不断优化，切实提高人才培养质量。目前，学校有 3 名教师获广西高校教学名师奖，2008 年有 2 名教师入选"广西高校优秀人才支持计划"，1 人入选广西 2007 年度"新世纪十百千人才工程"第二层次人选。

6. 大学生竞赛活动。

学校以培养学生创新精神和实践能力为核心，不断完善学科竞赛的管理模式，组建学科竞赛团队，加强学科竞赛师资队伍建设，推进学科竞赛项目化、常规化进程。将大学生学科竞赛融入到"质量工程"体系中，在教学改革过程中加强了学生创新实践能力的培养，提高了学生的竞技水平。2007 年，本校学生参加各类学科竞赛共获得国家级一等奖 1 项、二等奖 1 项、三等奖 1 项、优秀奖 3 项；自治区级特等奖 2 项、一等奖 30 项、二等奖 68 项、三等奖 133 项。其中，在全国大学生数学建模竞赛中获国家级一等奖 1 项、二等奖 1 项，自治区级特等奖 1 项、一等奖 1 项、二等奖 1 项、三等奖 9 项；在全国大学生英语竞赛中获自治区级特等奖 1 项、一等奖 24 项、二等奖 60 项、三等奖 120 项。2008 年，本校学生在全国数学建模竞赛、全国大学生英语竞赛等学科竞赛中获全国二等奖 36 项、三等奖 72 项、优秀奖 120 项；获赛区奖特等奖 2 项、一等奖 19 项、二等奖 13 项、三等奖 8 项、优秀奖 18 项。2009 年的全国大学生数学建模竞赛，在广西仅获得的 2 项全国一等奖中，学校和广西大学各获得了 1 项；在今年的全国大学生电子设计竞赛中，本校取得了参赛以来的最好成绩，在全国奖项方面实现了零的突破。一年来，本校学生在全国和全区学科竞赛中共获奖 510 项，其中全国特等奖 2 项、一等奖 17 项、二等奖 34 项、三等奖 67 项；获自治区级特等奖 8 项、一等奖 18 项、二等奖 57 项、三等奖 86 项。

学校还将进一步加大学科竞赛的经费投入，建设学科竞赛实验室和实训基地；加强对学生学科竞赛的指导，成立校级学生学科竞赛委员会和各专门竞赛指导委员会，加强对学生学科竞赛的指导工作，并建立以学科带头人为负责人的指导教师团队；以项目形式重点支持教师开展学科竞赛的教学研究工作；对在各级各类学科竞赛中取得优秀成绩的单位和个人，按学校有关规定进行表彰奖励，并作为单位和个人各类先进评审的重要依据。

7. 教育教学改革研究项目。

新世纪教改工程是我国高等教育在全面推进素质教育、深化教学改革、提高教学质量的背景下实施的，是全面实施“质量工程”的重要举措之一。学校历来注重科学研究与教学改革的有机结合，鼓励教师积极参与教研教改。2007 年以来，由本校教师主持、参与的新世纪广西高等教育教学改革项目共 50 多项，研究范围包括教学内容与课程体系、教学方法与手段、教材建设等方面。经过多年研究与实践，教学改革成效显著，共有 23 个项目通过教学专项抽查和结题验收，并产生了一批优秀的教学成果。在 2009 年广西高等教育自治区级教学成果奖评选中，学校共有 15 项成果获奖，其中由本校独立完成的获奖项目共 11 项(其中一等奖 2 项，二等奖 4 项，三等奖 5 项)，“地方高师院校教师教育专业学生‘新三手’能力培养研究与实践”荣获了一等奖，并获得自治区教育厅推荐申报国家级教学成果奖，这是多年来学校在自治区级教学成果奖评选中取得的最好成绩。

8. 优秀教材建设。

按照“坚持选优，保证质量；合理开发，丰富内涵；编、选并重，突出重点”的原则，通过深化课程体系和教学内容改革带动教材建设和改革，加强新教材和立体化教材建设，开展优秀教材立项建设，鼓励自编特色教材，做好高质量教材的推广和选用，做好教材质量评估工作。近年来，学校必修课程的教材选优率在 95% 以上，选新率在 45% 以上。通过合理规划，鼓励和支持教师自编特色教材，努力打造精品教材群。近年来，本校教师主编或参编的教材或教学参考书 80 余部，获自治区级优秀教材奖 15 部，有 5 部教材获“十一五”期间广西高校优秀教材立项。

2007 年以来，学校在“质量工程”项目申报、建设方面取得了丰硕成果。截至目前，学校共获批自治区级项目 86 个，获得教育厅资助经费 97. 8 万元，学校配套经费 533. 38 万元。其中主要有自治区级精品课程 17 门；自治区级人才培养模式创新实验区 2 个、实验教学示范中心建设单位 5 个、教学团队 4 个、教学名师 3 名；新世纪广西高等教育教学改革工程项目 50 项；优秀教材 5 部。自治区级“质量工程”项目数量、资助经费数目位居区内各高校前列。

二、建设成效与基本经验

(一) 建设成效

学校自治区级“质量工程”项目的建设实施，在扩大优质教育资源受益面，形成重视教学质量的良好环境和管理机制等方面发挥了积极作用。随着自治区级“质量工程”项目建设工作的进一步深入，也必将在实现学校规模、结构、质量和效益协调发展，进一步提升教育教学质量方面发挥更加重要的作用。

(二) 基本经验

1. 通过政策引导、制度规范与教学奖励等多种措施，进一步强化本科教学工作中心地位。

领导重视，率先垂范，促使全院形成良好的氛围。学院始终把本科教学工作放在首要地位，从政策、经费等方面给予保障。学院领导承担本科教学任务和组织开展教学改革研究与建设工作，促使学院上下形成重视本科教学、积极开展教学改革的良好氛围。

召开学校第三、第四次教学工作大会，深化对“教学的中心地位要牢固树立，教学质量是生命线”等思想观念的认识，促进全校上下的教育思想交流和教育观念转变。

学校印发了《关于进一步加强本科教学工作的若干意见》、《教学工作奖励暂行办法》、《关于教授、副教授承担本科课程教学任务的规定》、《关于加强大学生实践能力、创造能力、就业能力和创业能力培养的意见》、《大学英语教学改革方案》等文件，进一步强化本科教学工作的中心地位，牢固树立教学质量是教学工作核心的观念。

构建教学工作激励机制，启动教学工作专项评比与奖励工作，鼓励和吸引更多的优秀教师积极投身教学工作，提高教学水平和教育质量。2007 年学校出台了《教学工作奖励暂行办法》等教学工作激励制度，通过激励机制引导广大教师积极投身本科教学工作。

2. 实施专业与课程建设计划，提高课程建设水平。

强化专业管理，提升专业建设水平。制(修)订并实施学校的《“十一五”专业建设规划》、《“十一五”课程建设规划》、《专业建设管理办法》、《课程建设管理办法》、《专业建设评估方案》、《关于进一步加强新专业建设的意见》等文件；并组织各教学单位各有关职能部门编辑出版学校的《本科专业学习指南》(丛书)。

加强对新办专业建设的指导与管理。完成 18 个新办专业教学质量专题调研和学生满意度调查，形成广西师范学院新办专业学生满意度的调查报告。组织相关职能部门和各教学单位召开新办专业建设专题会议，集中研究解决新办专业发展中存在的问题。启动新专业立项资助建设项目。

建设精品课程网络资源库和多媒体课件库，实现精品课程资源网上开放，建成一批具有示范作用和服务功能的优质课程资源，初步构建全院性的课程资源平台，为教师提供课程资源共享与服务。

3. 深化教育教学改革，推进人才培养模式改革与创新。

规范和完善实践(实验)教学管理制度，加强实践教学环节。重新修订各专业的实验教学大纲，编印了学校的《实验教学指导书》，进一步深化实验教学改革；召开全院实验教学工作会议，出台《关于加强实验教学工作的若干意见》，进一步明确职责、实验教学工作思路和目标要求，规范实验教学管理；聘请专家对学院的实验室和实验教学情况进行专项检查，形成实验室(中心)和实践教学检查报告，并及时整改存在问题；制定《示范性实习基地建设方案》，对示范性实习基地的建设目标、内容、工作进程和合作项目的开展提出明确的任务和要求；强化公共基础课、专业基础课实践技能训练环节，组织制定各专业公共课程、基础课程实践能力培养标准。

以教研教改项目建设为平台，深化教学改革研究。积极推进教育教学改革项目建设和校级教改基地建设项目招标工作；通过实验教学和实验技术项目立项，进一步推进实验教学改革和评估工作的开展。

以学生能力培养为着力点，实践教学的建设和改革成效显著。以培养学生创新精神和实践能力为核心，建立学科竞赛管理机制；积极组织多个实验区申报自治区级人才培养创新实验区;完善师范类集中实习模式。制定顶岗支教实习的管理办法、实施方案,在区内率先启动教师教育专业顶岗支教实习模式的试点工作;组织各系(院)开展毕业生教育实习质量抽测,考查师范生的说课、讲课、评课等方面的教学技能,对考核不合格者进行强化训练,提高了师范生的教学基本技能。

4. 加大教师队伍建设力度,发挥教师提高教学质量的重要作用。

坚持教授上讲台,保证为学生提供高质量教学。学校制定了《关于教授、副教授承担本科课程教学任务的规定》,把教授、副教授为本科生授课确定为一项基本教学制度并认真执行。将教授、副教授承担本科课程教学任务与教师岗位津贴、晋升、评优直接挂钩,连续两个学年不讲授本科课程的,不再聘任其教授、副教授职务。通过建立激励和约束机制,保障了制度的有效落实。

重视青年教师的培养,不断提升青年教师的教育教学能力。学校出台了《教师培养培训工作暂行办法》、《教师就读研究生的补充规定》、《关于本科毕业生教师报考硕士研究生有关问题的通知》等文件,鼓励和督促青年教师攻读博士、硕士学位;开展青年教师的专业技能培训,以及通过承办学术会议、专题学术讲座,邀请高水平专家教授到学校开展多形式、多途径的学术交流活动,拓宽了教师的学术视野,促进了教师的知识更新;充分发挥老教师对青年教师的传、帮、带作用,不断提高青年教师的教学水平。

通过实施优秀教学团队建设工程,提高教师整体教学水平。目前学校大部分学科已形成了由学科带头人、重点骨干教师和中青年教学、科研骨干组成的,团结协作的学术梯队,具有较强的实力和发展后劲。其中资源与环境学院创新团队被自治区教育厅批准为广西高校人才小高地创新团队。

5. 完善教学质量监控体系,保障"质量工程"建设。

进一步完善教学质量监控体系和教学管理制度。健全学院、系(院)部、学生共同参与的"院级行政、教学系部、教研室"三级教学管理机制,形成包括目标、决策与执行、监测、评估、信息分析与反馈五大子系统构建的本科教学质量监控体系,实现对教学质量的全面监控和全程监控。对教学过程实施科学化、规范化的有效监控,维护良好的本科教学秩序,保障本科人才培养的质量规格;完善各级干部听课制度、教学事故认定与处理制度、教学信息收集制度、教学异常情况报告制度等教学监控措施;进一步加强教学管理制度建设工作,建立健全学校的学分制管理环境下的教学管理制度体系,包括教学计划管理、教学运行管理、教学质量管理与评价、教学基本建设管理、教学研究管理等五大系列。制订课堂教学、实验、考试、实习、毕业论文(设计)等各主要教学环节的质量标准,保证人才培养质量。

大力整顿课堂教学秩序,规范教学行为。出台《关于进一步整顿课堂教学秩序规范教学行为的意见》、《课堂教学规范》等文件,规范师生课堂教学行为,深入开展课堂文明建设,创建优良的教风学风,不断提高课堂教学效果;修订《教学事故认定和处理办法》,严肃教学纪律,整顿课堂教学秩序,杜绝课堂教学的不良现象,强化课堂教学质量意识;组织开展学校优质课评比活动,促进教学交流,探索教学改革创新;征集近年来学校教师积极改革教学方法与手段的典型案例,推广先进的教学方法,深入实施课堂教学示范工程。

6. 加强教学基础建设,提高人才培养的能力和水平。

加强实验教学示范中心的管理和建设。推进实验教学信息化工作,进一步加强实验教学与管理手段的改革与创新,把信息技术作为提高教学质量的重要手段,专项资助实验教学信息化的建设;通过规范多媒体授课管理,推进现代教育技术在课堂教学中的运用,深化教学方法和教学手段的改革,不断提高现代化教学手段的应用与研究水平。

加强教材建设。倾力打造精品教材群,开展教材质量评估工作,加大教师自编教材出版立项资助力度。

三、存在问题及原因分析

1. 部分教学单位对"质量工程"项目建设重视不够,少数单位领导的认识理念有待提升。这就造成部分项目建设力度不大,管理不规范,经费使用不合理,建设成效不明显。因此,出现部分"质量工程"项目负责人及主要参与人员不稳定,有的项目主持人目前不在岗位。个别学院项目经费的使用不够合理,差旅费、耗材费最高占总经费近90%,用于课程建设、教学改革方面的经费较少等情况。

2. 有的特色专业没有认真总结,专业建设成效不大,专业特色不够鲜明,缺乏标志性成果。未形成人才培养模式的改革创新机制,精品课程、教材、教学团队、教学名师、实践教学示范中心、优秀实习基地等建设对专业的支撑力度不够。个别特色专业检查情况不理想,需认真整改。

3. 精品课程网络教学资源建设滞后,大部分精品课程网络视频教学基本没进行。有的精品课程网络教学相关资料尚未展示,课程申报完成后,基本上没有网站内容的更新。网络教学互动方面也有待加强,建设成效尚不明显。

4. 部分教学团队建设未见完整的组织领导机构和项目规划,没有年度建设规划,没有建设任务书,也缺少项目建设措施,没有经费使用情况统计,项目建设的相关文档资料较少,高水平的教研、科研成果不多。

广西工学院实施自治区级"质量工程"工作总结

一、自治区级"质量工程"项目实施基本情况

2007年3月以来,学校积极贯彻落实《教育部财政部关于实施高等学校本科教学质量与教学改革工程的意见》(教高[2007]1号)、《教育部关于进一步深化本科教学改革全面提高教学质量的若干意见》(教高[2007]2号)文件精神,出台了《教学质量与教学改革工程实施意见》和《教学质量与教学改革工程实施方案》,并积极参与自治区教育厅布置的"质量工程"各项工作。

(一)总体规划

学校在《教学质量与教学改革工程实施意见》中提出了2007—2010年自治区级"质量

工程”的建设目标与总体规划：

在精品课程建设方面，争取再建设10门左右的自治区级精品课程，加强网站建设，扩大精品课程的辐射作用。

在人才培养模式创新实验区建设方面，争取建成3—5个自治区级人才培养模式创新实验区，努力培养符合社会需要的具有创新能力和实践能力的高级应用型人才。

在实验教学示范中心建设方面，争取建成5—7个自治区级实验示范中心，实现工程实训中心教学和生产相结合的示范、辐射作用。

在教学团队与高水平教师队伍建设方面，争取建成3—5个左右的教学质量高、结构合理的自治区级教学团队，培养3—5名自治区级教学名师奖获得者，大力表彰在教学和人才培养领域作出突出贡献的教师。

在大学生竞赛活动方面，实施大学生创新性实验计划，支持100个左右由优秀学生进行的创新性试验，促进学生自主创新意识和能力的培养。

（二）配套文件

自2007年以来，为做好教学质量与教学改革工程建设工作，学校首先出台了具有宏观指导意义的《教学质量与教学改革工程实施意见》和《教学质量与教学改革工程实施方案》的文件，并根据自治区教育厅“质量工程”项目建设工作进程的安排，出台了一系列相应的配套文件，同时将自治区级“质量工程”项目的建设工作列入学校每年的行政工作要点。

（三）自治区财政投入

自2007年以来，自治区对学校自治区级“质量工程”建设给予的财政投入累计近50万元，从而使各个相关项目的建设工作得以顺利完成。

（四）建设内容与建设情况

1. 自治区级精品课程的建设。

学校高度重视自治区级精品课程的建设工作，制订了《面向21世纪教学内容和课程体系改革计划》、《课程建设2005—2010年规划》、《课程评估方案》、《课程建设管理实施办法》等文件，全面规划学校的教学改革和课程建设工作。从校级精品课程抓起，着力打造自治区级精品课程。在被评为自治区级精品课程之后，学校按规定给予配套经费，并对获得自治区级精品课程的单位（个人），学校一次奖励20000元。严格进行精品课程的年度检查，以保证精品课程的建设工作有序开展。

2. 人才培养模式创新实验区的建设。

学校自治区级人才培养模式创新区是在校级人才培养模式创新区的基础上建设的。地方高校电气信息类专业分层分流人才培养模式创新实验区和地方制造业高级技术应用型人才培养模式创新实验区于2009年4月被批准为自治区级人才培养模式创新实验区之后，积极开展教学内容、课程体系、教学方式和教学模式等方面的改革，加强与外部联系，充分利用学校董事单位的优势资源，为创新型人才的培养进行了积极的探索，并已初见成效。经过一年多的建设，增强了学生的动手能力，优化了师资队伍结构，也强化了校企之间的合作关系。

3. 实验教学示范中心的建设。

学校是一所以工科为主的院校，一贯非常重视实践教学环节。从实验室建设与管理、仪器设备器材的采购、管理、维护及维修，以及实验技术人员人才队伍培养与建设、实验实践教学管理和后勤保障等诸多方面制定了相关的政策、措施，保证实验教学的顺利开展。对被批准为自治区级实验教学示范中心的实验教学中心，学校不断增加实验教学仪器设备的资金投入，同时通过加强管理，针对实验教学示范中心还加大了对学生开发的力度。实验教学示范中心的建设为教学服务，中心的建设在课程建设中进行，中心的建设成果在课程教学实践中应用，使中心建设和与课程建设相互促进，形成良好循环，师生均受益。

4. 教学团队的建设。

学校机械工程及自动化专业教学团队、西方经济学教学团队在被批准成为学校的教学团队之后，分别于2008年和2009年被评为自治区级教学团队。团队的建设主要从以下几个方面着手：加强团队教师的职业道德建设，形成良好的师德师风；骨干教师对青年教师进行传、帮、带，帮助青年教师成长；加强教学改革和教学研究的力度，提升教学质量；将科研成果应用于教学，促进教学质量的提高。通过建设，两个教学团队的师资力量明显增强，教学质量有所提升，并获得了较丰富的教育教学改革成果。

5. 教师名师奖项目的建设。

学校高度重视师德、师风和师能的建设，注意培养一批治学严谨、爱岗敬业、教书育人成效显著的教师，并注意发挥他们的模范作用。自2007年以来，两位教授分别荣获广西高校第一届、第三届教学名师奖。学校对他们给予很高的评价，并给每人一万元的物质奖励。目前，一名教授除参加日常教学活动外，被学校聘请为教育教学督查员，同时不定期举办教学讲座，向广大教师特别是青年教师传授教学经验，对学校教师课堂教学水平的提高有积极的促进作用，深受广大师生的尊敬；一名教授积极参加学校教学团队的建设工作，其带领的机械工程及自动化专业教学团队被评为自治区级教学团队。

6. 大学生竞赛活动项目的建设。

学校高度重视大学生竞赛活动项目的建设，积极鼓励学生参加各种竞赛活动。其中教务处负责学科竞赛组织管理，院团委负责“挑战杯”竞赛和大学生科研立项活动组织管理。近年来，本校学生在各种竞赛活动中屡获佳绩。竞赛活动的开展促进教师转变教育观念，提高学生参与实践的积极性，增强了实践能力；竞赛活动促进了课程体系改革，推动了课程教学改革，促进了实验室建设和实验室开放程度。

二、建设成效与基本经验

学校在建设自治区级“质量工程”项目过程中，把握“质量工程”的精神，群策群力，团结一致，在全体师生员工的共同努力下，学校的教学工作和人才培养质量都跃上了一个新台阶。实施“质量工程”项目建设至今，自治区级“质量工程”项目和奖项主要有：精品课程13门(不含思想政治理论课精品课程)，人才培养模式创新实验区2个，实验教学示范中心

5 个,教学团队 2 个,教学名师奖 2 个,省级以上大学生各种竞赛活动共获奖 431 项,获资助项目 38 项。这些成果标志着学校的“质量工程”建设工作跃上了一个新的台阶。

学校在实施“质量工程”建设过程中,积累了一定的经验,主要有:

(一)领导高度重视

“质量工程”的建设工作得到了学校党政领导的高度重视。学校的《2007—2008 学年度第一学期行政工作要点》将“扎实推进‘质量工程’,加强教学建设”列为教学工作的第一条。学校出台了《教学质量与教学改革工程实施意见》和《教学质量与教学改革工程实施方案》等一系列配套文件,从制度上保障了“质量工程”建设的开展。文件规定学校党政领导第一把手是“质量工程”项目建设的第一负责人,各系党政领导第一把手是本单位“质量工程”建设项目的第一责任人。此外,学校和教学单位一把手均担任部分自治区“质量工程”项目的负责人。有了党政领导的高度重视,能够有效地调动学校的人力、物力和财力,从而使“质量工程”建设工作得以有力推行和顺利开展。

(二)充分调动全校力量

“质量工程”的建设工作是一项非常浩大的系统工程,这就需要充分调动全校的力量。自治区级“质量工程”项目的申报与建设每个环节都是由各个单位和部门同心协力完成的。学校领导统一指挥,教务处负责协调组织,计财处负责经费管理,相关教学单位之间团结合作、互相帮助。例如自治区级人才培养模式创新实验区“地方制造业高级技术应用型人才培养模式创新实验区”项目的申报是在原两个校级人才培养模式创新实验区建设的基础上进行的,涉及机械工程系、汽车工程系和职业技术教育学院等三个教学单位,如果没有相关教师的精诚合作,该项目的申报与建设工作是无法进行的。又比如,在申报自治区级精品课程时,课堂录像的录制工作由来自计算机工程系的师生共同完成。正是有了全校上下的共同努力,使学校自治区级“质量工程”的建设工程得以顺利开展。

(三)发挥学校优势与利用外部资源相结合

学校是一所工科为主的地方院校,经过几十年的建设,有的专业已经发展得比较成熟,形成了自己的优势,并在区内有一定的影响。在申报和建设自治区级“质量工程”项目时,首先要考虑的是自己的优势。例如学校机械工程系的机械工程及自动化专业,师资力量雄厚,教学成果丰富,教学质量高,在学校现有的自治区级“质量工程”项目中,该专业有精品课程 2 门,实验教学示范中心 1 个,人才培养模式创新实验区 1 个,教学名师奖 2 个,教学团队 1 个。另外该专业学生在参加全国大学生机械创新设计大赛中连续获得优异成绩。

学校地处广西工业重镇柳州市,学校本着“校市相融、校企合作”的办学思路和特色,与柳州市一些著名企业建立了良好的长期合作关系,并和柳州钢铁集团公司、柳州工程机械股份有限公司等 40 多家大中型企业联合组成董事会。学校充分利用董事单位等各种有效的外部资源,为申报和建设自治区级“质量工程”项目提供了有力的支持。

（四）用教改项目支撑“质量工程”项目建设

教学改革既是“质量工程”项目建设的重要特征，也是提高人才培养质量的原动力。教学改革的研究与实践，为学校自治区级“质量工程”项目建设提供理论研究和实践探索的支撑。学校尤其重视利用自治区级、校级教育教学项目对自治区“质量工程”项目的积极作用，对与“质量工程”项目相关的教学改革给予优先立项。如自治区级教改项目“校地合作培养面向区域经济发展的工科应用型人才教学体系的构建与实践”与自治区级人才培养模式创新实验区相关；“项目教学法在机械工程及自动化专业本科人才培养中的实践与探索”项目与机械工程系一系列的自治区级“质量工程”项目相关。

三、存在问题及原因分析

在看到各方面取得喜人成绩的同时，学校自治区级“质量工程”建设工作仍然存在着两大方面的不足之处：

一方面是在“质量工程”建设过程中，取得自治区级的项目和奖项明显少于区内水平较高的高校，学校将总结经验，找出不足，集中精力抓一些优势项目和特色项目，以期在国家级立项上有所突破。

另一方面是由于学校的财力有限，对自治区级“质量工程”建设的投入基本上只能按照文件的要求，给予规定的配套，这些配套经费仍无法满足需要，今后我们将克服困难，争取加大投入，为“质量工程”建设提供更为强大的资金保障。

广西财经学院实施自治区级“质量工程”工作总结

培养人才是高校的重要使命。提高本科教学质量，既是学校教育发展形势需要，也是办好让社会、让人民满意的教育、提高学生就业能力和创业能力的需要，更是建设创新型国家、构建社会主义和谐社会的需要。为贯彻落实教育部、财政部《关于实施高等学校本科教学质量与教学改革工程的意见》（教高[2007]1 号）、教育部《关于进一步深化本科教学改革全面提高教学质量的若干意见》（教高[2007]2 号）、教育部和财政部《关于印发〈高等学校本科教学质量与教学改革工程项目管理暂行办法〉的通知》（教高[2007]14 号）和广西教育厅《关于实施广西普通高等学校教学质量与教学改革工程的意见》（桂教发[2008]6 号）文件精神，切实加强本科教学工作，不断提高本校本科教学水平和人才培养质量，从 2006 年至今，学校加大力度实施自治区级各项“质量工程”，初步建立可持续发展机制，有效促进学校本科教育的规模、结构、质量、效益协调发展，教育教学质量得到提高。

在实施自治区级各项“质量工程”过程中，学校始终坚持以邓小平理论和“三个代表”重要思想为指导，全面落实科学发展观，深入贯彻党的教育方针，大力推进素质教育；坚持“巩固、深化、提高、发展”原则，遵循高等教育的基本规律，牢固树立人才培养是高校根本任务、质量是高校生命线、教学是高校的中心工作的思想；按照“整体规划，分步建设，突出重点，强化特色，注重创新，全面提高”的原则，正确处理好规模、结构、质量和效益的关系，以推进教学改革和实现优质资源共享为手段,以提高本科教学质量为目标,加强教学基本建设,改进教学管理,创新应用型人才培养模式,把本校的本科教育水平和人才培养质量提高到一个新阶段。

现将几年来自治区级"质量工程"项目实施情况简要总结如下:

一、"质量工程"项目实施基本情况

(一)实施程序和主要措施

1. 统一思想,高度重视。

实施"质量工程",是坚持科学发展观,全面落实党中央、国务院战略决策和部署的重要举措,是落实科教兴国战略和人才强国战略的重要组成部分。实施"质量工程"也是学校发展的重大机遇,对于本校积极推进合格本科院校建设,全面落实"十一五"发展规划,建设适应社会发展需要的应用型本科院校具有重大的现实意义和深远的历史意义。因此,全校上下认真学习、深刻体会有关文件精神,充分认识"质量工程"的重大意义,把"质量工程"作为一把手工程和"十一五"期间的一项重要工作来组织实施。

2. 成立领导小组。

学校成立由校长任组长、主管副校长任副组长、相关职能部门负责人参加的"质量工程"领导小组,制定规划,筹措资金,协调关系,解决实施过程中的重大问题。领导小组下设办公室,设在教务处,制订实施方案,组织项目的申报、实施、检查与评估,负责"质量工程"的日常工作。各系部也成立相应的领导小组,负责组织实施本系部"质量工程"的相关工作。

3. 确保经费投入,实行专项支持。

为了确保"质量工程"的顺利实施,对于上级主管部门划拨的专项经费,学校按照统一规划、单独核算、专款专用的原则实行专项管理。同时,在项目实施中鼓励各单位发挥自身特点,积极筹措资金支持"质量工程"项目的实施。

4. 严格项目管理,确保项目成效。

"质量工程"实行严格的项目滚动管理,建立项目主持人负责制。按照公开、公平、公正的原则,认真做好项目的立项、评审、检查、验收与推荐工作;建立奖惩制度和目标责任制,对在项目建设中贡献突出的单位和个人给予表彰和奖励,对在建设过程中没有进展或偏离建设目标的项目停止经费资助,对在项目建设中有重大失职、造成严重后果的单位和个人追究责任和给予处罚。

5. 全面修订本科专业全程培养方案。

根据经济社会发展对人才培养的客观需求,以及知识、能力和素质协调发展的原则,学校修订了本科专业全程培养方案,要求本科专业全程培养方案要贯彻"质量工程"的精神,体现学校的办学特色,强化实践教学环节,培养学生的创新精神和创新能力。

(二)项目实施进展情况和主要内容

1. 自治区级人才培养模式创新实验区建设。

长期以来,学校致力于培养具有适应经济社会发展的竞争力应用型创新人才,始终强调人才培养模式的不断创新。在坚持通识教育和专业教育相结合的前提下,充分培植学科资源优势,按照夯实基础、复合交叉、特色创新、面向东盟的思路,积极探索人才培养模式创新实验区,培养服务于地方经济的应用型创新人才。学校现已有自治区级人才培养模式创新实验区 2 个,分别是东盟国际会计人才培养创新实验区和投资理财人才培养实践教学创新实验区。

东盟国际会计人才培养创新实验区是学校2007 年申报的东盟国际会计人才培养创新实验区建设,获得教育部的人才培养模式创新实验区项目(教高函 2007(29)号第 187 项),2009 年列为自治区级人才培养创新实验区。经过研讨会反复酝酿和推敲,确定并完善了实验区实验班的培养模式,即“1+3”选拔提升教学模式,“1”是指第一年采用平台基础教育,学生在原有班级学习,然后择优选拔进入实验班;“3”指选拔后的 3 年时间,用于东盟国际会计人才培养的提升式教育,形成具有双外语、双专业、高适应度、综合素质高的应用型国际化会计管理人才。同时制订了教学计划、导师制管理办法、优秀学生奖学金管理办法、实践教学计划、学生科研能力培养方案等系列制度。目前,实验班 2007 级有学生 60 人,2008 级有学生 47 人。在学校各级领导的大力支持和关怀下,东盟实验班的教学等各项工作正在稳步扎实推进。

投资理财人才培养实践教学创新实验区:本项目是 2009 年学校获得的自治区级的首批人才培养实践创新实验区,旨在培养能适应北部湾经济区及中国—东盟自由贸易区发展需要的“宽口径、厚基础、懂投资、会理财、善运作”具有较强战略思维、创新意识和实际应用能力的知识、素质、能力协调发展的能够在各类金融机构、保险公司、风险管理部门从事投资分析与咨询、风险投资、个人理财咨询、公司理财和各种金融服务等工作的复合型、高素质的投资理财复合型优秀人才。本项目的研究和实践涉及学校的 28 个本科专业,每年以双专业、双学位实验班模式、精英式培养学生,通过考试招生录取。从 2008 级招收的第一届实验班本科生(2009 级第二届正在招收中)情况看,50 名学生中获取课程奖学金的人次达到 90% 以上,学生投资理财能力大为提高,充分展现了开展投资理财人才培养模式改革的初步成果。

2. 自治区级精品课程建设。

自治区级精品课程是具有一流教师队伍、一流教学内容、一流教学方法、一流教材、一流教学管理等特点的全区性示范课程。目前,学校有财政学、会计学、管理学、国家税收、电子商务、物流学、证券投资学、东南亚经济与贸易、西方经济学等 9 门课程成为自治区级精品课程,已初步形成学校、自治区、国家三级精品课程建设平台。精品课程建设范围主要在学生受益面大的公共基础课、专业基础课领域,通过组织精品课程建设工作研讨会、自治区级精品课程建设成果展、邀请获得自治区级精品课程的任课教师和课程负责人开设专题讲座等方式,引导和带动各层次的精品课程建设。在建设中主抓几个环节:

强化教师队伍建设。加强人力资源整合,形成一支结构合理、人员稳定、教学水平高、教学效果好的课程教学梯队。

建设与更新教学内容。准确定位精品课程在人才培养过程中的地位和作用,正确处理单门课程与系列课程改革的关系,教学内容时刻保持前沿性。

加强现代化的教学方法和手段应用。充分利用现代教育技术手段开展教学,实现教学与管理的网络化,相关的教学大纲、教案、习题、实验指导、参考文献等上网开放,实现网络共享。

加快教材建设。选用目前国内的优秀教材,鼓励选用国外高水平原版教材,建成由文字教材、电子教材、网络课件、试题库、系列参考书和辅助教材等构成的立体化教材。

强化实践教学环节建设。高度重视实验、实习等实践性教学环节,大力开展实践教学改革,设计各类实践活动,引导和鼓励高年级学生参加科研活动,不断提高创新能力和科研能力。

推动机制建设。搭建好网络建设平台,形成有效的管理政策及措施,实施"申报—立项—建设—评审—建设"的机制。

3. 教学名师培育。

教学名师系在道德风范、教学水平、科研能力、梯队建设、外语能力等方面表现出众的高等学校的教师。2009 年,学校一名副校长、财政学教授被评选为广西教学名师。学校通过编印教学名师风采录、举办教学名师教学成果展、开办名师专题网等方式加大对教学名师的宣传力度,加强师德师风建设,树立名师楷模,推动教师队伍建设。另外,通过教学名师的有效指导和帮助,促成更多的教学骨干成为教学名师。

青年教师教学竞赛活动,是引导广大青年教师用心投入教学,提高教学水平的有效方式。2007 年以来,学校已组织了全校青年教师教学竞赛活动,促进了一大批关心教学、精力投入教学、教学技艺不断提高的骨干教师产生。通过系部初赛、学部复赛、学校决赛的形式,表彰了 20 多名的获奖选手。同时组织好示范课观摩和教学经验交流活动,使教师普遍受益。

4. 教学团队建设。

教学团队是根据课程教学、学科(含专业)发展需要而建立的基层教学组织。通过实施教学团队建设计划,建立教师教学的合作机制,实现教师资源的有效整合。学校经济与管理跨专业综合实验教学团队于2008 年获得自治区级教学团队。该实验教学团队是以自治区级实验教学示范中心——经济与管理实验教学中心为建设单位,以经济学和管理学系列专业实验课程及跨专业实验课程为建设平台,以"立足广西、面向基层、服务社会,培养复合型、创新型、应用型经济管理人才"为教学目标,以自治区级重点实验室财经科学实验中心、ERP 实验中心等为技术实验基地,由多年从事实验教学改革与实践工作的教师和兼职实验教师组成的跨专业综合实验教学团队。

这几年来,经济与管理跨专业综合实验教学团队严格执行教授、副教授为本科生授课制度、主讲教师资格制度和青年教师助课制度,推进实验教学工作中的老中青结合,发扬传帮带作用,加强青年教师培养。以实验室、教学实践基地等为建设单位,以系列实践课程或专业为建设平台，建立有效的团队合作机制，推动教学内容、方法和手段的改革，促进教学研讨和教学经验交流，开发优质实验教学资源，重视实验、实践性教学，引导学生进行应用性学习和创新性实验，培养学生发现、分析和解决问题的兴趣和能力。

5. 实验教学示范中心项目建设。

自治区级实验教学示范中心是具有先进的教育理念和实验教学观念，先进的实验教学体系、内容和方法，先进的实验教学队伍建设模式和组织结构，先进的仪器设备配置思路和安全环境配置条件，先进的实验室建设模式和管理体制，先进的运行机制和管理方式，显著的实验教学效果和特色鲜明的实验教学中心。2007 年以来，学校建立了 3 个自治区级实验教学示范中心，分别为：经济与管理实验教学中心、证券投资实验教学示范中心、审计实验教学示范中心。

中心坚持以学生为本，以培养学生实践能力、创新能力和提高教学质量为宗旨，以实验教学改革为核心，以实验资源开放共享为基础，牢固树立“知识、能力、素质”协调发展的教育教学理念，并以高素质的实验教学队伍和完备的实验条件为保障，提供经济管理类实验教学、实习和课程设计的教学环境和实验环境，为学院的学科专业建设提供了良好的实验教学平台。

目前，学校部分实验室在实验教学体系构建、实验内容更新、实验室开放、实验教学人员和队伍建设等方面取得明显成效，通过实验教学示范中心经验交流、外出考察学习、教学实验室评审等多种途径，调动学校实验教学中心建设的积极性和主动性，加大实验教学改革力度，建立科学合理的实验教学体系。

二、成效与基本经验

学校“质量工程”建设开展几年多来，取得了良好成效：通过实施“质量工程”，重点推进本科教学建设与改革；加快人才培养模式的综合改革，进一步提高课程建设和实践教学质量与水平，加大高水平教学队伍与教学组织体系建设力度；推动了实践教学改革。

（一）以先进的办学理念引领各项“质量工程”建设

学校秉承“质量立校、人才强校、科研兴校、和谐建校”的办学理念，在实施和开展各项“质量工程”时，要求转变教育教学思想，创新教育教学理念；在教学工作指导思想方面，要求树立质量是高校的生命线，是提高教学质量一以贯之的思想；在教学与科研的关系上，要求树立教学与科研相互依存、相互促进的思想；在人才培养观念上，树立拓宽专业口径、增强学生适应性的思想；在知识传授与能力和素质培养的关系上，树立加强素质教育，融知识、能力、素质教育为一体的思想；在教与学的关系上，树立以学生为主体、以教师为主导的思想，加强学生自主学习能力和创新能力培养；在人才培养模式方面，处理好统一要求和学生个性发展的关系，树立在教育目标指导下鼓励学生个性发展的思想。

（二）紧密围绕学校人才培养的目标定位创新模式改革

尽管东盟国际会计人才培养创新实验区、投资理财人才培养实践教学创新实验区率先施行对象主要是针对在校本科学生,但作为一项整体性和系统性的教学改革项目,从外延拓展来看,它将反映在地方财经类院校在学生实践能力培养的制度安排、学生个体的价值取向和作为经纪人投资行为习惯所构成综合教学模式改革中,使全校所有师生受益和启发。两个人才培养创新实验区的建设过程中,紧密围绕学校人才培养的目标定位,办出了一定的特色:

1. 逐步形成一套相对完整较具特色的课程体系。

东盟国际会计人才培养创新实验区的课程体系突出面向东盟服务的思想,设计了东盟国际会计人才培养的特色课程 13 门;投资理财人才培养实践教学创新实验区的课程设置是通过课程实验强化学生的实验能力,专业课全面纳入实验教学,所有课程实验不少于 1/4,部分达到 1/2,并有部分课程由行业专家授课。

2. 形成课堂实验能力培养、第二课堂实践能力塑造和校外实践教学基地实战的一套完整的教学模式。

东盟国际会计人才培养创新实验区创建东盟会计实训基地及东盟所在国企业实习基地,送学生到东盟国访学、实习,到与东盟国有贸易往来或投资业务的广西企业实习等。投资理财实验班通过校外实践教学基地,每年分批次到实习基地实习股票投资、外汇投资、黄金投资、保险理财规划等内容,要求学生在校外实践教学基地进行实务学习。

3. 建立了学生实践能力培养的导师计划。两个人才培养创新实验区通过实践能力培养导师计划,为实验班学生指定相应的导师,随时指导学生课程学习过程中的疑问。

4. 建立和完善实验教学条件。

两个人才培养创新实验区加强了自治区级实验教学示范中心的联动效应,形成了较完整的基础和专业实验室体系,目前正在自主开发金融投资理财综合实验教学综合软件系统等 3 套实验教学软件,正在编撰金融理财综合实训系列教程教材,逐步完善投资理财实验教学条件。

5. 学生实践能力培养效果显著。

创新实验区通过课程设置的改革、课堂教学手段的改革、教学方法的改革、实践能力培养方式的改革等,以培养学生投资理财实践能力为准绳,着力打造高素质复合型人才的培养机制,鼓励学生参加科研、证券投资大赛等各种活动,使学生整体素质不断提高。

(三)通过教学名师示范效应和强化教学团队建设,不断提升师资队伍整体水平

教学团队依托经济学和管理学学科优势,围绕团队建设任务目标进行建设,取得了良好成绩。目前,教学团队总人数 52 人,平均年龄 44 岁,其中正高职称 19 人,副高职称 24 人,中级职称 9 人,副高以上职称占总人数的 82.65%;博士 8 人,硕士 18 人,硕士以上学位占 50%。现面向全校经济学与管理学学科,34 个本、专科专业(方向),开设实验课程 79 门,实验项目数 456 个,其中基础操作型实验 126 个,占 27.63%;综合应用型实验 257 个,占 56.36%;创新设计型实验 73 个,占 16.01%。实验学生为 8101 人/年,实验人时数/年为 905337。在教学科研上也取得优良成绩,其中承担国家级课题 8 项,省部级课题 45 项;

获国家级奖励(高等教育教学成果奖)二等奖1项;获省部级奖励24项,其中一等奖1项,二等奖6项,三等奖17项。获国家软件著作权登记1项。

同时,在教学名师示范效应和强化教学团队建设辐射效应下,学校教师先后有6人次获得各种教学奖励。其中,有21人次获得校级师德先进个人,有20人次获得校级中青年教师课堂教学比赛优秀奖,有118人次获得校级优秀教师,有92人次获得校级优秀教育工作者,学校的师资队伍整体水平有了很大提升。

我们的经验是:

1. 必须具有高瞻远瞩的眼光和务实的工作作风,这是优秀教学团队建设的基础。对于新建本科院校而言,团队建设必须借鉴国际先进的教育理念、教育模式、先进的实习实训经验。这就需要团队教师具有扎实的教育教学理论知识、学习借鉴的思想、团结合作的精神和改革创新的理念,积极向国内外和同类院校学习、探寻适合地方院校教育的模式和经验。

2. 必须有优秀的团队文化,这是优秀教学团队建设的关键。我们非常注重团队精神和团队文化建设,视团队每个成员为一分子,追求团队价值与个人价值的结合。我们彼此之间相互鼓励、支持、帮助、学习和合作,在工作中增强了向心力、凝聚力和战斗力。

3. 鼓励中青年教师积极参与高校"三对创新行动计划",加强与企业、行业部门、地方政府的合作,为区域经济建设和社会发展服务,这是优秀教学团队建设的落脚点。我们在经济与管理跨专业综合实验教学团队建设实践中体会到:在人才培养目标、培养模式、课程体系和教学内容、实践教学、师资队伍及工学结合、校企合作等方面进行不懈探索,以开放的心态吸纳新理论、新观念,研究新情况、新问题、新变化,并快速转化到实践教学和生产实践中去,把专业最新的知识、信息和技能传递给学生,丰富、补充课堂教学内容,取得令学生和社会满意的教育结果。

(四)依托精品课程建设,推进课程体系、教学内容和教学方法的改革,不断提高课程教学质量

2005年以来,学校形成了以完善专业人才培养的知识体系(课程体系)为根本目标,以专业重点课程群建设和单门课程建设相结合为主要手段,开展精品课程建设的基本思路。至今,原来12门校级精品课程有9门升格为自治区级精品课程。根据各专业的人才培养目标和所修订的本科人才培养方案,调整课程体系,形成了西方经济学、财政学、会计学、管理学、证券投资学等8个专业重点建设的课程和课程群。同时注重每一门课程的质量保证和提高,更加突出了课程建设过程中的课程目标、教学内容、教学方法改革、现代教育技术应用、教学效果与质量管理,强调了科研与教学的结合。在原有学校精品课程评建指标的基础上对精品课程建设的指标进行了修订,以此为导向,促进教学观念的转变,深化教学体系、内容、方法的改革。到目前为止,已建成精品课程网站9个,接待了近50万人次访问;先后编写、出版了自成体系又形成我校特色的《财政学》、《会计基本技能与案例丛书》等5个系列教材。涌现出财政教学的"导学—自学—助学"的"三维互动"教学模式、会计教学的"理论教学与实训"的双元强化教学方式、证券投资学的仿真模拟训练案例教学

的教学方法等等。组织了校外、省外专家相关专题报告120场。

(五)以培养"四种能力"为核心,强化实践教学改革,夯实创新精神与实践能力的培养平台

通过经济与管理实验教学中心、证券投资实验教学示范中心、审计实验教学示范中心等三大实验中心的建设,已经建成了以计算机和校园网络为主要装备的计算机仿真模拟实验室群、以手工操作为主的手工模拟实验室群、以专业为特点的专用实验室群和公共基础课实验室群共计65间,建成各类专业实验室22个,实验室的使用面积达14807.08平方米,拥有教学用计算机4577台,可一次容纳实验、实习人数4113人,每年平均完成的实验约264.5万人时数,每年开放实验室接待的人数约140万人次,实验室利用率最高达216%,平均利用率达72%。这些实验室的建成有力地支持了学校28个本科专业的实验、实训和实习教学,为培养学生的"实践能力、创造能力、创业能力、就业能力"提供了有力的实践教学平台。目前已经有20名教师出国进修或技术与学术交流;45人到国内相关院校交流学习;400多人次参加实验室建设与管理培训。实验中心建立了专门网站(http://sysf.gxcfe.cn/),网站设有实验教学中心相关信息的发布,提供实验教学及实验室相关信息的查询,建立了实验室日常管理的网络平台,部分实验项目还实现了网上共享实验,比如:证券投资模拟实验、税收模拟实习、会计模拟实验、电子商务等实验,学生可以通过校园网在任何地点、任何时间进行自主选择做实验。

同时,实验中心积极开展科研工作,在财政、税务、金融、保险、企业管理、会计、审计、电子商务、信息技术、高校实验教学等领域取得了一批在区内外有一定影响的科研成果,发表论文121篇,其中核心期刊40篇;承担课题29项,其中省部级课题6项;荣获省部级以上奖项1项;出版教材21部,开发实验教学软件6个。

经过这几年的建设,学校已初步建立起适应"四种能力"培养的"按阶段、分层次、模块化"的实验教学体系。所谓"按阶段"就是遵循教学的时序性、能力培养的渐进性原则,在时间段上划分两个阶段:一、二年级学习时期为第一阶段,在这一阶段的实践教学重点是培养学生具有专业的基本操作技能,即实践能力的培养;第二阶段为三、四年级学习时期,主要是培养学生具有较强的专业应用能力和综合素质(观察能力、分析问题和解决问题的能力),即培养学生的创造能力、就业能力和创业能力;所谓"分层次"就是实践教学的内容必须和学生能力培养要求紧密结合起来,针对不同阶段、不同层次的能力培养设计相应的教学内容,采取不同的教学方式和教学方法;所谓"模块化"就是根据不同学科不同专业对操作技能和专业能力的要求,设置不同的实践课程模块。

这些创新改革,成为人才培育中发挥创新精神与提高实践能力的良好平台。

三、主要问题及原因分析和进一步改进的建议

(一)教育教学思想观念亟待进一步更新

在全国高等教育发展到一个新的起点和广西高等教育发展面临新的历史机遇的时

刻，实施“质量工程”需要树立新思想、新理念，需要坚持落实科学发展观，坚持以人为本。

当今社会和经济的发展形势变化很快，社会和经济发展需要的是适应性更强的具有创新精神和实践能力的人才，而且人才的流动性和竞争性也不断加剧，因此，容易导致高校人才培养和社会需求“信息不对称”，高校人才培养和社会需要之间的供求不协调。传统的教育教学理念是以知识的传承为主，重视基础理论教学，重视专业知识传授。现在的教育教学理念更加强调人才的创新意识和实践能力的培养，更加注重素质教育和人性的张扬。这点应该成为一种共识。

（二）学校教学资源紧张尤其是优质教育资源短缺

学校是一所新建本科院校，教学资源明显不足。近年来，大规模扩招后办学经费日趋紧张，生均资源受到很大的影响，这样肯定会影响学校高等教育的质量。另一个重要的教育资源就是师资问题。伴随着学校教育规模的增长，师生比出现一定的失衡。师资不足导致教师工作量过大。尽管近年来学校通过大力的内培外引，不断优化师资结构，但由于历史遗留下来的部分老教师跟不上教育新形势的发展需要、部分新引进的高学历教师教学经验不足的多重困难影响，教师的业务素质和师德教育方面亟待加强。

（三）系部、学校、自治区、国家四级联动的“质量工程”立项建设体系和校系两级“质量工程”管理组织体系有待完善

学校现有立项的各级“质量工程”项目，具备一定的遴选机制和体系，但该遴选机制和体系尚待进一步完善，尤其是对于“质量工程”项目分类遴选的指标体系尚未清晰，有遴选程序而无遴选标准，在现实中容易造成忽视学科专业、人才培养目标、课程建设等整体的协调统一发展。

“质量工程”项目的管理组织体系不完善。从学校层面来看，虽出台了《关于实施“质量工程”的决定》，但仍需制订“质量工程”建设实施方案，项目的评估、经费的使用与管理制度等。

（四）“质量工程”建设发展不平衡

从立项的“质量工程”项目分布来看，项目主要集中在会计系、国贸系、工商系、财政系和金融系等少数的几个系，其他系部的项目数量偏少，部分系部尚没有自治区级项目，校级项目也仅有 1—2 个。从项目经费投入、项目发挥的作用、教师对项目投入的积极性等方面来看，系部之间也存在不平衡的问题。

（五）教学改革需要进一步深化，教学管理机制需要进一步创新

一些项目课程建设不够规范，一些课程的设置与专业人才培养目标的关联不够紧密，课程归属与建设、开课条件、课程评估、经费投入使用与管理不够科学合理。

（六）实验教学改革需要进一步深化，教学管理机制需要进一步创新

学校的实验教学虽然取得很大进步，至 2008 年年底，共有各类校外实践教学基地 103

个，但校外实践教学基地的建设有待进一步加强和规范。“双平台、双体系、多模块”人才培养模式实施的成效尚未完全显现，实验教学的科学评价机制及质量监控体系尚没有建立，实验教学体系还不够完善，实验项目的开发还不规范，等等。因此，“质量工程”中关于实验教学改革需要进一步深化。

（七）教学团队建设尚缺乏一套科学有效的工作制度和工作绩效评价体系

在实施团队建设的过程中，学校重视科学管理，营造积极和谐的人际关系和良好的团队内部环境，努力建立公平、公正、公开的考核机制，激发团队成员的工作积极性和创造性，提高团队整体精神面貌。但由于经验欠缺，在制度上尚待建立完善的工作制度和工作绩效考核体系，即包括教学、科研、特殊贡献在内的量化考核指标体系。

（八）教改工程项目的整体质量有待进一步提高、辐射范围有待进一步扩大

2005 年以来，学校先后获自治区级以上教改工程立项 32 项，校级教改工程立项 117 项；获得自治区级以上优秀教学成果奖 11 项，其中一等奖 2 项、二等奖 4 项、三等奖 5 项。但学校本科教育发展历程较短，教学改革研究的基础较为薄弱，教改工程项目的整体质量和辐射范围有待提高。主要表现为自治区级项目少，获奖的也不多。教改工程项目的整体质量有待进一步提高，辐射范围有待进一步扩大。

附录：

国家级、自治区级文件

国务院批转教育部2003—2007年教育振兴行动计划的通知

（国发［2004］5号）

各省、自治区、直辖市人民政府，国务院各部委，各直属机构：

国务院同意教育部《2003-2007年教育振兴行动计划》，现转发给你们，请认真组织实施。

国务院

二〇〇四年三月三日

2003—2007年教育振兴行动计划

（教育部　二〇〇四年二月十日）

百年大计，教育为本。要实现全面建设小康社会和中华民族伟大复兴的宏伟目标，必须坚持实施科教兴国战略和人才强国战略，把教育摆在现代化建设优先发展的战略地位。近年来，在党中央、国务院的正确领导下，教育事业实现了跨越式发展，教育改革取得了突破性进展，国民受教育程度逐步提高。但是，教育面临的挑战依然十分严峻，整体水平离实现全面建设小康社会目标还有很大差距。为了贯彻党的十六大精神，在顺利实施《面向21世纪教育振兴行动计划》的基础上，特制订本行动计划。

今后几年，我们要高举邓小平理论伟大旗帜，以“三个代表”重要思想为指导，坚持教育为人民服务的宗旨，巩固成果，深化改革，提高质量，持续发展，办好让人民满意的教育。

努力实现党的十六大提出的历史性任务，构建中国特色社会主义现代化教育体系，为建立全民学习、终身学习的学习型社会奠定基础；培养数以亿计的高素质劳动者、数以千万计的专门人才和一大批拔尖创新人才，把巨大的人口压力转化为丰富的人力资源优势；加强教育同科技与经济、同文化与社会的结合，为现代化建设提供更大的智力支持和知识贡献。

一、重点推进农村教育发展与改革

全面贯彻《国务院关于进一步加强农村教育工作的决定》(国发[2003]19号)，坚持把农村教育摆在重中之重的地位，加快农村教育发展，深化农村教育改革，促进农村经济社会发展和城乡协调发展。

1. 努力提高普及九年义务教育的水平和质量，为2010年全面普及九年义务教育和全面提高义务教育质量打好基础。

实施国家西部地区“两基”攻坚计划。到2007年底，力争使西部地区普及九年义务教育人口覆盖率达到85%以上，青壮年文盲率下降到5%以下。以实施“农村寄宿制学校建设工程”为突破口，加强西部农村初中、小学建设。西部各省、自治区、直辖市及新疆生产建设兵团要分别实现各自的“两基”目标。要将“两基”攻坚作为西部大开发的一项重要任务，精心组织实施。继续实施“国家贫困地区义务教育工程”和“中小学危房改造工程”。中部地区未实现“两基”目标的县也要集中力量打好攻坚战。

已经实现“两基”目标的地区特别是中部和西部地区，要巩固成果、提高质量，千方百计改善学校的办学条件，全面提高教师和校长素质。经济发达的农村地区要实现高水平、高质量“普九”目标。

2. 深化农村教育改革，发展农村职业教育和成人教育，推进“三教统筹”和“农科教结合”。

加强新形势下的基础教育、职业教育和成人教育“三教统筹”，有效整合教育资源，充分发挥农村学校的综合功能。继续开展“绿色证书”教育，积极推进农村中小学课程和教学改革，在实现国家规定的基础教育基本要求时，紧密联系农村实际，在农村初、高中适当增加职业教育内容。

大力发展农村职业教育。农村职业教育要以就业为导向，实行灵活的教学和学籍管理制度，方便工学交替、半工半读、城乡分段和职前职后分段完成学业。重点建设好地(市)、县级骨干职业学校和培训机构，面向农村扩大招生规模。实施“农村劳动力转移培训计划”，对进城务工农民进行职业教育和培训。

开展农村成人教育，促进“农科教”结合。农村成人教育要以农民实用技术培训和农村实用人才培养为重点。充分发挥农村成人学校和培训机构的作用。农村中小学可实行一校挂两牌，日校办夜校，成为乡村基层的文化、科技和教育活动基地。充分发挥高等农林学校的作用，建设“高等学校农业科技教育网络联盟”，推进“一村一名大学生计划”，为农业科技推广、农村教育培训作出贡献。

3. 落实“以县为主”的农村义务教育管理体制，加大投入，完善保障机制。

进一步落实“在国务院领导下，由地方政府负责、分级管理、以县为主”的农村义务教育管理体制。县级政府要切实担负起对本地教育发展规划、经费安排使用、教师和校长人事等方面进行统筹管理的责任。明确各级政府保障农村义务教育投入的责任；中央、省和地(市)级政府通过增加转移支付，增强财政困难县义务教育经费的保障能力。建立和完善农村中小学投入保障机制，确保农村中小学教职工工资按时足额发放，确保农村中小学校舍的维护、改造和建设，确保维持学校正常运转的基本支出需要。

4. 建立和健全助学制度，扶持农村家庭经济困难学生接受义务教育。

继续设立中小学助学金，重点放在中西部农村地区；对家庭经济困难学生，逐步扩大免费发放教科书的范围，逐步免除杂费，为寄宿学生提供必要的生活补助；通过给学校划拨少量土地或提供劳动实践场所，帮助学生勤工助学并改善生活；广泛动员和鼓励机关、团体、企事业单位和公民捐资助学。到2007年，争取全国农村义务教育阶段家庭经济困难学生都能享受到“两免一补”(免杂费、免书本费、补助寄宿生生活费)，努力做到不让学生因家庭经济困难而失学。

5. 加快推进农村中小学教师队伍建设。

加强农村中小学编制管理，全面推行教师聘任制，依法实施教师资格制度。严格掌握校长任职条件，积极推行校长聘任制。积极引导和鼓励教师及其他具备教师资格的人员到乡村中小学任教，建立城镇中小学教师到乡村任教服务期制度。加强农村教师和校长的教育培训工作。

6. 实施“农村中小学现代远程教育计划”。

按照“总体规划、先行试点、重点突破、分步实施”的原则，争取用五年左右时间，使农村初中基本具备计算机教室，农村小学基本具备数字电视教学收视系统，农村小学教学点具备教学光盘播放设备和光盘资源，并初步建立远程教育系统运行管理保障机制。农村中小学现代远程教育计划要以地方投入为主，多渠道筹集经费，中央对中西部地区重点支持。

加强农村中小学现代远程教育，要致力于提高教育质量和效益。初步形成农村教育信息化的环境，持续向农村中小学提供优质教育教学资源，不断加强教师培训；整合农村各类资源，发挥农村学校作为当地文化中心和信息传播中心的作用，为“三教统筹”、农村科技推广和农村党员干部现代远程教育服务。

二、重点推进高水平大学和重点学科建设

建设世界一流大学和高水平大学是党和国家的重大决策，对于增强高等教育综合实力，提高我国国际竞争力具有重要的战略意义。今后五年要充分集成各方面资源，统筹协调学科建设、人才培养、科技创新、队伍建设和国际合作等各方面工作，深化改革，开拓创新，使重点建设高等学校和重点学科的水平显著提高，带动全国高等教育持续健康协调快速发展。

7. 继续实施“985 工程”和“211 工程”，努力建设一批高水平大学和重点学科。

继续实施“985 工程”，努力建设若干所世界一流大学和一批国际知名的高水平研究型大学。紧密结合国家创新体系建设，集成优质资源，创建一批高水平、开放式、国际化的科技创新平台和人文社会科学研究基地，造就学术大师和创新团队，使之在国际上占有一席之地，促进资源共享，为国家现代化建设作出重大贡献，全面提高学校的整体水平和综合实力。

继续实施“211 工程”，进一步以学科建设为核心，凝练学科方向，汇聚学科队伍，构筑学科基地。提高重点建设高等学校的人才培养质量、科学研究水平和社会服务能力，成为国家和地方解决经济、科技和社会发展重大问题的基地。在全国范围内逐步形成布局合理、各具特色和优势的重点学科体系，使一批重点学科尽快达到国际先进水平。

8. 加大实施“高层次创造性人才计划”力度。

以“长江学者奖励计划”和“高等学校创新团队计划”为重点，实施“高层次创造性人才计划”，扶持创新团队的建设，加大对中青年学科带头人和学术骨干的培养力度，鼓励和支持优秀人才和优秀群体健康成长、建功立业。要善于利用国际国内两种人才资源，特别要面向世界积极引进优秀拔尖人才。高等学校要大力推进“人才强校”战略，制定和完善人才建设计划；积极营造更加有利的政策环境，努力构建吸引、培养和用好高层次创新人才的支持体系；探索人才组织新模式，以学科带头人为核心凝聚学术队伍，紧密结合关键领域的前沿学科研究和国家重大现实问题研究，促进学科综合，开发配置人才资源。

9. 推进“研究生教育创新计划”。

推动研究生教育观念、体制和运行机制的创新，改革研究生选拔制度，推进学分制并调整修业年限，推行研究生培养导师负责制和研究生助研、助教和助管岗位制，推进培养成本分担制度改革。采取评选优秀博士学位论文、举办博士生学术论坛等各项措施，鼓励并资助研究生科研创新，促进研究生教育与生产劳动和社会实践紧密结合，提高研究生培养质量，促使拔尖创新人才脱颖而出。

10. 启动“高等学校科技创新计划”。

按照国家创新体系的总体布局，坚持面向科技前沿和现代化建设需要，加强科技创新平台建设。建设一批具有世界一流水平的国家实验室和国家技术创新中心，强化和新建一批重点实验室和军工科研基地。加大对重大科技项目的培植，加强自由探索和交叉学科研究。

坚持“发展高科技，实现产业化”的方针，强化和新建一批工程研究中心和高新技术产业化基地；完善大学科技园孵化功能及其支撑和服务体系；推进产学研紧密结合，增进高等学校与科研院所、企业的合作；着力解决关系国民经济、社会发展和国家安全的重大科技问题，加速科技成果向现实生产力的转化。

11. 实施“高等学校哲学社会科学繁荣计划”。

哲学社会科学研究对于建设社会主义物质文明、政治文明和精神文明具有重要意义。

要加强新世纪学术带头人和学术新人的扶持培养。组织重大课题攻关，力争取得一批具有重大学术价值和社会影响的标志性成果。继续加强人文社会科学重点课程教材和研究基地建设。重点建设一批哲学社会科学实验室，积极培育学术精品和名刊，奖励具有重大学术价值和社会影响的基础研究成果和解决重大现实问题的应用研究成果。

三、实施“新世纪素质教育工程”

全面贯彻党的教育方针，以培养德智体美等全面发展的一代新人为根本宗旨，以培养学生的创新精神和实践能力为重点，继续全面实施素质教育。

12. 加强和改进学校德育工作。

要把弘扬和培育民族精神作为重要任务，纳入国民教育全过程。制定《弘扬和培育民族精神教育实施纲要》，深入开展爱国主义、集体主义和社会主义教育；贯彻《公民道德建设实施纲要》，加强诚信教育，落实中小学德育大纲、学生守则和日常行为规范。加强和改进中小学思想、政治、品德课程，促进学校教育、社会教育和家庭教育的有机结合，切实增强德育的实效性和感染力。加强维护国家统一和民族团结的教育，提高法制教育和国防教育的实效。加强各级各类学校的校园及周边环境综合治理，创建安全文明校园。

13. 深化基础教育课程改革。

基础教育课程改革是全面实施素质教育的核心环节，构建和完善新世纪基础教育课程体系，全面实施义务教育新课程，逐步推进普通高中新课程。深化中小学教学内容和教学方法改革，积极推进校本教研制度建设，加强中小学实验教学改革和技术课程实践基地的建设，充分发挥现代教育技术的作用；深化教材管理体制改革，完善中小学教材审查制度和教材选用监管制度；建立国家和省两级新课程的跟踪、监测、评估、反馈机制，加强对基础教育质量的监测。

14. 以全面推进素质教育为目标，加快考试评价制度改革。

完善小学升初中就近免试入学制度；积极探索以初中毕业生学业考试为基础、综合评价相结合的高中阶段招生办法改革；结合新课程的全面推进，深化高考内容改革；推进高考制度改革，进一步建立以统一考试为主、多元化考试和多样化选拔录取相结合，学校自我约束、政府宏观指导、社会有效监督的高等学校招生制度。完善高等学校招生网上远程录取系统和网上阅卷系统，建设招生信息化管理与服务平台。

15. 积极推进普通高中、学前教育和特殊教育的改革与发展。

多种形式积极发展普通高中教育，扩大规模，提高质量。加大对农村高中发展的支持力度，引导示范性高中建设，加快基础薄弱校的建设，扩大高中优质教育资源供给能力。

多渠道、多形式地发展幼儿教育，逐步建立以社区为基础的学前教育服务网络，加强幼儿教师队伍建设，提高幼儿教育质量。

积极发展特殊教育，切实依法保障残疾学龄人口的受教育权利。

16. 加强和改进学校体育和美育工作。

坚持健康第一的指导思想，在教育系统广泛深入持久地开展群众性体育活动，大力增强青少年学生的体质、意志力和终身锻炼的自觉意识。推广《学生体质健康标准》，提高体育课程和课外活动的质量，建立学生体质健康监测体系。建立学校卫生安全责任制与监测机制，做好饮食卫生管理与卫生防病工作。切实加强心理健康教育和青春期健康教育，加强学生安全教育、预防艾滋病教育和毒品预防教育。大力加强学校美育工作，优化学校艺术教育环境，提高艺术教育课程开课率和教学质量。

17. 加强语言文字规范化工作，优化国家通用语言文字的应用环境。

建设面向现代教育体系和社会语言文字应用的语言文字规范标准，加快国家通用语言文字和少数民族语言文字规范标准的制订、修订和测查认证工作，搭建高水平的语言文字基础平台，加强语言文字生活监测和社会咨询服务。依法加强语言文字评估、测试和推广工作，推进学校和社会语言文字应用的规范化。加强重点方言地区的普通话推广普及，强化少数民族汉语师资培训，加大对西部地区国家通用语言文字培训工作的扶持力度。

四、实施“职业教育与培训创新工程”

18. 大力发展职业教育，大量培养高素质的技能型人才特别是高技能人才。

技能型人才是推动技术创新和实现科技成果转化的重要力量。要加强高等职业技术学院和中等职业技术学校的建设，广泛开展岗位技能培训。要适应走新型工业化道路的要求，实施“制造业和现代服务业技能型紧缺人才培养培训计划”，根据区域经济发展和劳动力市场的实际需要，促进产学紧密结合，共同建立技能型紧缺人才培养培训基地，加快培养大批现代化建设急需的技能型人才及软件产业实用型人才，特别是各级各类高技能人才。

19. 以就业为导向，大力推动职业教育，转变办学模式。

以促进就业为目标，进一步转变高等职业技术学院和中等职业技术学校的办学指导思想，实行多样、灵活、开放的人才培养模式，把教育教学与生产实践、社会服务、技术推广结合起来，加强实践教学和就业能力的培养。加强与行业、企业、科研和技术推广单位的合作，推广“订单式”、“模块式”培养模式；探索针对岗位群需要的、以能力为本位的教学模式；面向市场，不断开发新专业，改革课程设置，调整教学内容；加强职业道德教育；大力加强“双师型”教师队伍建设，鼓励企事业单位专业技术、管理和有特殊技能的人员担任专兼职教师。推动就业准入制度和职业资格证书制度的实施，继续建设和培育一批示范性职业技术学校，建设大批实用高效的实习训练基地，开发大批精品专业和课程。

20. 大力发展多样化的成人教育和继续教育。

鼓励人们通过多种形式和渠道参与终身学习，加强学校教育和继续教育相互结合，进一步改革和发展成人教育，完善广覆盖、多层次的教育培训网络，逐步确立以学习者个人为主体、用人单位支持、政府予以必要资助的继续教育保障机制，建立对各种非全日制教育培训学分的认证及积累制度。

以更新知识和提高技能为重点，开展创建学习型企业、学习型组织、学习型社区和学习型城市的活动。充分发挥行业、企业的作用，加强从业人员、转岗和下岗人员的教育与培训。积极发展多样化的高中后和大学后继续教育，统筹各级各类资源，充分发挥普通高等学校、成人高等学校、广播电视大学和自学考试的作用，积极推进社区教育，形成终身学习的公共资源平台。大力发展现代远程教育，探索开放式的继续教育新模式。

五、实施“高等学校教学质量与教学改革工程”

21. 进一步深化高等学校的教学改革。

以提高高等教育人才培养质量为目的，进一步深化高等学校的培养模式、课程体系、教学内容和教学方法改革。改善高等学校基础课程教学，建设精品课程，改造和充实基础课教学实验室，进一步建设全国高等学校数字图书文献保障体系（CALIS）和全国高等学校实验设备与优质资源共享系统。鼓励名师讲授大学基础课程，评选表彰教学名师。建设一批示范教学基地和基础课程实验教学示范中心，强化生产实习、毕业设计等实践教学环节。高等学校应用学科专兼职教师队伍要更多地吸收具有实践经验的专家。改革大学公共英语教学，提高大学生的英语综合运用能力。以管理体制和学制改革为主线，提高我国高等医学教育的办学质量和培养层次。

22. 完善高等学校教学质量评估与保障机制。

健全高等学校教学质量保障体系，建立高等学校教学质量评估和咨询机构，实行以五年为一周期的全国高等学校教学质量评估制度。规范和改进学科专业教学质量评估，逐步建立与人才资格认证和职业准入制度挂钩的专业评估制度。加强高等学校教学质量评估信息系统建设，形成评估指标体系，建立教学状态数据统计、分析和定期发布制度。

六、实施“促进毕业生就业工程”

23. 健全毕业生就业工作的领导体制、运行机制、政策体系和服务体系。

进一步形成各级领导高度重视、中央有关部门通力合作、省级人民政府统筹协调、高等学校和中等职业技术学校目标责任明确的就业工作领导体制和运行机制。完善有利于毕业生就业和创业的政策框架体系，进一步拓宽就业渠道，推进毕业生就业市场与各类人才市场、劳动力市场的联网贯通，进一步发挥市场在毕业生人才配置中的基础性作用。大力加强毕业生就业服务体系建设，积极发挥社会中介组织的作用。全力建设和用好“就业网”，加速实现毕业生就业服务信息化。建立起更加科学规范的毕业生就业率、待业率公布制度以及相应的就业状况监测制度。

24. 面向就业需求，深化教育系统内外的各项改革。

切实将高等学校布局、发展规划、学科专业结构、办学评估、经费投入等方面工作与毕业生就业状况紧密挂钩。把就业率和就业质量作为衡量高等学校办学水平的重要指标之一。使80%以上的职业学校毕业生能够取得相关的职业资格证书,推广东、中、西部地区之间的职业教育合作项目,使培养培训与定向定岗就业紧密相连。各类高等学校和中等职业技术学校都要加强实践教学环节,密切与行业、企业和有关部门的联系,建立一批长期稳定的就业、创业和创新基地。加强对学生的职业指导和就业创业教育,推动就业观念的转变。采取相关政策,积极鼓励毕业生到西部、基层和祖国最需要的地方去建功立业,引导毕业生到中小企业和民营企业就业以及自主创业。

七、实施"教育信息化建设工程"

25. 加快教育信息化基础设施、教育信息资源建设和人才培养。

构建教育信息化公共服务体系,建设硬件、软件共享的网络教育公共服务平台。加快中国教育和科研计算机网(CERNET)和中国远程教育卫星宽带网(CEBsat)的升级扩容工程建设,积极参与新一代中国教育科研互联网和网格(ChinaGrid)的建设,强化资源整合,加强地区网络建设和管理,建立健全服务体系及运行机制。加强高等学校校园网建设,创建国家级教育信息化应用支撑平台。加大涵盖各级各类教育的信息资源开发,形成多层次、多功能、交互式的国家教育资源服务体系。大力加强信息技术应用型人才培养,着力改革信息化人才培养模式,扩大培养规模,提高培养质量。

26. 全面提高现代信息技术在教育系统的应用水平。

加强信息技术教育,普及信息技术在各级各类学校教学过程中的应用,为全面提高教学和科研水平提供技术支持。建立网络学习与其他学习形式相互沟通的体制,推动高等学校数字化校园建设,推动网络学院的发展。开展高等学校科研基地的信息化建设,研究开发学校数字化实验与虚拟实验系统,创建网上共享实验环境。建立高等学校在校生管理信息网络服务体系。

八、实施"高素质教师和管理队伍建设工程"

27. 全面推动教师教育创新,构建开放灵活的教师教育体系。

改革教师教育模式,将教师教育逐步纳入高等教育体系,构建以师范大学和其他举办教师教育的高水平大学为先导,专科、本科、研究生三个层次协调发展,职前职后教育相互沟通,学历与非学历教育并举,促进教师专业发展和终身学习的现代教师教育体系。起草《教师教育条例》,制定教师教育机构资质认证标准、课程标准和教师教育质量标准,建立教师教育质量保障制度。

28. 完善教师终身学习体系,加快提高教师和管理队伍素质。

实施"全国教师教育网络联盟计划",促进"人网"、"天网"、"地网"及其他教育资源优化整合,发挥师范大学和其他举办教师教育高等学校的优势,共建共享优质教师教育课程资源,提高教师培训的质量水平。组织实施以新理念、新课程、新技术和师德教育为重点的新一轮教师全员培训,组织优秀教师高层次研修和骨干教师培训,不断提高在职教师的学历、学位层次和实施素质教育的能力。

强化学校管理人员培训，加快培养一大批高素质、高水平的中小学校长、高等学校管理骨干和教育行政领导，全面提高管理干部素质。将干部培训与终身教育结合起来，构建开放灵活的干部培训体系。

29. 进一步深化人事制度改革，积极推进全员聘任制度。

加强学校编制管理，按照“精干、高效”的要求，科学设置学校机构和岗位；实施教师资格制度。依照按需设岗、公开招聘、平等竞争、择优聘任、严格考核、合同管理的原则，推行中小学和中等职业学校教职工聘任制度，实行“资格准入、竞争上岗、全员聘任”。大力推进高等学校教师聘任制改革，提高新聘教师学历学位层次。深化学校内部分配制度改革，完善激励和约束机制。加强教师职业道德建设，将教师职业道德修养和教学实绩，作为选聘教师、评定专业技术职务资格和确定待遇的主要依据，实行优秀教师和优秀教学成果奖励制度。

在普通中小学和中等职业技术学校，全面推行校长聘任制和校长负责制，建立公开选拔、竞争上岗、择优聘任的校长选拔任用机制，健全校长考核、培训、激励、监督、流动等相关制度。在高等学校积极推进职员制度改革，建立管理人员职务职级系列，促进管理人员专业化。

九、加强制度创新和依法治教

30. 加强和改善教育立法工作，完善中国特色教育法律法规体系。

修订《义务教育法》、《教育法》、《教师法》、《高等教育法》和《学位条例》，适时起草《学校法》、《教育考试法》、《教育投入法》和《终身学习法》，研究制定有关教育行政法规，全面清理、修订教育部部门规章和规范性文件，适时制定符合实践需要的部门规章，积极推动各地制定配套性的教育法规、规章，力争用五至十年的时间形成较为完善的中国特色教育法律法规体系。

31. 切实转变政府职能，强化依法行政，促进决策与管理的科学化和民主化。

贯彻《行政许可法》，加快政府职能转变，改革教育行政审批制度，清理教育行政许可项目，建设相关配套制度，建立公共教育管理与服务体系。规范教育行政部门在政策制定、宏观调控和监督指导方面的职能，依法保障地方教育行政部门的教育统筹权和学校办学自主权。推进政务公开工作，加强教育电子政务系统建设。

增强各级教育行政部门依法行政的能力，完善教育行政执法责任制度，加强教育行政执法力度。健全重大决策的规则和程序，加强预案研究、咨询论证、社会公示、公众听证及民主监督的制度化建设，建立科学民主决策机制。加强教育科学研究，为教育改革与发展服务。

32. 健全教育督导与评估体系，保障教育发展与改革目标的实现。

坚持督政与督学相结合，实施对不同类型地区教育的分类督导评估，全面推动中等及以下学校的督导评估工作，建立对县级人民政府教育工作的督导评估机制，并将督导评估结果作为考核政绩和表彰奖励的重要依据。加强督导机构与队伍建设，完善督导和监测手段。

33. 推进教育管理体制改革，为教育发展提供制度保障。

完善中央和省级人民政府两级管理、以省级人民政府管理为主的高等教育管理体制。继续发挥中央和省级两级政府的积极性，发挥行业和企业的积极性，加强高等学校共建工作，巩固结构调整的成果，促进学科的深度融合和优化发展。

逐步完善“在国务院领导下，分级管理、地方为主、政府统筹、社会参与”的职业教育管理体制，实行国务院领导下的职业教育工作部际联席会议制度，强化市（地）级人民政府的统筹责任，促进行业、企业和社会参与宏观管理。

深化和推进高等学校的后勤社会化改革，进一步完善和落实相关政策，理顺关系，强化管理，提高办学设施的使用效益。

34. 深化学校内部管理体制改革，探索建立现代学校制度。

继续深化学校内部管理体制改革，完善学校法人制度。高等学校要坚持和完善党委领导下的校长负责制，推进依法办学、民主治校、科学决策，健全学校的领导管理体制和民主监督机制。中小学要实行校长负责、党组织发挥政治核心作用、教代会参与管理与监督的制度。职业学校可建立由行业、企业代表组成的理（董）事会制度。积极推动社区、学生及家长对学校管理的参与和监督。

遵循“从严治教，规范管理”的原则，加强学校制度建设，逐步形成“自主管理、自主发展、自我约束、社会监督”的机制。建设“精简、高效”的学校管理机构，完善校务公开制度，深化人事制度和分配制度改革。

十、大力支持和促进民办教育持续健康协调快速发展

35. 认真贯彻《民办教育促进法》，积极鼓励和支持民办教育的发展。

民办教育是社会主义教育事业的组成部分，要遵循“积极鼓励、大力支持、正确引导、依法管理”的方针，依法保障民办学校权益；明确国家对于民办学校的扶持措施，落实相关优惠政策，加强政策引导；促进民办教育扩大办学规模，改善办学条件，提高办学质量，增强办学实力；表彰奖励成绩突出的民办学校和教育机构；营造有利于民办教育自主自律、健康发展的环境，形成公办学校和民办学校优势互补、公平竞争、共同发展的格局。

36. 注重体制改革和制度创新，多种形式发展民办教育。

按照“积极发展、规范管理、改革创新”的原则，积极探索民办教育的多种实现形式。加强民办教育的规范与管理，建立防范风险机制。鼓励社会力量与普通高等学校按民办机制合作举办独立学院，实现社会创新活力、资金资源与现有优质教育资源的有机结合，有效拓展民办高等教育的发展空间。积极推进各级各类教育的体制改革和制度创新，凡符合国家有关法律法规的办学模式，均可大胆试验，使民办教育发展迈出更大的步伐。

十一、进一步扩大教育对外开放

37. 加强全方位、高层次的教育国际合作与交流。

把扩大教育对外开放、加强国际合作与交流作为国家教育战略的关键环节。实行"政府与民间并举、双边与多边并行、兼顾战略平衡、保证重点、注重实效"的方针，推进教育国际合作与交流向全方位、多领域、高层次发展。完善教育涉外政策法规和监管体制。与有关国家建立稳定的工作磋商机制，促进与外国的学历学位互认。进一步推动与境外高水平大学强强合作、强项合作，尤其在科研和高层次人才培养方面的实质性合作，贯彻《中外合作办学条例》，积极引进境外优质教育资源，促进高等教育和职业教育方面的合作办学。继续加强与联合国教科文组织等国际组织的合作。

38. 深化留学工作制度改革，扩大国际间高层次学生、学者交流。

进一步改革国家公派出国留学工作制度，紧密配合国家高等教育发展和科技创新，加强与国际上高水平高等学校和科研机构的合作，多方筹集留学基金，加大高层次创新人才和学术带头人的选派工作力度。进一步健全自费留学中介机构的资格认定、管理和监督措施，加强留学预警机制建设，加强对自费出国留学工作的引导和服务。加大"春晖计划"的实施力度，采取灵活多样的形式，吸引和支持优秀留学人才回国工作和为国服务。

实施中国教育品牌战略。按照"扩大规模、提高层次、保证质量、规范管理"的原则，积极创造条件，扩大来华留学生的规模。深化政府奖学金管理制度改革，完善外国留学生教学与生活管理制度。

39. 大力推广对外汉语教学，积极开拓国际教育服务市场。

积极实施"汉语桥工程"，加强境外"孔子中文学院"建设，大力推进网络和多媒体汉语教学项目，丰富对外汉语教学资源，全面推广汉语水平考试（HSK），培训对外汉语教学教师，推动各国教育机构开设汉语课程。加强其他中国特色学科和优势学科的对外教学工作，鼓励有条件的教育机构赴境外办学。

十二、改革和完善教育投入体制

40. 建立与公共财政体制相适应的教育财政制度，保证经费持续稳定增长。

教育是政府一项最重要的工作，教育投入是公共财政体制的重要内容，必须强化各级政府对教育投入的责任，以更大的精力、更多的财力发展教育。各级人民政府教育财政拨款的增长应当高于财政经常性收入的增长，并使按在校学生人数平均的教育费用逐步增长，保证教师工资和学生人均公用经费逐步增长。义务教育经费由政府承担，适当收取少量杂费；非义务教育的办学经费，以政府为主渠道，由政府、受教育者和社会共同分担。逐步形成与社会主义市场经济体制相适应的、满足公共教育需求的、稳定和可持续增长的教育投入机制。

41. 拓宽经费筹措渠道，建立社会投资、出资和捐资办学的有效激励机制。

在非义务教育阶段，要合理确定政府和受教育者分担办学成本的比例，收费标准要与居民家庭承受能力相适应。要完善企业及公民个人向教育捐赠的税收优惠政策，探索企业合理分担职业教育经费的办法。扶持发展各种形式的公益性教育基金和信托基金，扩大彩票收益用于支持教育的份额。鼓励和支持学校开展勤工俭学、发展校办产业。积极鼓励和引导社会、企业和公民个人捐资助学、出资和投资办学。

42. 完善国家和社会资助家庭经济困难学生的制度。

以政府投入为主，进一步健全对家庭经济困难学生的助学体系。对义务教育阶段家庭经济困难的学生，要进一步完善和落实助学政策与措施。在高等学校，切实贯彻国家制定的奖学金、学生贷款、勤工助学、学费减免、特殊困难补助等资助困难学生的政策，大力推进国家助学贷款工作。继续动员和鼓励社会团体和个人对家庭经济困难学生，开展多种形式的资助活动。

43. 严格管理，不断提高教育经费的使用效益。

牢固树立勤俭办教育事业的思想。建立科学、规范的教育经费管理制度，进一步完善、规范各级各类学校收费政策，加强对教育经费的审计与监督，提高使用效益。对于中央本级财政资助的重点建设项目，要强化项目管理制度，建立行政、专家和社会中介机构相结合的项目评价系统。在逐年评价督查的基础上，实行与项目实效挂钩的滚动拨款制度和相应的激励机制。完善地方教育财政拨款制度。

十三、加强党的建设和思想政治工作

44. 加强和改进学校党的建设工作。

努力建设一支忠诚于党的教育事业、德才兼备、结构合理、高素质的高等学校领导干部队伍。加强思想建设、组织建设和作风建设，把高等学校领导班子建设成为坚强的领导集体。深入开展党员先进性教育，加强基层党组织建设。切实加强和改进在高等学校学生和青年教师中发展党员工作。加强学校共青团和少先队的工作。

45. 实施高等学校马克思主义理论课和思想品德课建设计划。

提高大学生的理论修养，深入推动邓小平理论和“三个代表”重要思想进教材、进课堂、进学生头脑。组织开展普通高等学校马克思主义理论课和思想品德课教育教学状况调查研究，更新和完善课程体系、教学内容和方法。实施高等学校马克思主义理论课和思想品德课立体化教材建设、优秀拔尖人才培养和骨干教师培训、教学资料信息化建设、社会实践基地建设计划，不断提高教育教学的质量和水平。

46. 增强高等学校思想政治工作的针对性、实效性和吸引力、感染力。

扩大高等学校思想政治教育覆盖面，强化对学生课余活动和生活的引导和管理。推进思想政治工作进公寓、进社团、进网络。加强学生素质教育和校园文化建设，提高大学生的思想道德素质、人文素质、科学素质和身体心理素质。深入开展大学生社会实践活动，积极推进大学生文化科技卫生“三下乡”、青年志愿者和社会公益劳动等活动。健全突发事件快速处置机制，维护高等学校稳定。

47. 抓好党风廉政及行风建设，保证教育事业持续健康发展。

认真执行党风廉政建设责任制，切实抓好教育系统党风廉政建设和反腐败各项任务的落实。坚持“标本兼治，综合治理”的方针，坚决查处违法违纪案件，逐步建立教育、制度、监督并重的预防和惩治腐败体系。努力加强教育系统行风建设，坚决治理教育乱收费，切实纠正招生、考试等方面的不正之风。

十四、构建和完善中国特色社会主义现代化教育体系

48. 努力建设和完善中国特色社会主义现代化教育体系。

中国特色社会主义现代化教育体系是现代国民教育体系和终身教育体系有机组成的整体。到2020年，要全面普及九年义务教育，基本普及高中阶段教育，积极发展各类高等教育，大力发展职业教育和成人教育，形成体系完整、布局合理、发展均衡的现代国民教育体系和终身教育体系。

各级各类学校要准确定位，因地制宜地制定学校发展战略规划、学科和师资队伍建设规划、校园规划。要统筹协调社会教育资源，优化结构，合理布局，不断拓宽学校教育的服务功能和范围，逐步完善有利于终身学习的教育培训制度，为全民学习、终身学习开辟多种途径，增强国民的就业能力、创新能力、创业能力。

49. 加大对西部地区、少数民族地区、革命老区和东北地区等老工业基地的教育支持力度，促进东、中、西部地区教育协调发展。

大力发展少数民族地区教育事业。实施少数民族高层次骨干人才培养计划，支持高等院校扩大定向招收少数民族学生和建设民族预科教育基地。加大经济发达地区和大城市对西部和少数民族地区教育的支援和支持力度，继续加大“双语”教学及其改革的力度，继续办好西藏中学班和内地新疆高中班。

在学校发展、财政投入、教师待遇、人才引进等方面向西部地区教育倾斜。继续支持西部每个省、自治区、直辖市重点办好一所较高水平大学，支持高层次人才向西部地区高等学校流动，进行合作交流。加强西部地区中小学师资队伍建设，组织实施“大学生志愿服务西部计划”，鼓励其他地区的教师和志愿者到西部地区中小学任教和服务。制定并落实教育支持东北地区等老工业基地振兴的政策措施。增强中部地区教育持续发展的能力，支持东部发达地区率先实现教育现代化，努力实现东、中、西部地区教育协调发展。

50. 立足全面建设小康社会目标，研究制定《2020年中国教育发展纲要》。

从全面建设小康社会的奋斗目标出发，加强教育宏观思考和战略研究。研制《2020年中国教育发展纲要》，按照党的十六届三中全会提出的“五个统筹”和“五个坚持”的要求，结合教育发展和改革的实际，对重要战略机遇期的教育发展目标和改革趋势进行全局性、前瞻性的深入研究，勾画中国特色社会主义现代化教育体系的蓝图，努力做到发展要有新思路，改革要有新突破，开放要有新局面，各项工作要有新举措。

教育部

二〇〇四年二月十日

教育部关于印发《关于进一步加强高等学校本科教学工作的若干意见》和周济部长在第二次全国普通高等学校本科教学工作会议上的讲话的通知

教高[2005]1号

各省、自治区、直辖市教育厅(教委),新疆生产建设兵团教委,有关部门(单位)教育司(局),部直属高等学校:

我部于2004年12月在北京召开了第二次全国普通高等学校本科教学工作会议,会议全面总结1998年第一次教学工作会议以来高等学校教学工作取得的成就和经验,围绕"大力加强教学工作,切实提高教学质量"的主题,研究了加大教学投入,强化教学管理,深化教学改革,以更多的精力、更大的财力进一步加强教学工作的政策和措施。在此基础上,研究制定了《关于进一步加强高等学校本科教学工作的若干意见》。现将《若干意见》和周济同志在第二次全国普通高等学校本科教学工作会议上的讲话印发你们,请认真贯彻执行,并将执行中的有关情况及时报告我部。

附件:1. 关于进一步加强高等学校本科教学工作的若干意见

2. 大力加强教学工作,切实提高教学质量——周济同志在第二次全国普通高等学校本科教学工作会议上的讲话

教育部

二〇〇五年一月七日

抄送:解放军总参谋部、总政治部

附件1

关于进一步加强高等学校本科教学工作的若干意见

近年来,我国现代化建设快速发展,高等教育规模持续扩大,高等教育体制改革不断深入,高等学校教学工作面临着许多新情况、新问题,任务更加艰巨。因此,必须坚持科学发展观,实现高等教育工作重心的转移,在规模持续发展的同时,把提高质量放在更加突出的位置,培养数以千万计德智体美全面发展的高素质专门人才和一大批拔尖创新人才。为落实《2003—2007年教育振兴行动计划》,实施高等学校教学质量与教学改革工程,现就今后一个时期进一步加强高等学校本科教学工作提出以下意见。

1. 加强高等学校本科教学工作的指导思想是：坚持以马克思主义、毛泽东思想、邓小平理论和“三个代表”重要思想为指导，坚持党和国家的教育方针，牢固确立人才培养是高等学校的根本任务，牢固确立质量是高等学校的生命线，牢固确立教学工作在高等学校各项工作中的中心地位；按照“巩固、深化、提高、发展”的总要求，自觉遵循教育教学规律，以更多的精力、更大的财力进一步加强教学工作，全面提高人才培养质量。

2. 加强高等学校本科教学工作的主要任务和要求是：着眼于国家发展和人的全面发展需要，加大教学投入，强化教学管理，深化教学改革，坚持传授知识、培养能力、提高素质协调发展，更加注重能力培养，着力提高大学生的学习能力、实践能力和创新能力，全面推进素质教育。

3. 加大教学经费投入，确保教学运行需要。高等学校要调整经费支出结构，切实把教学工作作为经费投入的重点，加大对教学经费的投入力度，学校学费收入中用于日常教学的经费不得低于25%，用以保障教学业务、教学仪器设备修理、教学差旅、体育维持等教学开支。要大幅度增加实践教学专项经费，尽快改变实践教学经费严重不足的状况。各地教育行政部门要与同级财政部门积极协调，共同研究制订生均教育事业费拨款标准，确保高等学校生均教育事业费拨款及时、足额到位。教育部将定期向社会公布各高等学校教学经费投入情况，并将其作为教学工作评估的重要指标之一。

4. 强化教学管理，确保教学工作正常秩序。高等学校要根据新形势的要求，结合本校实际，健全和完善各项教学工作规章制度。要通过制度建设，规范教师社会兼职和校外活动，促使教师把主要精力投入教学工作，并引导教师正确处理教学与科研的关系；规范教学管理人员的岗位职责，促使管理人员把主要精力投入管理和服务工作；规范学生的行为，促使学生把主要精力投入学习活动。要采取措施，确保各项规章制度严格执行，并对执行情况进行严格考核。要加强教学管理队伍建设，加大新形势下教学管理规律的研究，不断提高教学管理水平。

5. 深化教学改革，优化人才培养过程。高等学校要根据经济社会发展对人才的需求，调整和设置学科专业，不断优化学科专业结构，加强新设置专业建设和管理，把拓宽专业口径与灵活设置专业方向有机结合。要科学制订人才培养目标和规格标准，把加强基础与强调适应性有机结合，着力培养基础扎实、知识面宽、能力强、素质高的人才，更加注重学生能力培养。要继续推进课程体系、教学内容、教学方法和手段的改革，构建新的课程结构，加大选修课程开设比例，积极推进弹性学习制度建设。要切实改变课堂讲授所占周学时过多的状况，为学生提供更多的自主学习的时间和空间。有条件的高校要积极推行导师制，努力为学生全面发展提供优质和个性化的服务。各地教育行政部门和高等学校要通过教学改革立项等机制，鼓励教师开展教学理论研究、教学实践探索和优质教学资源开发。

6. 以社会需求为导向，走多样化人才培养之路。高等学校要根据国家和地区、行业经济建设与社会发展的需要和自身特点，科学定位，办出特色，办出水平。要根据不同专业的服务面向和特点，结合学校实际和生源状况，大力推进因材施教，探索多样化人才培养的有效途径。各地教育行政部门要紧密结合本地经济社会发展需要，科学规划本地高等学校布局结构、层次结构和科类结构，引导学校明确办学思想，找准学校的定位。各地教育行政部门和高等学校要根据本地、本校的办学基础和社会需要，建设品牌专业，形成优势和特色。教育部将用政策导向等多种手段，形成一批在不同类型高等学校中起示范带头作用的学校。

7. 强化教师教学工作制度，完善教师教学考核机制。高等学校要把教授、副教授为本科学生上课作为一项基本制度，教授、副教授每学年至少要为本科学生讲授一门课程，连续两年不讲授本科课程的，不再聘任其担任教授、副教授职务。要完善青年教师和研究生从事助教工作的制度。要把教师承担教学工作的业绩和成果作为聘任（晋升）教师职务、确定津贴的必要条件。要完善教师教学效果考核机制，大力表彰奖励在教学工作第一线做出突出贡献的教师，同时，对教学效果不好，学生反映强烈的教师，不应继续聘任其从事教学工作。要鼓励和推进名师上讲台，积极聘请国内外著名专家承担讲课任务或开设讲座。高等学校广大教师要积极探索教学规律，研究和改革教学内容与教学方法，不断提高教学水平。

8. 加强教材建设，确保高质量教材进课堂。高等学校要提倡和鼓励学术水平高、教学经验丰富的教师，根据教学需要编写高质量的各种类教材。对发展迅速和应用性强的课程，要不断更新教材内容，积极开发新教材，并使高质量的新版教材成为教材选用的主体。对教学内容相对稳定的基础课程，要大力锤炼精品教材，并把精品教材作为教材选用的主要目标。各级教育行政部门和高等学校要以实施马克思主义理论研究和建设工程为契机，加强哲学社会科学学科体系和教材体系建设，组织编写出版一批具有中国特色、中国风格和中国气派的哲学社会科学教材。要健全、完善教材评审、评介和选用机制，严把教材质量关。

9. 加大教学信息化建设力度，推进优质教学资源共享。各级教育行政部门和高等学校要确保高质量完成1500门国家精品课程建设任务，大力推进校、省、国家三级精品课程体系建设，形成多学科、多课程的网络共享平台。要建设仪器设备共享系统和数字化图书馆等，加快信息化教学环境建设的进程。要鼓励教师共享精品课程等优质教学资源，按照教育规律和课程特点，推动多媒体辅助教学，不断提高教学效果。国家重点建设的高等学校所开设的必修课程，使用多媒体授课的课时比例应达到30%以上，其他高等学校应达到15%以上。

10. 大力加强实践教学，切实提高大学生的实践能力。高等学校要强化实践育人的意识，区别不同学科对实践教学的要求，合理制定实践教学方案，完善实践教学体系。要切实加强实验、实习、社会实践、毕业设计（论文）等实践教学环节，保障各环节的时间和效果，不得降低要求。大学生毕业设计（论文）要贴近实际，严格管理，确保质量。要不断改革实践教学内容，改进实践教学方法，通过政策引导，吸引高水平教师从事实践环节教学工作。要加强产学研合作教育，充分利用国内外资源，不断拓展校际之间、校企之间、高校与科研院所之间的合作，加强各种形式的实践教学基地和实验室建设。教育部将适时启动基础课程实验教学示范中心建设项目，推动高校实践环节教学改革，并把实践教学作为教学工作评估的关键性指标。

11. 积极推动研究性教学，提高大学生的创新能力。高等学校的所有实验室和图书资料室都要向学生开放，建立大学生尽早进入实验室的基本制度和运行机制。要增加综合性与创新性实验，提供丰富的教学参考资料，积极推进讨论式教学、案例教学等教学方法和合作式学习方式，引导大学生了解多种学术观点并开展讨论、追踪本学科领域最新进展，提高自主学习和独立研究的能力。要让大学生通过参与教师科学研究项目或自主确定选题开展研究等多种形式，进行初步的探索性研究工作。

12. 继续推进素质教育，促进学生德智体美全面发展。高等学校要切实加强大学生思想政治教育，提高大学生的思想政治素质。各门课程、各教学环节都要贯彻素质教育的思想。要注重第一课堂和第二课堂的有机结合，积极面向非本专业学生开设文学、历史、哲学、艺术，以及社会科学和自然科学等方面的课程，提升大学生的人文和科技素养，增强社会责任感，为大学生的可持续发展奠定基础；第二课堂要贴近学生的学习和生活，鼓励开展以提高大学生多方面能力和扩展学生专业知识为目标的课余活动。高校教师要重视通过课内教学和课外辅导等切实提高大学生的素质，要加强对学生课外活动的引导。

13. 以大学英语教学改革为突破口，提高大学生的国际交流与合作能力。高等学校要全面推广和使用大学英语教学改革的成果，大力推进基于计算机和校园网的大学英语学习，建立个性化教学体系，切实提高大学生英语综合应用能力，特别是听说能力。以非英语通用语种作为大学公共外语教学要求的院校和专业，也要根据英语教学改革的思路推进改革。要提高双语教学课程的质量，继续扩大双语教学课程的数量。积极鼓励高等学校在本科教学领域开展国际交流与合作。

14. 加强学风建设，营造良好的育人环境。高等学校要营造体现社会主义特点、时代特征和学校特色的校园文化。要以丰富多彩的教育教学活动，加强对大学生的法制教育、诚信教育和心理健康教育，培养大学生自强不息、诚实守信、勇于探索的精神，形成严谨的学术风气。学生要以学为主，勤奋刻苦；教师要教书育人，为人师表。要坚持依法治教，严明学习纪律，严格考试管理、严肃考场纪律、严格评分标准，坚决遏制考试作弊现象，对于违反学校纪律的学生，要按照有关规定严肃处理。

15. 加强高等学校教学工作评估，完善教学质量保障体系。教育部实施定期进行教学评估制度和高校教学基本状态数据年度公布制度，有计划地开展学科专业等专项教学评估工作，逐步建立政府、高校和社会有机结合的高等教育质量保障体系。重视不同类型高校的办学定位和特点，按照分类指导的原则，进一步完善教学工作评估指标体系。要充分发挥教学评估的激励和导向作用，将评估结果作为学校增设专业、确定招生计划、进行资源分配等有关工作的重要依据。高等学校要努力探索和建立本校教学质量保证与监控机制。

16. 切实加强对本科教学工作的领导。各级教育行政部门要充分认识加强本科教学工作的重要意义，制定有关政策和措施，把提高本科教育质量作为评价和衡量高等学校工作的重要依据，确保各项要求落到实处。各高等学校的党政一把手作为教学质量的第一责任人，要统筹学校的各项工作，把主要精力真正转移到教学工作上来，把质量意识落实到具体工作之中，不断推进高等学校的观念创新、制度创新和工作创新，开创本科教育教学工作新局面。

附件 2

大力加强教学工作 切实提高教学质量

——在第二次全国普通高等学校本科教学工作会议上的讲话

教育部部长 周 济

这次会议采取网络视频会与集中座谈会相结合的形式举行:开幕式采取网络视频会的形式,主会场设在教育部,各省、区、市教育厅和教育部直属高校设立分会场;开幕式之后,各地、各校分别召开研讨会;然后,各地派代表到北京集中讨论,交流认识和意见;最后,举行网络视频的闭幕式。采取这样的形式,主要目的是希望更多的干部和教师参加会议,直接了解会议的精神,提高认识,统一思想,开拓思路,共同研究今后一个时期如何加强教学工作。

这次会议的主题是:大力加强教学工作,切实提高教学质量。会上印发给大家的会议主文件《关于进一步加强高等学校本科教学工作的若干意见》(征求意见稿)就是根据这个主题起草的,希望大家进行广泛深入地讨论,提出宝贵意见和建议。这份主文件将作为 2005 年的 1 号文件下发,以指导高等学校开创教学工作新局面,推动教学质量再上新台阶。

主文件明确提出加强本科教学工作的指导思想:坚持党的教育方针,牢固确立人才培养是高等学校的根本任务,牢固确立质量是高等学校的生命线,牢固确立教学工作在学校工作中的中心地位;按照“巩固、深化、提高、发展”的总要求,自觉遵循教育教学规律,以更多的精力、更大的财力进一步加强教学工作,全面提高人才培养质量。

主文件明确提出当前加强本科教学工作的主要任务和基本举措:着眼于国家发展和人的全面发展的需要,加大教学投入,强化教学管理,深化教学改革。坚持传授知识、培养能力、提高素质协调发展,注重能力培养,着力提高大学生的学习能力、实践能力和创新能力,全面推进素质教育。

一、质量是高等学校的生命线

育人是高等学校的根本任务,培养“有理想、有道德、有文化、有纪律”的一代又一代新人,是党和人民赋予高等学校光荣而神圣的历史使命。我国有重视教育的优良传统,国家和社会对高等学校寄予厚望,广大家长有望子成龙、望女成凤的殷切期望,广大青年学生有强烈的成才渴望,政府和群众花了那么多感情、那么多精力和那么多财力,把孩子送到高等学校,就是希望受到良好的教育。质量上去了,学生成才了,人民群众就满意了,国家和社会的需求也就得到满足了。因此,各高等学校必须高度重视人才培养质量,必须把教学工作摆在更加突出的位置。

回顾过去六年,我国高等教育取得了巨大成就,发展实现了历史性跨越,改革取得了突破性进展,可以说是气势恢弘,波澜壮阔,开创了高等教育蓬勃发展的大好局面。今天,我国高等教育在校生已经超过两千万,规模位居世界第一,毛入学率超过 19%,进入国际公认的高等教育“大众化”发展阶段。1998 年我国全日制普通高校招生 108 万,而今年招生超过440万，在短短的六年时间里，我国高等学校的招生规模翻了两番。在规模快速发展的同时，高等教育的质量也在不断提高：育人质量在提高，学术水平在提高，国际地位在提高。比如，2003年全国高校科技经费比1996年增加了5倍；世界上一些发达国家都与我国签订了学位学历互认协议；我们成功举办了两届世界大学校长论坛，40多个国际顶尖大学的校长参加了论坛，并对我国高等教育的巨大成就给予高度评价。这些成就举世瞩目，让国外同行感到十分惊讶和不可思议，认为我们创造了奇迹。这几年的实践是我国高等教育改革和发展进程中，改革力度最大、取得成效最明显、积累经验最丰富的成功探索，为我国高等教育"面向现代化、面向世界、面向未来"打下了良好的基础。高等教育的跨越式发展，符合先进生产力的发展要求，符合先进文化的前进方向，符合最广大人民群众的根本利益，充分体现了"三个代表"重要思想。

当然，历史上任何一次大的改革与发展，都不可避免地面临这样那样的困难，遇到一些新的问题。我国高等教育经历了这样一次历史性跨越，也自然要面对许多困难和问题，特别是随着发展，一些深层次的矛盾逐步显现。对此我们必须保持清醒的头脑，正视存在的问题，克服面临的困难，坚定信心，继续前进。

应该看到，高等教育在前一个阶段快速发展过程中，质量是有保证的，总体情况也是好的。教育部始终把提高教育质量放在重要的位置，采取一系列有效措施，切实加强高等学校本科教学工作。1998年召开第一次全国普通高等学校教学工作会议，明确提出增强质量意识、加强素质教育，对高等学校加强教学工作起到了突出的作用。2001年，教育部印发了《关于加强高等学校本科教学工作提高教学质量的若干意见》，即4号文件，就加强教学工作明确提出12条针对性很强的要求，对提高教学质量起到了显著的作用。我们实施了"新世纪高等教育教学改革工程"，启动了"高等学校教学质量与教学改革工程"，开展"高等学校名师奖"的表彰奖励，建设"国家精品课程"，推动"大学英语教学改革"，积极开展高等学校本科教学评估工作。各级教育行政部门和各高等学校认真贯彻落实教育部的各项政策要求，紧密结合实际，创造性地加强和改进教学工作，保证了本科教育教学质量的稳步提高。

高等学校的教学工作之所以取得如此巨大的成就，关键在于我们始终坚持办人民满意的高等教育的宗旨，坚持主动服务于经济建设和社会发展的方向。同志们深切地认识到：人才培养是高等学校的根本任务，质量是高等学校的生命线，教学在高等学校日常工作中处于中心的地位。这些经验对于我们今后的工作具有十分重要的指导意义。

几年来，我们坚持"巩固、深化、提高、发展"的"八字方针"，巩固成果，深化改革，提高质量，持续发展。当前，我们要进一步学习和落实科学发展观，继续贯彻"八字方针"，就必须一方面坚持促进高等教育的持续发展；另一方面更加注重深化改革和提高质量，尤其要重视教学质量的提高。按照这样一种思路，我们要将工作重心由前一阶段高度重视规模发展，转移到在规模持续发展的同时，更加注重提高质量。由于教学工作在提高质量中处于突出地位，因此，在工作重心转移的过程中，尤其要大力加强教学工作，切实提高教学质量。实现工作重心的转移，既是时代的必然要求，也是高等教育发展的根本需要，更是高等教育领域贯彻落实科学发展观的必然选择。

当然,我们在回顾过去几年的工作及取得的成绩的同时,还必须正视当前教学工作所面临的困难和存在的问题。最为突出的问题,一是教学投入严重不足,二是教学管理相当薄弱,三是教学改革亟待深入。从根本上讲,还是质量意识淡薄,在某些地区、某些高校,轻视教学、忽视质量的现象还相当严重。因此,首要的任务还是增强质量意识,牢固确立质量是高等学校生命线的基本认识,坚决实现高等教育工作重心的转移,把提高质量放在更加突出的位置上。

在实现高等学校教学工作重心转移中,各级教育行政部门和高等学校要花大力气实施"高等学校教学质量与教学改革工程",切实采取强有力的措施:一是加大教学投入,二是强化教学管理,三是深化教学改革。针对教学投入严重不足,要切实加大教学投入力度;针对教学管理相当薄弱,要不断强化教学管理;针对教学改革亟待深入,要继续深化教学改革。要真正把更多的精力和更大的财力投入到教学工作上来,以高质量、高水平的本科教育,服务于全面建设小康社会和社会主义现代化建设。

二、深刻认识和正确处理四个重要关系

高等学校的教学工作是一个系统工程。做好这项工作,必须从战略的高度出发,用辩证的方法认识和处理好诸多内外部关系。在这里,我着重从进一步加强教学工作的角度,谈当前应该深刻认识和正确处理的四个关系。

第一,扩大规模与提高质量的关系。三年前,教育部党组提出了将"巩固、深化、提高、发展"八字方针作为今后一段时间高等教育工作的指导方针,基本的思路就是:一方面,实力是根本,发展是硬道理,高等教育必须坚持以发展作为第一要务,坚持"聚精会神搞建设,一心一意谋发展";另一方面,必须把握好发展的节奏,解决好怎样发展的问题,努力实现以人为本,全面协调可持续的发展。要运用科学发展观解决前进道路上的一系列矛盾,其中,要高度重视规模、结构、质量、效益的协调发展,当前,要特别注意提高质量,把它作为高等教育的重点工作抓紧抓好。

在这里要特别强调一点,不要一谈到工作重心的转移,就形成一种误解,以为是要否定以前的工作了。我们强调,工作重心的转移是为了适应形势的变化,是为了完成新阶段的任务,而不是否定前一阶段的成绩,前一阶段的工作重点是正确的,下一阶段根据形势发展实行工作重心的转移也是正确的。这里,我想谈一谈四点认识:第一点,在前一阶段里,高等教育的规模实现了跨越式发展,成绩巨大、方向正确,意义极其深远;第二点,今后一段时间高等教育规模还要持续发展,但是要把握好发展的节奏;第三点,在过去六年快速发展过程中,教学质量是有保证的,总体情况是好的;第四点,下一阶段我们的工作重心要放在进一步提高教学质量上来,使质量更好。我认为,这四点认识就是以辩证的观点来看待高等教育的发展问题。四点认识实际上是两个方面,一个方面就是在扩大规模上,我们要充分肯定前一阶段发展成绩巨大、方向正确,今后一段时间我们还要继续发展;另一方面就是在提高质量上,我们要看到前一阶段的质量总体上是好的,下一阶段我们还要把提高质量摆在更加重要的位置。不能因为现在强调发展的节奏就否定前面的跨越式发展,也不能因为现在高度重视质量而把前面的质量说得一塌糊涂。这里,我还要说一说关

于质量的两点看法：一是中国本科教育的质量是好的，总体而言是具有国际先进水平的。我们的本科教育和美国等发达国家相比，各有优劣，我们确有很多需要追赶的方面，但就总体而言，就主要方面而言，我们的本科教育质量是好的。二是中国高等教育已经进入了“大众化”阶段，不能简单地用“精英教育”的质量标准来“苛求”“大众化”阶段的教学工作，形势发生了根本性的变化，质量标准也要与时俱进。

高等教育必须持续发展，这是毫无疑义的。中央去年召开了人才工作会议，明确提出人才资源是第一资源，明确提出人才强国战略。要实现现代化，关键在人才；国力的竞争，归根到底是人才的竞争；世界上看一个国家有没有希望，最终还是看这个国家人才的数量和质量。就我国的高等教育来看，现在的毛入学率才19%，离现代化的水平还有很大差距。从根本上讲，我国有13亿人口，如果素质很低，就是沉重的人口负担，如果素质很高，就是巨大的人力资源，从沉重的人口负担转化为丰富的人才资源，必须依靠教育的发展。所以，在发展的问题上，一定要有非常清醒的认识，坚决不能动摇。

数量和质量始终是一对矛盾，它们是互相对立的，但它们也是互相依存的。一方面，没有一定的数量，就没有基本的质量；另一方面，没有质量的数量，本质上是没有意义的。所以，人们一直都在追求数量和质量的辩证统一。世界各国高等教育发展过程中都存在着数量和质量之间的矛盾，实际上我国在前一阶段也面对了这样一个突出的问题。然而，我们在实现跨越式发展中，对这个问题处理得更好一些，因此外国朋友说我们创造了奇迹，这实际上有两层意思：一是时间这么短、投入这么少、发展这么快，是一个奇迹；二是在如此快速的发展过程中保证了质量，也是一个奇迹。

扩大规模是发展，提高质量也是发展。就高等教育的发展而言，规模的扩大和质量的提高是一个问题的两个方面，缺一不可。要从根本上满足现代化建设需要，满足人民群众的强烈需求，高等教育的规模还要进一步发展，同时，质量更要不断提高。我国高等教育的发展，应该也必须是一个高质量的发展。今后一个时期，提高质量成为了工作的重心，必须进一步强化我们的教学工作和教学质量。这就是高等教育发展中扩大规模和提高质量的辩证关系。

第二，统一性与多样化的关系。在中国，需要也必须强调高等教育的统一性，这是中国高等教育的特色，也是中国高等教育的优势。高等教育的统一性是国家和人民对高等教育的基本要求，也是高等教育自身性质所决定的。高等教育的统一性，首先体现在服务方面。高等学校要为社会主义现代化建设服务，为人民服务。按照这一宗旨，无论是培养人才还是服务社会，都应统一到以社会需求为导向上来。只有适应并服务于社会经济发展和人民群众需要，才是最好的高等教育，才是有质量的、有价值的高等教育。第二体现在人才培养方面，就是要统一到党和国家的教育方针上来，就是要培养德智体美全面发展的社会主义事业的合格建设者和可靠接班人，培养数以千万计的高素质专门人才和一大批拔尖创新人才。第三，具体到专门人才培养规格，应有基本质量标准，也就是《高等教育法》规定的学历学位教育的学业标准。

多样化是高等教育的发展之路。经济社会的发展对人才的需求是有类型和层次之分的，是多种多样的，这就要求高等学校必须培养不同层次、不同类型和不同规格的专门人才。进而,社会主义现代化建设对高等教育的需求是多样的,人民群众对于高等教育的需求也是多样的,这就要求各高等学校根据不同的社会需求来进行科学、准确的定位,确立各自的发展方向,建设不同类型的学校,同时,形成自己有特色的人才培养模式、培养目标、培养方法和质量标准。

在国家的高等教育体系中,统一性是在多样化基础上的统一,多样化则是在统一性前提下的多样。高等学校要认真处理好统一性与多样化的关系,重视二者的有机结合。强调统一性并不是束缚手脚、限制发展,鼓励多样化也不是放任自流、盲目发展。而实现二者辨证统一的关键是"特色",定位要准确,特色要鲜明。高等学校要准确判断和把握经济社会和人民群众的实际需求,在各自的科类和层次中,科学定位、准确定位,办出特色,办出水平。我们既要防止因重视多样化发展而忽视办学的基本规范和人才培养的基本要求,又要防止因追求统一性而带来的"模式趋同"和"千校一面"。

我们应该形成这样的共识:达不到国家统一要求的高等学校肯定不是合格的学校,但高水平的学校一定是特色鲜明、优势明显的学校,肯定不只一种类型,不只一种模式,各高等学校完全可以而且应该在各自的科类和层次中努力办成高水平的学校。这就是高等教育统一性和多样化的辩证关系。

第三,"成人"与"成才"的关系。大学阶段是青年学生成长的关键时期,是青年学生世界观、人生观、价值观形成的关键时期。处理好"成人"和"成才"的关系,对高等学校来说十分重要。今年,教育领域有两件非常重要的事情:上半年,党中央国务院发布了8号文件,即《关于进一步加强和改进未成年人思想道德建设的若干意见》;下半年,党中央国务院发布了16号文件,即《关于进一步加强和改进大学生思想政治教育的意见》。为了加强德育工作,党中央国务院两次联合发布文件,两次召开中央工作会议,这是历史上从来没有过的,充分说明中央对这一工作的高度重视。我们一定要高度重视教书育人工作,摆正"成人"和"成才"二者之间的关系。

"成人"就是要使学生学会做人,懂得做人的道理,有正确的世界观、人生观、价值观。对当代大学生来说,就是要认真学习马列主义、毛泽东思想、邓小平理论和"三个代表"重要思想,学会运用马克思主义的立场、观点、方法观察问题、分析问题和解决问题,成为具有远大理想、坚定信念、良好品德、过硬本领、健康身体的人才。

"成才"就是要用人类社会创造的优秀文明成果武装大学生,使他们真正学有所长,学有所成。毛主席有一句非常精辟的定义:"学生以学为主"。教学工作是我们对学生进行各种教育的基本手段、主要渠道。在这个问题上,我们一定要明确、坚持、不能动摇。学生在学期间一定要珍惜时间,努力学好本领,掌握真才实学,否则就无以报效祖国、服务人民,也不可能真正实现个人的社会价值。

未来社会需要全面发展的人,需要德才兼备的人才。要处理好"成人"与"成才"的关系,就必须把既"成人"又"成才"作为高等学校人才培养质量的基本标准;注重传授知识、培养能力、提高素质协调发展;注重思想道德素质、科学文化素质和健康素质的全面提高;培养"顶天、立地、有本事"的人。"顶天",就是要有崇高的理想、坚定的信念、昂扬的激情,有坚定正确的方向;"立地",就是能够求真务实、脚踏实地、善于团结合作,具有艰苦朴素的作风;“有本事”,就是要有分析问题和解决问题的能力,掌握科学方法,富有创新精神。当前,在教学改革中要非常注重学生能力的培养,着力培养大学生的学习能力、实践能力和创新能力。这就是高等教育中“成人”与“成才”的辩证关系。

第四,规范管理与改革创新的关系。我国高等教育规模发展速度很快,已经从“精英”教育转向了“大众化”教育的阶段,这个新形势对高校的教学管理提出了强烈的挑战。相对而言,高校的教学管理非常薄弱,问题相当严重。小平同志曾经说过,我们搞改革开放无非是两个目的,一是学习别人的先进技术,二是学习别人的管理经验。而我国的高等学校,无论是对管理的重视程度还是科学管理的水平,与世界一流大学相比都有很大差距。在现阶段,要特别强调从严治教、规范管理。中国有句老话:“没有规矩,不成方圆”。因此,高等学校的教学工作一定要规范管理,这对于稳定教学秩序和保证教学质量是十分必要的。

在当前形势下,进一步强调从严治教非常必要。对学生要进一步严格要求,坚持严师出高徒。从严治教符合中国国情,从某种意义上讲,我国在这方面有良好的传统和特别的优势,理应发扬光大。现在有一种论调,说我们创新性不够,就是因为我们管得太严了。这种说法是不正确的。因为,“严”与“活”不是对立的两个方面,“严”的对立面是“松”,“活”的对立面是“死”,应该把对应关系找准了。

与此同时,我们还必须深化教学改革,积极推进教育创新。要倡导思想观念的改革和创新,解放思想、百花齐放、敢于开拓、不断进取;要推进人才培养模式、课程体系、教学内容和教学方法的改革,要坚持素质教育,促进传授知识、培养能力、提高素质的协调发展,全面提高教育质量;要注重体制的创新、机制的创新,要通过深化改革,提高教学工作和教学管理的效率,做到事半功倍。

规范管理是深化改革的基础,是巩固改革与创新成果的保障;改革创新又是规范管理的不竭动力,推动科学管理制度的建立和机制的形成。改革创新要符合中国国情和高等教育的实际,遵循高等教育自身的规律;规范管理也要体现时代精神,顺应高等教育改革发展的潮流。规范管理和改革创新的目的都是为了办让人民满意的教育,都是为使高等教育更好地适应经济社会和人的全面发展,两方面是完全可以很好统一起来的。只有处理好规范管理和改革创新的关系,才能从根本上走出“一管就死,一放就乱”的怪圈。这就是规范管理和改革创新的辩证关系。

三、求真务实、真抓实干,重点抓好八个方面的工作

第一,切实加大教学经费投入。经费投入是衡量各级领导重视教学工作的“试金石”,看各级教育行政部门、各高等学校的领导是否重视教学工作,就要看教学经费投入落实得怎么样?长期以来,我国以较少的教育经费支撑了规模很大、质量很高的高等教育。今后,要想在扩大规模的同时,确保更高的教学质量,一方面还要坚持艰苦奋斗、勤俭办学,另一方面就是要调整经费投入结构,保证增加教学经费,保证生均教学经费逐年有所增长,保证每年教学运行费用总额不低于学费收入总和的25%,保证各项教学经费均达到教育部本科教学合格评估标准。

2001年4号文件的下发,对于加大教学经费投入发挥了很好的作用,这次会议的主文件在教学经费的要求方面比4号文件还要高一些,要求教学经费投入再多一些。希望各级政府都加大对高等教育的经费投入,确保招生规模扩大后教育经费在及时、足额到位的基础上逐渐增加。各高等学校还应根据本校实际,设立教学专项经费,加强教学基础设施建设,加大教学改革项目投入力度。特别是实践教学经费要大大增加,以缓解实践教学的困难。今后,我们将每年公布一次各学校教学状态数据,每五年对各学校进行一次教学评估,二者都把教学经费投入作为一项重要指标;教学经费不达标,学校的教学评估就不能通过;如果想达到优秀,投入的教学经费必须高于这个标准。

第二,强化教学管理。教学管理是提高教学质量的保证,要从严治教,强化管理,确保正常的教学秩序。首先,要加强教学管理制度建设,各高等学校要建立一整套完备的规章制度,并根据形势发展的需要,不断健全和完善。在此基础上,认真执行各项教学管理制度,各高等学校对课堂教学、实践教学、教学考试、教学档案等各个教学环节,都要按照规章制度进行严格管理、规范管理、科学管理,确保教学工作正常进行。

第三,深化教学改革。要推进教学改革向纵深发展,要在巩固成果的基础上,进一步注重教育思想观念的更新,不断深化人才培养模式、课程体系、教学内容和教学方法的改革。深化人才培养模式改革,关键是以社会需求为导向,要坚定不移地面向经济建设和社会发展的主战场,培养大批社会需要的各种类型的高质量人才。本科教育要培养"知识面宽、基础扎实、能力强、素质高"的专门人才,专业口径要进一步拓宽,专业目录中的专业种数要进一步精简。本科学习期间,主要任务是培养终身学习的能力,为适应社会需求奠定良好的基础;同时,也要认真考虑学生就业的需要,也要适应社会特别是用人单位的急切需求。我们要从两个方面加强本科人才培养的基础性和适应性,一方面,要进一步拓宽专业口径,增强大学生未来的适应能力;另一方面,要在高年级加强专业方向的灵活性,增强大学生就业的针对性。对于本科教育来说,专业审批权下放以后,各高等学校更要注意规范新设专业,慎重设置目录外专业,应该将更多的精力、更大的财力投入到不断深化教学改革上来。

英语教学一定要有大的突破。英语的重要性是不言而喻的,要加大大学英语教学改革的力度,整体提高大学英语教学质量。由于英语的应用性、实践性很强,英语教学改革的方向是:第一,着力提高学生的英语综合应用能力;第二,改进大学英语教学模式和方法,提高教学效率,使英语学习能够事半功倍,作为高等学校一门重要的公共基础课,大学英语教学改革可以作为整个教学改革的突破口。

第四,加强教师队伍建设。教育大计、教师为本。深化教学改革的关键在教师,保证教学质量的关键也在教师,我们一定要全心全意地依靠高校教师这支队伍,同时,一定要坚定不移地建设高校教师这支队伍。要通过深入细致的思想工作以及明确有效的激励机制和约束机制,充分调动和发挥教师教学的积极性,使教师把主要精力投入到教学工作中来。一方面,要建立有效的激励机制,激励教师热爱学生、热爱教学、尽职尽责、倾情奉献;另一方面,还需要从制度上进行约束。应该要求教授、副教授每学年至少要给本科生上一门课。青年教师要从事助教工作,使他们在协助主讲教师的过程中得到锻炼,不断成长。

对于那些教学实在很差的教师，最好的办法就是让他们“下课”。当前，各高等学校必须严格执行教师教学工作的考核、评价、监督制度。

要鼓励名师上讲台，可以邀请国内外著名专家承担讲课任务。对于那些教学工作出色的名教师、名教授，要大力表彰。教育部设立了“教学名师奖”，其目的就是为了表彰在教学工作第一线做出突出贡献的教师。希望各级教育行政部门和各高等学校也要建立优秀教师表彰机制。

第五，大力推进优质教学资源建设与共享。优质教学资源短缺是高等教育长期存在的问题，发达国家也是如此。在这方面，正好可以发挥我们制度上的优越性，集中建设，广泛共享。一是抓精品教材建设。特别要以实施马克思主义理论研究和建设工程为契机，将高校哲学社会科学领域的广大教师动员起来，积极参与到哲学社会科学学科体系建设中，建设以当代中国马克思主义为指导的中国特色、中国风格、中国气派的哲学社会科学的教材体系。二是抓优质课程建设。要建设国家、省、学校三级精品课程体系，重点建设1500门国家精品课程和共享平台，这项工作已经进行了两年，已经取得了初步的成绩，我们还要坚持做下去，一定要抓好做实，关键在于让全国的学生和老师们都用起来。我们还要加快大型仪器设备共享系统、高校数字图书馆、多媒体网络教学环境等优质资源建设，扩大优质教学资源的领域和共享范围。优质教学资源共享主要依靠信息化手段，要把高校信息化建设的重点转移到教学应用上来，以优质教学资源应用促进教学信息化建设。

第六，大力加强实践教学。知识来源于实践，能力来自于实践，素质更需要在实践中养成；各种实践教学环节对于培养学生的实践能力和创新能力尤其重要；实践对于大学生成长至为关键。但是，当前的实践教学环节非常薄弱，严重制约了教学质量的进一步提高。要培养高素质人才，就必须高度重视这个环节。我国本科教学质量在世界上是先进的，但是也有严重不足，最为突出的就是实践能力较差。因此，必须加强课程实习、专业实习、毕业实习、实验教学、社会实践和社会调查等各类实践教学环节。要围绕选题、指导、中期检查、评阅、答辩等环节，制定毕业论文的规范和管理办法。要重点检查实习经费落实、各项实习和毕业论文质量。

要积极改革实验教学内容，改进实验教学方法。要加强教学实验室建设，提高实验设备的共享程度和使用效率。高等学校的科研实验室要向本科教学开放，教学实验室要增加开放时间，努力为大学生创造更好的实验教学条件，给大学生创造更多动手操作的机会。

各校要下大力气巩固现有的校内外各类实习基地，并不断扩大和发展新的实习基地。要倡导产学研结合，积极拓展校企之间、校际之间、高校与科研单位之间的合作，并建立稳定的合作关系。各级教育行政部门应创造条件，为高校建设大学生教学实习和社会实践基地提供有力支持。

各校要建立和完善实践教学体系，制定合理的实践教学方案，拓宽实践教学范畴，整合实践教学资源，保证实践教学时间，加大实践教学的经费投入。要根据不同学科专业的特点和条件，建立有效的实践教学质量监控机制。教育部已把实践教学作为教学工作评估的关键指标之一，希望各级教育行政部门和高等学校高度重视这项工作。

第七,健全教学质量监控与保障体系。要树立全面教学质量管理的观念,做好质量的保障监控工作。为加强对全国高等学校教学质量的宏观监控,教育部成立了全国高等教育教学评估中心。进而,要通过内外部相结合、宏观微观相结合的评估制度的建立,逐步形成具有中国特色的高等教育质量保障监控体系。

当前,要进一步健全和完善高等学校教学工作评估制度,实践证明这是保证教学质量行之有效的手段。要通过教学工作评估,把学校的教学基本建设、教学改革以及教学管理提升到一个新水平。要建立高等学校教学基本状态数据库,每年都要将有关数据对社会公布;每五年组织专家进校评估一次,结果也要对社会公布。我们要将评估结果与对于学校的激励和约束机制结合起来,将评估结果作为各校财政拨款、确定招生计划、加强学科建设等有关资源配置的重要依据。希望各地教育行政部门和高等学校高度重视教学评估工作。我们重视评估工作,但坚决反对过多过繁的检查,教育部将进一步统筹协调和严格管理针对高等学校的各种评估检查。

第八,营造人才培养的良好氛围。校风、教风和学风对人才培养非常重要,学校精神、校园文化和学术风气对教师和学生都会产生非常深远的影响,各校都要继承和发扬本校的优良传统,加强校园文化建设,营造良好的学术氛围。

要充分调动和发挥学生学习的积极性、主动性、能动性,形成良好的学习风气。教学中,学生是主体,必须建设激励机制和约束机制,鼓励广大学生热爱学习、勤奋刻苦。“艰难困苦,玉汝于成”,青年学生一定要刻苦学习,这是中国大学生的特点,也是中国大学生的优势。

要非常重视诚信教育。要十分注重培养学生的诚信品德,坚决杜绝考试舞弊现象。同时,学校也要讲诚信。这里特别强调一下,全国范围的教学评估工作即将大规模展开,评估要讲诚信,坚决反对弄虚作假。

同志们,党和人民把发展高等教育的使命交给我们,历史赋予我们光荣的责任。让我们更加紧密地团结在以胡锦涛同志为总书记的党中央周围,以高度的责任感、紧迫感和使命感,振奋精神,发奋图强,努力实现我国高等教育的新跨越,为中华民族的伟大复兴做出更大贡献。

教育部　财政部关于实施高等学校本科教学质量与教学改革工程的意见

教高[2007]1号

各省、自治区、直辖市教育厅(教委)、财政厅(局),新疆生产建设兵团教育局、财务局,有关部门(单位)教育、财务司(局),部属各高等学校：

为全面贯彻落实科学发展观,切实把高等教育重点放在提高质量上,经报国务院同意,教育部、财政部决定实施"高等学校本科教学质量与教学改革工程"(以下简称质量工程),现就该工程的实施提出如下意见。

一、实施质量工程的重要意义

(一)高等教育肩负着培养数以千万计的高素质专门人才和一大批拔尖创新人才的重要使命。提高高等教育质量,既是高等教育自身发展规律的需要,也是办好让人民满意的高等教育、提高学生就业能力和创业能力的需要,更是建设创新型国家、构建社会主义和谐社会的需要。党和政府高瞻远瞩,立足于我国高等教育实际,站在实现中华民族伟大复兴的历史高度,做出了把高等教育的重点放在提高质量上的重要决策,这对实现我国经济社会全面协调可持续发展具有重要的历史意义和现实意义。

(二)近年来,高等教育规模快速发展,质量有了较大的提高,为我国经济社会的快速、健康和可持续发展以及高等教育自身的改革发展做出了巨大贡献。但是,高等教育质量还不能完全适应经济社会发展的需要,不少高校的专业设置和结构不尽合理,学生的实践能力和创新精神亟待加强,教师队伍整体素质亟待提高,人才培养模式、教学内容和方法需要进一步转变。因此,迫切需要采取切实有效的措施,进一步深化高等学校教学改革,提高人才培养的能力和水平,更好地满足经济社会发展对高素质创新性人才的需要。

(三)实施质量工程,是坚持科学发展观,全面落实党中央、国务院战略决策和部署的重要举措,是落实科教兴国战略和人才强国战略的重要组成部分。质量工程以提高高等学校本科教学质量为目标,以推进改革和实现优质资源共享为手段,按照"分类指导、鼓励特色、重在改革"的原则,加强内涵建设,提升我国高等教育的质量和整体实力。质量工程充分考虑了提高教学质量的系统性和复杂性,确定了具有基础性、全局性、引导性的项目作为改革的突破口,以调动广大高校的积极性和主动性,引导高等学校教育教学改革的方向。质量工程的实施,对于扩大优质教育资源受益面,形成重视教学、重视质量的良好环境和管理机制,实现高等教育规模、结构、质量和效益协调发展,具有十分重要的意义。

(四)实施质量工程,需要调动政府、学校和社会各方面的力量,把发展高等教育的积极性引导到提高质量上来。各地要加强对高等教育工作的领导,充分利用各方面力量支持高等学校的发展，切实解决高等学校在提高质量方面的实际问题，为高等学校办学创造良好的外部环境。各地教育行政部门和高等学校要强化教学质量的“一把手责任”，把更大精力、更多财力投入到提高教学质量上，要根据当前高等教育改革和发展的新形势、新任务，围绕影响高等学校教学质量的主要方面，明确目标要求，制定具体政策，扎实推进质量工程。

二、指导思想与建设目标

(一)指导思想

坚持以邓小平理论和“三个代表”重要思想为指导，全面落实科学发展观，全面贯彻党的教育方针，全面推进素质教育；坚持“巩固、深化、提高、发展”的方针，遵循高等教育的基本规律，牢固树立人才培养是高校的根本任务、质量是高校的生命线、教学是高校的中心工作的理念；按照分类指导、注重特色的原则，加大教学投入，强化教学管理，深化教学改革，提高人才培养质量。

(二)建设目标

通过质量工程的实施，使高等学校教学质量得到提高，高等教育规模、结构、质量、效益协调发展和可持续发展的机制基本形成；人才培养模式改革取得突破，学生的实践能力和创新精神显著增强；教师队伍整体素质进一步提高，科技创新和人才培养的结合更加紧密；高等学校管理制度更加健全；高等教育在落实科教兴国和人才强国战略，建设创新型国家、构建社会主义和谐社会中的作用得到更好的发挥，基本适应我国经济社会发展的需要。

三、建设内容

(一)专业结构调整与专业认证

根据科学技术发展的特点，紧密结合我国高等教育实际，研究建立适应国家经济与社会发展需要的本科专业设置和调整制度，制订指导性专业规范，构建专业设置预测机制，定期发布各类专业人才的规模变化和供求情况，为高校优化专业布局和调整人才培养结构提供指导。大力加强本科专业建设，按照优势突出、特色鲜明、新兴交叉、社会急需的原则，择优选择和重点建设3000个左右特色专业点，引导各级各类高等学校发挥自身优势，努力办出特色。积极探索专业评估制度改革，重点推进工程技术、医学等领域的专业认证试点工作，逐步建立适应职业制度需要的专业认证体系。

(二)课程、教材建设与资源共享

继续推进国家精品课程建设，遴选3000门左右课程，进行重点改革和建设，力争在教学内容、教学方法和手段、教学梯队、教材建设、教学效果等方面有较大改善，全面带动我国高等学校的课程建设水平和教学质量。启动“万种新教材建设项目”，加强新教材和立体化教材建设，鼓励教师编写新教材，积极做好高质量教材推广和新教材选用工作。积极推进网络教育资源开发和共享平台建设，建设面向全国高校的精品课程和立体化教材的数字化资源中心，建成一批具有示范作用和服务功能的数字化学习中心，实现精品课程的教案、大纲、习题、实验、教学文件以及参考资料等教学资源上网开放，为广大教师和学生提供免费享用的优质教育资源，完善服务终身学习的支持服务体系。开发网上考试系统，研究制订相关标准，逐步实现大学英语和网络教育全国统考课程的网上考试，创造安全、便捷、高效的考试平台。

（三）实践教学与人才培养模式改革创新

大力加强实验、实践教学改革，重点建设500个左右实验教学示范中心，推进高校实验教学内容、方法、手段、队伍、管理及实验教学模式的改革与创新。开展基于企业的大学生实践基地建设试点，拓宽学生的校外实践渠道。实施大学生创新性实验计划，支持15000个由优秀学生进行的创新性试验，促进学生自主创新兴趣和能力的培养。择优选择500个左右人才培养模式创新实验区，推进高等学校在教学内容、课程体系、实践环节等方面进行人才培养模式的综合改革，以倡导启发式教学和研究性学习为核心，探索教学理念、培养模式和管理机制的全方位创新。继续开展大学生竞赛活动，重点资助在全国具有较大影响和广泛参与面的大学生竞赛活动，激发大学生的兴趣和潜能，培养大学生的团队协作意识和创新精神。

（四）教学团队与高水平教师队伍建设

加强本科教学团队建设，重点遴选和建设一批教学质量高、结构合理的教学团队，建立有效的团队合作的机制，推动教学内容和方法改革和研究，促进教学研讨和教学经验交流，开发教学资源，推进教学工作的老中青相结合，发扬传、帮、带的作用，加强青年教师培养。鼓励和支持校内及聘请国内外著名专家学者和高水平专业人才承担教学任务和开设讲座，推动双语教学课程建设，探索有效的教学方法和模式，切实提高大学生的专业英语水平和直接使用英语从事科研的能力。每年评选100名高等学校教学名师奖获得者，大力表彰在教学和人才培养领域做出突出贡献的教师。

（五）教学评估与教学状态基本数据公布

加强和改进高校本科教学工作评估，以评促建，以评促改，评建结合，重在建设，促进学校强化教学管理、深化教学改革、提高教学质量。研究制定高等学校分类指导、分类评估的政策和制度，引领高等学校合理定位，发挥优势，办出水平，办出特色。建立高等学校教学基本状态数据检测体系，定期采集各类高等学校本科教学基本状态信息和数据，统计和分析高等学校教学基本状态和变化趋势，逐步将教学质量和教学改革的数据向社会公布。

（六）对口支援西部地区高等学校

推进对口支援西部高校工作，促进东部和西部高等教育的协调发展。重点资助受援高校教师到支援高校进行半年以上的进修提高。在对口支援高校中实行干部交流制度，资助一批受援高校教学管理干部到对口支援高校学习锻炼，交流管理经验，提高受援高校的教学管理水平。

四、建设资金与组织管理

（一）质量工程由中央财政专项支持。专项资金按照统一规划、单独核算、专款专用的原则，实行项目管理。财政部、教育部将联合制订《高等学校本科教学质量和教学改革工程专项资金管理办法》（另发）。项目承担学校根据专项资金管理办法，具体负责经费的使用和管理。

（二）鼓励各地方、各部门和高校发挥自身特点，在中央重点支持项目的基础上，积极筹措资金支持质量工程项目的实施。

（三）教育部、财政部成立质量工程领导小组，协商决定质量工程的重大方针政策和总体规划。领导小组下设办公室，具体负责质量工程的日常工作。项目承担学校应指定相关部门作为专门机构，统筹负责本校质量工程项目的规划和实施。

（四）质量工程领导小组办公室根据质量工程建设目标和任务，制定和发布项目指南，确定项目遴选标准和基本条件，聘任评审专家，组织评审立项。项目采用学校先行立项建设、各省（自治区、直辖市）择优推荐、领导小组办公室组织评审立项、后补助建设经费的方式进行。通过这种方式，形成学校、地方和中央三级立项建设的体系，引导和带动学校和地方教育行政部门加强质量建设工作，扩大质量工程的影响。

（五）项目承担学校按照统一部署，根据质量工程的总体目标和任务，依据所承担项目的要求，在充分调查研究论证的基础上，结合学校的特色和办学定位，以改革创新促进发展的思路，确定项目建设实施方案，组织项目实施，并保证项目建设达到预期成效。

（六）质量工程领导小组办公室将加强对质量工程建设项目的检查、审计和绩效评估，并根据检查、审计、评估的结果，对有关高等学校的项目和资金进行调整。建设项目完成后，组织专家会同相关部门组织验收。充分发挥质量工程的示范和带动作用，把教学质量与教学改革作为高校评价的一项重要内容，从而更好地促进全国高校在提高教学质量、深化教学改革方面工作的开展。

教育部
二〇〇七年一月二十二日

教育部关于进一步深化本科教学改革全面提高教学质量的若干意见

教高[2007]2号

各省、自治区、直辖市教育厅(教委),新疆生产建设兵团教育局,有关部门(单位)教育司(局),部属各高等学校:

为贯彻落实党中央、国务院关于高等教育要全面贯彻科学发展观,切实把重点放在提高质量上的战略部署,现就今后一段时期进一步深化高等教育本科教学改革,全面提高教学质量的工作提出以下意见。

一、全面贯彻落实科学发展观,进一步加强对教学工作的领导和管理

1. 切实加强对教学工作的领导。人才培养是学校的根本任务,质量是学校的生命线,教学是学校的中心工作。教育行政部门和高等学校要高度重视教学工作,加大教学投入,强化教学管理,深化教学改革,采用各种措施确保教学工作的中心地位,把提高教学质量工作落到实处。要把教学质量作为考核学校党政一把手和领导班子的重要指标。要加强高等学校教学管理组织建设,完善由校长负责、教务处牵头、院系为基础、各职能部门协调配合的本科教学管理组织体系。

2. 按照把重点放在提高质量上的要求,进一步加强教学管理制度建设。正确处理规模、结构、质量和效益之间的关系,进一步加强和推动各项教学管理制度建设。通过制度建设,进一步树立全员育人思想和好的教风,规范教师与管理人员教书育人活动和岗位职责,充分调动广大教师和管理人员的积极性;进一步端正学风,调动广大学生的学习积极性和主动性,强化对课堂、实验、社会实践、毕业设计等教学各环节的管理,保证正常教学秩序和教学质量。

3. 进一步加大对教学工作的经费投入,切实保证教学工作所需的各项经费。要按照教育部《关于进一步加强高等学校本科教学工作的若干意见》(教高[2005]1号)的有关规定,调整经费支出结构,加大对教学工作的经费投入,切实保证教学工作必需的各项经费。要进一步加强对实验实践、图书资料等教学基本条件的投入,加大对教学改革所需经费的支出力度。

4. 树立科学的质量观,促进学生德智体美全面发展。全面贯彻党的教育方针,坚持育人为本,德育为先,深入实施素质教育,培养适应经济社会发展需要的数以千万计的专门人才和一大批拔尖创新人才。高等学校要根据经济社会发展需要,科学定位,办出水平,办出特色。要切实加强大学生的思想政治教育,把社会主义核心价值体系融入大学教育

全过程。要深化教育改革,提高教育质量,着力培养有理想、有道德、有文化、有纪律的大学生,要努力提高大学生的学习能力、创新能力、实践能力、交流能力和社会适应能力。

二、适应国家经济社会发展需要,加强专业结构调整

5. 以社会需求为导向,合理设置学科专业。要从国家经济社会发展对人才的实际需求出发,加大专业结构调整力度,优化人才培养结构。研究建立人才需求的监测预报制度,定期发布高等教育人才培养与经济社会需求状况,引导高等学校及时设置、调整专业和专业方向,密切与社会用人单位的联系,培养满足国家经济社会需要的各种专门人才。要根据国家对各专业建设的要求,在进一步拓宽专业口径的基础上,大力倡导在高年级灵活设置专业方向。要大力培育优势明显、特色鲜明的本科专业,加大建设力度,逐步形成专业品牌和特色。设置新的本科专业,要进行科学论证,严格履行必要程序,充分考虑职业岗位和人才需求,要有成熟的学科支撑,符合学校的办学目标和办学定位,拥有相配套的师资条件、教学条件和图书资料等,并投入必需的开办经费,加强对新设置专业的建设和管理。

6. 密切与产业和行业的联系,加强紧缺人才培养。高等学校要根据我国经济社会发展,尤其是相关产业和行业对专门人才的实际需求,加强紧缺人才培养工作。要加强与产业和行业的结合,充分发挥行业主管部门和企业的作用,加大紧缺人才培养力度,为产业部门提供人才和智力支持。各级教育行政部门要采取政策引导、信息发布、行政规范等多种措施,加强对特殊专业的宏观调控和管理,保护特殊专业、国防急需专业、面向艰苦地区和行业的专业,扶持和培育国家急需的新兴专业。

三、深化教育教学改革,全面加强大学生素质和能力培养

7. 深化教学内容改革,建立与经济社会发展相适应的课程体系。要坚持知识、能力和素质协调发展,继续深化人才培养模式、课程体系、教学内容和教学方法等方面的改革,实现从注重知识传授向更加重视能力和素质培养的转变。要根据经济社会发展和科技进步的需要,及时更新教学内容,将新知识、新理论和新技术充实到教学内容中,为学生提供符合时代需要的课程体系和教学内容。要大力推进教学方法的改革,提倡启发式教学,注重因材施教。要优化课程结构,构建以核心课程和选修课程相结合、有利于学科交叉与融合的课程体系。

8. 推进人才培养模式和机制改革,着力培养学生创新精神和创新能力。要采取各种措施,通过推进学分制、降低必修课比例、加大选修课比例、减少课堂讲授时数等,增加学生自主学习的时间和空间,拓宽学生知识面,增强学生学习兴趣,完善学生的知识结构,促进学生个性发展。创造条件,组织学生积极开展社会调查、社会实践活动,参与科学研究,进行创新性实验和实践,提升学生创新精神和创新能力。全面推广和广泛使用"国家精品课程",积极鼓励高等学校之间的跨校选修课程机制,加强高等学校之间学分互认等,使学

生享受更多的优质教学资源，并逐步实现教学资源共享机制稳定化、常规化。

9. 高度重视实践环节，提高学生实践能力。要大力加强实验、实习、实践和毕业设计（论文）等实践教学环节，特别要加强专业实习和毕业实习等重要环节。列入教学计划的各实践教学环节累计学分（学时），人文社会科学类专业一般不应少于总学分（学时）的15%，理工农医类专业一般不应少于总学分（学时）的25%。推进实验内容和实验模式改革和创新，培养学生的实践动手能力、分析问题和解决问题能力。要加强产学研密切合作，拓宽大学生校外实践渠道，与社会、行业以及企事业单位共同建设实习、实践教学基地。要采取各种有力措施，确保学生专业实习和毕业实习的时间和质量，推进教育教学与生产劳动和社会实践的紧密结合。

10. 进一步推进和实施大学英语教学改革。要全面推广大学英语教学改革成果，充分运用优质教学软件和教学资源，深化大学英语教学内容和教学方法改革，推动高校建立网络环境下的英语教学新模式，切实促进大学生英语综合应用能力，尤其是听说能力的提高。加强大学英语师资培训，造就一批大学英语教学改革的骨干教师。推进大学英语四、六级考试改革，研究建立四、六级网络考试系统。鼓励开展双语教学工作，有条件的高等学校要积极聘请国外学者和专家来华从事专业课程的双语教学工作，鼓励和支持留学回国人员用英语讲授专业课程，提高大学生的专业英语水平和能力。

11. 大力推进文化素质教育，营造良好的育人环境。要把人文教育和科学教育融入到人才培养的全过程，把德育、智育、体育、美育有机结合起来，落实到教育教学的各环节，通过文理交叉、学科融合，实现课程的有机结合，促进大学生综合素质的全面提高。寓教育于文化活动之中，积极支持高校学生组织开展丰富多彩、积极向上的学术、科技、体育、艺术和娱乐活动。要在师生中广泛开展践行社会主义荣辱观教育，把高等学校建成引领社会主义新风尚的精神家园。

12. 加强人才培养的国际合作。要不断加大与国外高水平大学合作培养人才的力度，积极探索国内外共同培养高素质创新人才的有效途径。要积极引进国外大学优质的教学资源，研究和借鉴先进的教学方法和手段，为提高我国人才培养质量服务。要大力引进国外优秀专家学者来华授课或开展教学领域的交流和研究活动。要制订学分互认的政策，积极鼓励大学生到国外大学选修课程学分和学习交流，拓宽学生的国际视野。

四、加大教师队伍建设力度，发挥教师提高教学质量的重要作用

13. 坚持教授上讲台，保证为学生提供高质量教学。教书育人是教师的天职，教学是教师的首要工作，教师是提高教学质量的根本保证。要把为本科生授课作为教授、副教授的基本要求。不承担本科教学任务者不得被聘为教授、副教授职务。被聘为教授、副教授后，如连续两年不为本科生授课，不得再聘任其教授、副教授职务。要发挥教授、副教授在教学改革中的主力军作用，积极鼓励教授、副教授投身教学改革，改进教学内容和教学方法，大力推进启发式教学，不断取得高水平教学改革成果。要重视兼职教师队伍建设，积

极聘请国内外著名专家学者和高水平专业人才承担教学任务和开设讲座。

14.进一步建立和完善青年教师助教制度,不断提升青年教师的教育教学能力。要建立和完善青年教师助教制度,使青年教师通过为教授、副教授的主讲课程进行辅导,学习先进的教学方法,积累教学经验,提升教书育人水平。未被聘为副教授的青年教师,原则上不得作为基础课程和主要专业课程的主讲教师。要加大青年教师培养与培训的工作力度,支持青年教师到企事业单位进行产学研合作、参加国内外进修和学术会议、与其他高等学校教师交流经验等,提高青年教师的素质和水平。新聘任的青年教师要有一定时间从事辅导员、班主任工作,提高他们教书育人的责任感和使命感。

15.建设教学团队,培养可持续发展的教学队伍。教学是一项系统性很强的工作。要根据教学改革和教学任务需要,建设由教学水平高、学术造诣深的教授领衔,由教授、副教授、讲师、助教及教辅人员组成的教学团队。鼓励高等学校创建跨学科的教学团队。要通过创建教学团队,研究和改革教学内容,开发教学资源,开展启发式教学、讨论式教学和案例教学等教学方法改革,促进教学研讨、教学经验交流。要充分发挥教研室在开展教学讨论、交流教学经验、研究教学改革中的作用。

五、加强教学评估,建立保证提高教学质量的长效机制

16.进一步加强高等学校教学评估工作。教育部将根据国家对提高高等教育质量的新要求,继续开展并不断完善高等学校教学质量定期评估制度,把教学评估的结果作为衡量高等学校办学水平的重要指标,以评促建、以评促改、重在促进教学工作、重在提高教学质量。建立高等学校教学基本状态数据年度统计和公布制度,并作为教学工作评估的重要依据。积极开展专业评估和工程教育认证、医学教育认证等试点工作,逐步建立高等学校、政府和社会共同参与的中国高等教育质量保障体系。

17.进一步完善高等学校的内部质量监控和评价体系。各高等学校要进一步加强教学质量监控,建立用人单位、教师、学生共同参与的学校内部质量保障与评价机制,形成社会和企业对课程体系与教学内容的评价制度、课堂教学评估制度、实践教学评估制度、领导和教师听课制度、同行评议制度、学生定期反馈制度及教学督导制度等,加强对人才培养过程的管理。完善教师、院系、学校三级质量保障机制,逐步建立保证教学质量不断提高的长效机制。

六、加强教学基础建设,提高人才培养的能力和水平

18.加强教学实验室和校内实习基地的建设。要根据培养学生动手和实践能力需要,不断改善实验和实习教学条件,采用多种方法改造和更新实验设备,提高实验设备的共享程度和使用效率,为教学提供必要的实验和实习条件。要进一步加强科学研究和教学实验的结合,推进实验教学内容、方法、手段及人才培养模式的改革与创新。要加强实验和实习教师队伍建设,通过政策引导,吸引高水平教师从事实验和实习教学工作。

19. 把信息技术作为提高教学质量的重要手段。信息技术正在改变高等教育的人才培养模式。高等学校要在教学活动中广泛采用信息技术，不断推进教学资源的共建共享，逐步实现教学及管理的网络化和数字化。要进一步培养和提高教师制作和使用多媒体课件、运用信息技术开展教学活动的能力，培养和提高本科生通过计算机和多媒体课件学习的能力，以及利用网络资源进行学习的能力。

20. 进一步加强教材建设。要采取有效措施鼓励教师编写国家规划教材和各种创新教材。积极参与"马克思主义理论研究与建设工程"，努力建设以马克思主义为指导的中国特色中国风格中国气派的哲学社会科学教材体系。要加强纸质教材、电子教材和网络教材的有机结合，实现教材建设的立体化和多样化。

各级教育行政部门和高等学校要根据本意见精神，及时制定本地区、本学校的具体措施和办法，加大教学投入，强化教学管理，深化教学改革，提高教学质量。

教育部

二〇〇七年二月十七日

教育部关于全面提高高等职业教育教学质量的若干意见

教高[2006]16号

在贯彻党的十六届六中全会精神、努力构建社会主义和谐社会的新形势下，为进一步落实《国务院关于大力发展职业教育的决定》精神，以科学发展观为指导，促进高等职业教育健康发展，现就全面提高高等职业教育教学质量提出如下意见。

一、深刻认识高等职业教育全面提高教学质量的重要性和紧迫性

近年来，我国高等职业教育蓬勃发展，为现代化建设培养了大量高素质技能型专门人才，对高等教育大众化作出了重要贡献；丰富了高等教育体系结构，形成了高等职业教育体系框架；顺应了人民群众接受高等教育的强烈需求。高等职业教育作为高等教育发展中的一个类型，肩负着培养面向生产、建设、服务和管理第一线需要的高技能人才的使命，在我国加快推进社会主义现代化建设进程中具有不可替代的作用。随着我国走新型工业化道路、建设社会主义新农村和创新型国家对高技能人才要求的不断提高，高等职业教育既面临着极好的发展机遇，也面临着严峻的挑战。

各级教育行政部门和高等职业院校要深刻认识全面提高教学质量是实施科教兴国战略的必然要求，也是高等职业教育自身发展的客观要求。要认真贯彻国务院关于提高高等教育质量的要求，适当控制高等职业院校招生增长幅度，相对稳定招生规模，切实把工

作重点放在提高质量上。要全面贯彻党的教育方针,以服务为宗旨,以就业为导向,走产学结合发展道路,为社会主义现代化建设培养千百万高素质技能型专门人才,为全面建设小康社会、构建社会主义和谐社会作出应有的贡献。

二、加强素质教育,强化职业道德,明确培养目标

高等职业院校要坚持育人为本,德育为先,把立德树人作为根本任务。要以《中共中央国务院关于进一步加强和改进大学生思想政治教育的意见》(中发[2004]16号)为指导,进一步加强思想政治教育,把社会主义核心价值体系融入到高等职业教育人才培养的全过程。要高度重视学生的职业道德教育和法制教育,重视培养学生的诚信品质、敬业精神和责任意识、遵纪守法意识,培养出一批高素质的技能性人才。要加强辅导员和班主任队伍建设,倡导选聘劳动模范、技术能手作为德育辅导员;加强高等职业院校党团组织建设,积极发展学生党团员。要针对高等职业院校学生的特点,培养学生的社会适应性,教育学生树立终身学习理念,提高学习能力,学会交流沟通和团队协作,提高学生的实践能力、创造能力、就业能力和创业能力,培养德智体美全面发展的社会主义建设者和接班人。

三、服务区域经济和社会发展,以就业为导向,加快专业改革与建设

针对区域经济发展的要求,灵活调整和设置专业,是高等职业教育的一个重要特色。各级教育行政部门要及时发布各专业人才培养规模变化、就业状况和供求情况,调控与优化专业结构布局。高等职业院校要及时跟踪市场需求的变化,主动适应区域、行业经济和社会发展的需要,根据学校的办学条件,有针对性地调整和设置专业。要根据市场需求与专业设置情况,建立以重点专业为龙头、相关专业为支撑的专业群,辐射服务面向的区域、行业、企业和农村,增强学生的就业能力。“十一五”期间,国家将选择一批基础条件好、特色鲜明、办学水平和就业率高的专业点进行重点建设,优先支持在工学结合等方面优势凸显以及培养高技能紧缺人才的专业点;鼓励地方和学校共同努力,形成国家、地方(省级)、学校三级重点专业建设体系,推动专业建设与发展。发挥行业企业和专业教学指导委员会的作用,加强专业教学标准建设。逐步构建专业认证体系,与劳动、人事及相关行业部门密切合作,使有条件的高等职业院校都建立职业技能鉴定机构,开展职业技能鉴定工作,推行“双证书”制度,强化学生职业能力的培养,使有职业资格证书专业的毕业生取得“双证书”的人数达到80%以上。

四、加大课程建设与改革的力度,增强学生的职业能力

课程建设与改革是提高教学质量的核心,也是教学改革的重点和难点。高等职业院校要积极与行业企业合作开发课程,根据技术领域和职业岗位(群)的任职要求,参照相关的职业资格标准,改革课程体系和教学内容。建立突出职业能力培养的课程标准,规范课程教学的基本要求,提高课程教学质量。“十一五”期间,国家将启动1000门工学结合的精品课程建设,带动地方和学校加强课程建设。改革教学方法和手段,融“教、学、做”为一

体，强化学生能力的培养。加强教材建设，重点建设好3000种左右国家规划教材，与行业企业共同开发紧密结合生产实际的实训教材，并确保优质教材进课堂。重视优质教学资源和网络信息资源的利用，把现代信息技术作为提高教学质量的重要手段，不断推进教学资源的共建共享，提高优质教学资源的使用效率，扩大受益面。

五、大力推行工学结合，突出实践能力培养，改革人才培养模式

要积极推行与生产劳动和社会实践相结合的学习模式，把工学结合作为高等职业教育人才培养模式改革的重要切入点，带动专业调整与建设，引导课程设置、教学内容和教学方法改革。人才培养模式改革的重点是教学过程的实践性、开放性和职业性，实验、实训、实习是三个关键环节。要重视学生校内学习与实际工作的一致性，校内成绩考核与企业实践考核相结合，探索课堂与实习地点的一体化；积极推行订单培养，探索工学交替、任务驱动、项目导向、顶岗实习等有利于增强学生能力的教学模式；引导建立企业接收高等职业院校学生实习的制度，加强学生的生产实习和社会实践，高等职业院校要保证在校生至少有半年时间到企业等用人单位顶岗实习。工学结合的本质是教育通过企业与社会需求紧密结合，高等职业院校要按照企业需要开展企业员工的职业培训，与企业合作开展应用研究和技术开发，使企业在分享学校资源优势的同时，参与学校的改革与发展，使学校在校企合作中创新人才培养模式。

六、校企合作，加强实训、实习基地建设

加强实训、实习基地建设是高等职业院校改善办学条件、彰显办学特色、提高教学质量的重点。高等职业院校要按照教育规律和市场规则，本着建设主体多元化的原则，多渠道、多形式筹措资金；要紧密联系行业企业，厂校合作，不断改善实训、实习基地条件。要积极探索校内生产性实训基地建设的校企组合新模式，由学校提供场地和管理，企业提供设备、技术和师资支持，以企业为主组织实训；加强和推进校外顶岗实习力度，使校内生产性实训、校外顶岗实习比例逐步加大，提高学生的实际动手能力。要充分利用现代信息技术，开发虚拟工厂、虚拟车间、虚拟工艺、虚拟实验。“十一五”期间，国家将在重点专业领域选择市场需求大、机制灵活、效益突出的实训基地进行支持与建设，形成一批教育改革力度大、装备水平高、优质资源共享的高水平高等职业教育校内生产性实训基地。

七、注重教师队伍的“双师”结构，改革人事分配和管理制度，加强专兼结合的专业教学团队建设

高等职业院校教师队伍建设要适应人才培养模式改革的需要，按照开放性和职业性的内在要求，根据国家人事分配制度改革的总体部署，改革人事分配和管理制度。要增加专业教师中具有企业工作经历的教师比例，安排专业教师到企业顶岗实践，积累实际工作经历，提高实践教学能力。同时要大量聘请行业企业的专业人才和能工巧匠到学校担任兼职教师，逐步加大兼职教师的比例，逐步形成实践技能课程主要由具有相应高技能水平的兼职教师讲授的机制。重视教师的职业道德、工作学习经历和科技开发服务能力，引导

教师为企业和社区服务。逐步建立"双师型"教师资格认证体系,研究制订高等职业院校教师任职标准和准入制度。重视中青年教师的培养和教师的继续教育,提高教师的综合素质与教学能力。"十一五"期间,国家将加强骨干教师与教学管理人员的培训,建设一批优秀教学团队、表彰一批在高职教育领域作出突出贡献的专业带头人和骨干教师,提高教师队伍整体水平。

八、加强教学评估,完善教学质量保障体系

高等职业院校要强化质量意识,尤其要加强质量管理体系建设,重视过程监控,吸收用人单位参与教学质量评价,逐步完善以学校为核心、教育行政部门引导、社会参与的教学质量保障体系。各地教育行政部门要完善5年一轮的高等职业院校人才培养工作水平评估体系,在评估过程中要将毕业生就业率与就业质量、"双证书"获取率与获取质量、职业素质养成、生产性实训基地建设、顶岗实习落实情况以及专兼结合专业教学团队建设等方面作为重要考核指标。

九、切实加强领导,规范管理,保证高等职业教育持续健康发展

国家将实施示范性高等职业院校建设计划,重点支持建设100所示范性院校,引领全国高等职业院校与经济社会发展紧密结合,强化办学特色,全面提高教学质量,推动高等职业教育持续健康发展。各地要加强对高等职业教育的统筹管理,加大经费投入,制定政策措施,引导高等职业院校主动服务社会,鼓励行业企业积极参与院校办学,促进高等职业院校整体办学水平的提升,逐步形成结构合理、功能完善、质量优良、特色鲜明的高等职业教育体系。重视高等职业教育理论研究和实践总结,加强对高等职业教育改革和发展成果的宣传,增强社会对高等职业教育的了解,提高社会认可度。要高度重视高等职业院校领导班子的能力建设,建立轮训制度,引导学校领导更新理念,拓宽视野,增强战略思维和科学决策能力,要把人才培养质量作为考核学校领导班子的重要指标。高等职业院校党政领导班子要树立科学的人才观和质量观,把学校的发展重心放到内涵建设、提高质量上来,确保教学工作的中心地位。要从严治教,规范管理,特别是规范办学行为,严格招生管理。建立健全各种规章制度,完善运行机制,维护稳定,保障高等职业教育持续健康发展。

教育部

二〇〇六年十一月十六日

自治区教育厅　自治区财政厅关于实施广西高等学校教学质量与教学改革工程的意见

桂教［2008］6号

各高等学校（含独立学院）：

为全面贯彻落实科学发展观，切实把高等教育重点放在提高质量上，进一步提高人才培养质量，促进我区高等教育又好又快发展，主动适应建设富裕文明和谐新广西的需要，根据教育部、财政部《关于实施高等学校本科教学质量与教学改革工程的意见》（教高［2007］1号）、教育部《关于进一步深化本科教学改革全面提高教学质量的若干意见》（教高［2007］2号）精神，结合我区高校实际，自治区决定实施"广西高等学校教学质量与教学改革工程"（以下简称"质量工程"）。现提出如下实施意见：

一、指导思想

坚持以邓小平理论和"三个代表"重要思想为指导，全面落实科学发展观，全面贯彻党的教育方针，全面推进素质教育；坚持"巩固、深化、提高、发展"的方针，遵循高等教育发展规律，牢固树立人才培养是高校的根本任务、质量是高校的生命线、教学是高校的中心工作的理念；按照分类指导、强化特色、重在建设的原则，加大教学投入，强化教学管理，深化教学改革，推进教育创新，提高人才培养质量。

二、建设目标

通过实施质量工程，构建我区高等教育规模、结构、质量、效益协调发展和可持续发展机制；人才培养模式改革取得实质性进展，大学生的实践能力和创新精神进一步增强；教师的积极性得到充分发挥，整体素质进一步提高，科技创新和人才培养的结合更加紧密；高等学校管理制度更加健全；我区高等学校教学质量和办学水平得到显著提高，基本适应我区经济社会发展的需要。

三、建设内容

（一）专业结构调整与专业认证

1. 专业改造工程。加快专业改造与建设的步伐，优化专业结构。每年重点资助部分高校对老专业进行专业结构调整、优化和改造。高校要主动融入区域经济社会发展，以产业发展和人才市场需求为依据，进一步优化专业结构，强化为地方服务的意识，改革人才培养模式，拓宽专业面，提高专业建设水平。

2. 优质专业认定和精品专业建设。深入开展高等学校优质专业认定工作，"十一五"期间，共认定全区高校优质专业350个左右。以优质专业认定为突破口，推进高等学校专业建设和改革,使不同层次、不同类型的高校都能创办出反映学校特色和水平的品牌。优质专业应具有高水平的师资队伍和专业教学条件,教学建设与教学改革成绩突出,人才培养质量高,市场需求大,社会评价好,在人才培养模式和教学改革方面起带头、示范和辐射作用。在优质专业认定的基础上重点建设100个左右精品专业,并建设国家第一类特色专业52个,第二类特色专业5个,以及建设一批国家高职高专特色专业。

(二)精品课程、优秀教材建设与资源共享

1. 精品课程建设。继续推进自治区级精品课程建设工作,遴选建设500门左右自治区级精品课程。自治区级精品课程建设重点在于加强课程的内涵建设,力争在教学内容、课程体系、教学方法和手段、教材建设、教学效果等方面有较大改善,全面带动我区高等学校课程建设水平和教学质量的提高。在自治区级精品课程的基础上力争建设国家精品课程50门以上,从而形成学校、自治区、国家三级精品课程建设体系。

2. 优秀教材建设。鼓励高校教师积极参与编写国家规划教材和各种创新教材、立体化教材。继续开展优秀教材立项建设。资助高等学校编写300种优秀教材,每3年开展一次自治区级优秀教材评选。

3. 教学资源共享平台建设。推进我区优质教育教学资源的共建共享。积极采用现代信息技术,搭建"广西高等教育教学资源共享平台",实现精品课程教案、大纲、习题、实验、教学文件以及教育教学软件等教学资源网上开放和共享,为广大教师和学生提供免费的优质教学资源。建立广西高等教育教学管理网络平台,逐步实现教学管理的网络化和数字化,提高教学管理的科学性和先进性。

(三)实践教学与人才培养模式改革创新

1. 实践教学示范中心建设。加强实验和实践教学内容、方法、手段、管理机制及实验教学模式的改革与创新,加大实践教学师资队伍的建设力度,使实验教学的硬件和软件条件得到明显改善,提升我区高校的实验教学水平。在全区普通本科高校中继续开展"广西高等学校实验教学示范中心"立项建设,到2010年,建成80个左右自治区级实验教学示范中心,并力争有10个左右示范中心进入国家级实验教学示范中心建设行列。示范中心应在实验教学体系构建、实验教学模式改革、实验内容开放、实验室建设和管理、仪器设备开发和使用、实验教学队伍建设等方面建立科学规范的制度,重点改进实验教学内容和实验技术方法,提高综合性、设计性、研究性、创新性实验比例,创建学生自主学习、探索创新的实验教学环境,为培养学生的实践能力和创新精神奠定良好的基础。

2. 大学生创新性实验计划。为激发大学生的创新思维和创新意识,培养科学研究的能力和创新的兴趣,将在普通本科高校中实施大学生创新性实验计划,重点支持1000个由学生进行的创新性实验项目。鼓励高等学校从学生进入大学开始,就为学生配备导师,探索建立大学生尽早参与科学研究的制度。学生在导师的指导下组成研究团队,自主进行研究性学习,设计实验方法、组织设备和材料、实施实验、进行数据分析处理、撰写总结报告等,培养学生发现、分析和解决问题的兴趣和能力。

3. 人才培养改革创新实验区建设。在普通本科高校中遴选建设100个左右自治区级

人才培养模式创新实验区，并力争建成5个国家级人才培养模式创新实验区。鼓励和支持高校在教学内容、课程体系、实践环节和教学制度等方面进行人才培养模式和机制的综合改革，争取出一批具有示范性和推广价值的教学创新成果，推进教育教学理念、培养模式和管理机制创新，努力形成有利于多样化创新人才成长的培养体系，为提高高等教育教学质量提供新思路、新经验和新方法。鼓励跨校、跨学科联合创建人才培养改革创新实验区，逐步构建区域性校际教学协作平台。

4. 资助大学生竞赛活动。积极推进大学生参与校外学习、实践和创新，以各项竞赛为平台，激发大学生的学习兴趣和潜能，培养大学生团队协作意识、实践能力和创新精神。每年重点资助全国大学生数学建模竞赛、全国大学生电子设计竞赛、全国大学生英语竞赛、"CCTV杯"全国大学生英语演讲大赛、全国大学生机械创新设计大赛、全国大学生广告艺术大赛、全国多媒体课件大赛、广西高等教育教学软件大赛、广西高校教育技术应用大赛、"新华杯"广西高校计算机应用大赛、广西高校大学生化学实验技能竞赛、广西大学生英语戏剧节等具有较大影响力的大学生竞赛活动。

(四)教学团队和高水平师资队伍建设

1. 教学名师评选表彰。继续开展广西高等学校教学名师奖评选活动，每两年评选表彰一次在教学和人才培养领域做出突出贡献的自治区级教学名师，"十一五"期间，评出自治区级教学名师80名左右，并争取有10名教师获得国家级高等学校教学名师奖。大力表彰能够坚持党的教育方针，长期从事教学第一线工作，具有较高学术造诣，注重教学改革与实践，教学水平高，教学效果好的教师。充分发挥教学名师榜样作用，引导更多的师德高尚、造诣深厚的教授走上讲台。

2. 教学团队建设。大力开展教学团队建设，重点遴选和建设200个左右教学质量高、结构合理的自治区级教学团队，并力争有20个团队成为国家级教学团队。通过建立有效的团队合作机制，推动教学内容和方法改革和研究，促进教学研讨和教学经验交流，开发教学资源，推进教学工作的老中青相结合，发挥传、帮、带的作用，加强青年教师培养，促进教学队伍建设的可持续发展，提高教师队伍的整体教学水平。

(五)教学评估与教学质量监控体系建设

加强高等学校质量监控体系建设。坚持以评估为主要手段，按照"以评促建、以评促改、以评促管、评建结合、重在建设"方针，促进高校进一步明确办学指导思想、科学定位，发挥优势，办出水平，办出特色。加大教学投入，强化教学管理，深化教学改革，努力提高人才培养质量。建立高等学校教学基本状态数据检测体系，定期采集、整理、分析全区高校教学基本状态信息和数据，了解、监测各高校教学工作状态，逐步将高校教学质量和教学改革的数据向社会公布。

(六)高等学校对口支援工作

继续深入实施高等学校对口支援计划，完善对口支援机制。实施以广西大学、广西师范大学、广西民族大学、桂林电子科技大学和桂林工学院等5所普通本科高校为主体对口支援新办院校和办学条件相对薄弱的普通本科高校，开展我区国家级和自治区级示范性高职院校共9所院校与新办高职院校、民办高职院校的对口支援工作。

各有关高校应高度重视对口支援工作，要以人才培养工作为中心，以学科专业建设、师资队伍建设、学校管理制度与运行机制建设为重点，制定切实可行的措施和办法，实施对口支援和全方位合作，使受援院校的教学和管理水平有较大提高，实现“帮助、扶持、协作”及共同发展的目的，全面提升我区高校的办学水平。

（七）学分制改革与推进

大力推进弹性学分制作为基本教学管理制度的改革。要采取各种措施，通过降低必修课比例、加大选修课比例、减少课堂讲授时数等，增加学生自主学习的时间和空间，拓宽学生知识面，增强学生学习兴趣，完善学生的知识结构，促进学生个性发展。“十一五”期间，争取全区所有普通本科高校和80%的高职高专院校实行学分制，并积极推进按学分收费。鼓励高等学校之间的跨校选修课程机制，在南宁、桂林开展高等学校之间的学分互认试点改革，使学生享受更多的优质教学资源，并逐步实现教学资源共享机制稳定化、常规化。

（八）新世纪教学改革工程立项建设

加大“新世纪广西高等教育教学改革工程”（以下简称“新世纪教改工程”）立项建设力度，进一步深化我区高等教育教学改革，推动教育创新，重点培育一批具有独创性、新颖性和实用性教学改革成果，努力使我区高校教学改革全局有实质性的突破。“十一五”期间，计划立项建设新世纪教改工程项目1500项，每两年评选一次自治区级教学成果奖。

（九）大学英语改革与双语教学

1. 进一步推进和实施大学英语教学改革。各高校应参照新修订的《大学英语课程要求》，结合本校实际，着眼于培养学生的英语综合应用能力，特别是听说能力，制订科学、系统、个性化的大学英语教学大纲，指导本校的大学英语教学。要充分利用现代信息技术，采用基于计算机和课堂的英语教学模式，改进以教师讲授为主的单一教学模式，促进学生个性化学习方法的形成和学生自主学习能力的发展。

2. 鼓励开展双语教学工作，在普通本科高校中遴选建设30门双语教学示范课程。有条件的高等学校要积极聘请国外学者和专家来华从事专业课程的双语教学工作；鼓励留学归国人员进行双语教学；选派优秀中青年教师到国外学习，学成回国后从事双语教学推广工作；引进国外原版教材和先进教学方法。

（十）高等职业教育能力建设

以示范性高职院校和实训基地建设为重点，进一步深化高等职业教育教学改革，加大课程建设与改革的力度，改革人才培养模式，全面提升我区高职院校办学水平和人才培养质量。

1. 建设10所自治区级示范性高职院校，并力争有3—4所高职院校进入国家示范性高职院校行列。各示范性高职院校要强化责任感，采取有力措施，切实做到领导能力领先、综合水平领先、教育教学改革领先、专业建设领先和社会服务领先，真正起到引领我区高职教育改革与发展的作用。

2.遴选建设100个自治区级示范性高职教育实训基地，并力争有20个左右实训基地成为国家级职业教育实训基地。各高职院校要紧密联系行业企业，开展校企合作，不断改善实训、实习基地条件。要积极探索校内生产性实训基地建设的校企合作新模式，由学校提供场地和管理，企业提供设备、技术和师资支持，以企业为主组织实训；加强和推进校外顶岗实习力度，使校内生产性实训、校外顶岗实习比例逐步加大，提高学生的实际动手能力。要充分利用现代信息技术，开发虚拟工厂、虚拟车间、虚拟工艺、虚拟实验。

四、建设经费

（一）质量工程建设资金除中央财政专项支持外，采取自治区财政投入、部门支持和学校自筹相结合的办法。自治区财政设立由高校专业建设、评估、高校教学改革工程、高职能力建设四个部分组成的专项资金用于质量工程建设，专项资金按照统一规划、单独核算、专款专用的原则，实行项目管理，管理办法另行制订。项目承担学校根据专项资金管理办法，具体负责经费的使用和管理。

（二）各市、主管部门和高校应在中央、自治区重点支持项目的基础上，积极筹措资金，安排专项经费支持质量工程项目的建设。

五、组织管理

（一）自治区教育厅、财政厅联合成立“广西壮族自治区高等学校教学质量与教学改革工程领导小组”（以下简称“质量工程领导小组”），协商决定质量工程实施中的重大问题和总体规划。领导小组下设办公室，挂靠自治区教育厅（高等教育处），负责质量工程的具体组织实施工作。各高校应指定相关部门作为专门机构，统筹负责本校质量工程项目的规划和实施。

（二）质量工程领导小组办公室根据质量工程建设目标和任务，制定和发布项目指南，确定质量工程项目遴选标准和基本条件，聘任评审专家，组织评审立项。项目采用学校先行立项建设、择优推荐、自治区教育厅组织评审立项，后补助建设经费的方式进行，自治区教育厅将加强对质量工程建设项目的检查和评估。通过这种方式，形成学校和自治区二级立项建设的体系，带动学校加强质量建设工作，扩大质量工程的影响。

（三）项目承担学校应按照国家和自治区关于质量工程的统一部署，根据质量工程的总体目标和任务，依据所承担项目的要求，在充分调查研究论证的基础上，结合学校的特色和办学定位，以改革创新促进发展的思路，确定项目建设实施方案，组织项目实施，并保证项目建设达到预期成效。建设项目完成后，经学校申请，自治区教育厅、财政厅将组织专家进行验收。

广西壮族自治区教育厅　广西壮族自治区财政厅

二〇〇八年三月二十四日

丛书后记

编撰本丛书的动因来源于自治区教育厅高教处组织的“十一五”广西高校“教学质量与教学改革工程”实施情况总结报告的工作。这项工作就广西高校在教育部本科教学质量工程的引导下，实施“教学质量与教学改革工程”及其九个分项目的情况进行了全面的总结和分析，形成长达18万字的总报告，各项支撑材料多达700万字！在审阅各高校总结材料的过程中，我深受感动，被这场从2003—2010年历时8年、每年有近4万名教职员工和70万名学生参加的轰轰烈烈的教改活动所震撼，为广大师生踊跃投身教改实践的精彩画面而喝彩！它们集中反映了我区76所高校实施广西高校“教学质量与教学改革工程”建设的伟大实践和所取得的辉煌成就。这许许多多丰富多彩、鲜活生动的项目成果，正是广西推动高等教育内涵发展、全面提高教学质量的真实写照！这许许多多的实践案例和成功经验，如果没有物化留存和推广应用就是一种浪费或者是管理缺位！

因此，我组织了一群有共同认识的教务管理工作者，着手策划并展开丛书的编辑编撰工作。编者们在繁忙的本职工作之余，利用节假日和下班休息的时间，克服重重困难，收集整理审阅资料、研究分析提炼素材，按照丛书体例编撰的统一性与独立性相结合、资料的原始性与规范性相结合、项目的完整性与简明性相结合的要求，从浩瀚的文字中提炼精华，归纳特点，凭着一颗强烈的责任心和一种乐于奉献的精神，经过两年的艰苦努力，终于使广西高校“教学质量与教学改革工程”这一重大事件成为《广西高等学校教学质量与教学改革工程“十一五”建设成果》丛书这样一种固化的表达形式，在全面提高高等教育教学质量的进程中留下了足迹。

丛书编者是一个善于学习、勇于创新的战斗集体，但也是一个非常普通甚至没有著书经验的编辑团队，写作水平极其有限。书稿难以全面准确地表述各高校各项目的改革精神和宝贵经验。为此,恳请大家谅解!同时欢迎专家学者们给予批评指正!

提高高校教育教学质量只有进行式,没有完成式。在建设教育强国,推动高等教育大众化程度不断提高的过程中,提高人才培养质量永远是高等学校的根本任务和中心工作。希望丛书还能够为高校教务管理工作提供借鉴,还能够对青年教师的成长提供帮助。

丛书终于付梓,衷心地感谢以高枫厅长为首的编委们给予的大力支持和鼓励,衷心地感谢项目高校的通力合作和理解,衷心地感谢广西师范大学出版社的技术支持和帮助!

陆 燕

2013 年 1 月